深圳学派建设丛书
（第五辑）

城市发展新方向
从城市化到世界城市群

林芳莹 等 编著

New Direction for Urban Development
—From Urbanization to World Urban Agglomeration

中国社会科学出版社

图书在版编目（CIP）数据

城市发展新方向：从城市化到世界城市群／林芳莹等编著 . —北京：中国社会科学出版社，2018.8

（深圳学派建设丛书 . 第五辑）

ISBN 978-7-5203-2448-9

Ⅰ.①城…　Ⅱ.①林…　Ⅲ.①城市发展—研究—中国　Ⅳ.①F299.2

中国版本图书馆 CIP 数据核字（2018）第 091059 号

出 版 人	赵剑英
责任编辑	马　明　李溪鹏
责任校对	任晓晓
责任印制	王　超

出　　版	中国社会科学出版社
社　　址	北京鼓楼西大街甲 158 号
邮　　编	100720
网　　址	http://www.csspw.cn
发 行 部	010-84083685
门 市 部	010-84029450
经　　销	新华书店及其他书店
印　　刷	北京明恒达印务有限公司
装　　订	廊坊市广阳区广增装订厂
版　　次	2018 年 8 月第 1 版
印　　次	2018 年 8 月第 1 次印刷
开　　本	710×1000　1/16
印　　张	18.5
插　　页	2
字　　数	278 千字
定　　价	79.00 元

凡购买中国社会科学出版社图书，如有质量问题请与本社营销中心联系调换
电话：010-84083683
版权所有　侵权必究

《深圳学派建设丛书》
编委会

顾　　问：王京生

主　　任：李小甘　吴以环

执行主任：陈金海　张骁儒

总序：学派的魅力

王京生[*]

学派的星空

在世界学术思想史上，曾经出现过浩如繁星的学派，它们的光芒都不同程度地照亮人类思想的天空，像米利都学派、弗赖堡学派、法兰克福学派等，其人格精神、道德风范一直为后世所景仰，其学识与思想一直成为后人引以为据的经典。就中国学术史而言，不断崛起的学派连绵而成群山之势，并标志着不同时代的思想所能达到的高度。自晚明至晚清，是中国学术尤为昌盛的时代，而正是在这个时代，学派性的存在也尤为活跃，像陆王学派、吴学、皖学、扬州学派等。但是，学派辈出的时期还应该首推古希腊和春秋战国时期，古希腊出现的主要学派就有米利都学派、毕达哥拉斯学派、埃利亚学派、犬儒学派；而儒家学派、黄老学派、法家学派、墨家学派、稷下学派等，则是春秋战国时期学派鼎盛的表现，百家之中几乎每家就是一个学派。

综观世界学术思想史，学派一般都具有如下特征。

其一，有核心的代表人物，以及围绕着这些核心人物所形成的特定时空的学术思想群体。德国19世纪著名的历史学家兰克既是影响深远的兰克学派的创立者，也是该学派的精神领袖，他在柏林大学任教期间培养了大量的杰出学者，形成了声势浩大的学术势力，兰克本人也一度被尊为欧洲史学界的泰斗。

其二，拥有近似的学术精神与信仰，在此基础上形成某种特定的学术风气。清代的吴学、皖学、扬学等乾嘉诸派学术，以考据为

---

[*] 王京生，现任国务院参事。

治学方法，继承古文经学的训诂方法而加以条理发明，用于古籍整理和语言文字研究，以客观求证、科学求真为旨归，这一学术风气也因此成为清代朴学最为基本的精神特征。

其三，由学术精神衍生出相应的学术方法，给人们提供了观照世界的新的视野和新的认知可能。产生于20世纪60年代、代表着一种新型文化研究范式的英国伯明翰学派，对当代文化、边缘文化、青年亚文化的关注，尤其是对影视、广告、报刊等大众文化的有力分析，对意识形态、阶级、种族、性别等关键词的深入阐释，无不为我们认识瞬息万变的世界提供了丰富的分析手段与观照角度。

其四，由上述三点所产生的经典理论文献，体现其核心主张的著作是一个学派所必需的构成因素。作为精神分析学派的创始人，弗洛伊德所写的《梦的解析》等，不仅成为精神分析理论的经典著作，而且影响广泛并波及人文社科研究的众多领域。

其五，学派一般都有一定的依托空间，或是某个地域，或是像大学这样的研究机构，甚至是有着自身学术传统的家族。

学派的历史呈现出交替嬗变的特征，形成了自身发展规律。

其一，学派出现往往暗合了一定时代的历史语境及其"要求"，其学术思想主张因而也具有非常明显的时代性特征。一旦历史条件发生变化，学派的内部分化甚至衰落将不可避免，尽管其思想遗产的影响还会存在相当长的时间。

其二，学派出现与不同学术群体的争论、抗衡及其所形成的思想张力紧密相关，它们之间的"势力"此消彼长，共同勾勒出人类思想史波澜壮阔的画面。某一学派在某一历史时段"得势"，完全可能在另一历史时段"失势"。各领风骚若干年，既是学派本身的宿命，也是人类思想史发展的"大幸"：只有新的学派不断涌现，人类思想才会不断获得更为丰富、多元的发展。

其三，某一学派的形成，其思想主张都不是空穴来风，而有其内在理路。例如，宋明时期陆王心学的出现是对程朱理学的反动，但其思想来源却正是前者；清代乾嘉学派主张朴学，是为了反对陆王心学的空疏无物，但二者之间也建立了内在关联。古希腊思想作为欧洲思想发展的源头，使后来西方思想史的演进，几乎都可看作是对它的解释与演绎，"西方哲学史都是对柏拉图思想的演绎"的极端说法，却也说出了部分的真实。

其四，强调内在理路，并不意味着对学派出现的外部条件重要性的否定；恰恰相反，外部条件有时对于学派的出现是至关重要的。政治的开明、社会经济的发展、科学技术的进步、交通的发达、移民的会聚等，都是促成学派产生的重要因素。名震一时的扬州学派，就直接得益于富甲一方的扬州经济与悠久而发达的文化传统。综观中国学派出现最多的明清时期，无论是程朱理学、陆王心学，还是清代的吴学、皖学、扬州学派、浙东学派，无一例外都是地处江南（尤其是江浙地区）经济、文化、交通异常发达之地，这构成了学术流派得以出现的外部环境。

学派有大小之分，一些大学派又分为许多派别。学派影响越大分支也就越多，使得派中有派，形成一个学派内部、学派之间相互切磋与抗衡的学术群落，这可以说是纷纭繁复的学派现象的一个基本特点。尽管学派有大小之分，但在人类文明进程中发挥的作用却各不相同，有积极作用，也有消极作用。例如，法国百科全书派破除中世纪以来的宗教迷信和教会黑暗势力的统治，成为启蒙主义的前沿阵地与坚强堡垒；罗马俱乐部提出的"增长的极限""零增长"等理论，对后来的可持续发展、协调发展、绿色发展等理论与实践，以及联合国通过的一些决议，都产生了积极影响；而德国人文地理学家弗里德里希·拉采尔所创立的人类地理学理论，宣称国家为了生存必须不断扩充地域、争夺生存空间，后来为法西斯主义所利用，起了相当大的消极作用。

学派的出现与繁荣，预示着一个国家进入思想活跃的文化大发展时期。被司马迁盛赞为"盛处士之游，壮学者之居"的稷下学宫，之所以能成为著名的稷下学派的诞生地、战国时期百家争鸣的主要场所与最负盛名的文化中心，重要原因就是众多学术流派都活跃在稷门之下，各自的理论背景和学术主张尽管各有不同，却相映成趣，从而造就了稷下学派思想多元化的格局。这种"百氏争鸣、九流并列、各尊所闻、各行所知"的包容、宽松、自由的学术气氛，不仅推动了社会文化的进步，而且引发了后世学者争论不休的话题，中国古代思想在这里得到了极大发展，迎来了中国思想文化史上的黄金时代。而从秦朝的"焚书坑儒"到汉代的"独尊儒术"，百家争鸣局面便不复存在，思想禁锢必然导致学派衰落，国家文化发展也必将受到极大的制约与影响。

深圳的追求

在中国打破思想的禁锢和改革开放40年这样的历史背景下，随着中国经济的高速发展以及在国际上的和平崛起，中华民族伟大复兴的中国梦正在进行。文化是立国之根本，伟大的复兴需要伟大的文化。树立高度的文化自觉，促进文化大发展大繁荣，加快建设文化强国，中华文化的伟大复兴梦想正在逐步实现。可以预期的是，中国的学术文化走向进一步繁荣的过程中，具有中国特色的学派也将出现在世界学术文化的舞台上。

从20世纪70年代末真理标准问题的大讨论，到人生观、文化观的大讨论，再到90年代以来的人文精神大讨论，以及近年来各种思潮的争论，凡此种种新思想、新文化，已然展现出这个时代在百家争鸣中的思想解放历程。在与日俱新的文化转型中，探索与矫正的交替进行和反复推进，使学风日盛、文化昌明，在很多学科领域都出现了彼此论争和公开对话，促成着各有特色的学术阵营的形成与发展。

一个文化强国的崛起离不开学术文化建设，一座高品位文化城市的打造同样也离不开学术文化发展。学术文化是一座城市最内在的精神生活，是城市智慧的积淀，是城市理性发展的向导，是文化创造力的基础和源泉。学术是不是昌明和发达，决定了城市的定位、影响力和辐射力，甚至决定了城市的发展走向和后劲。城市因文化而有内涵，文化因学术而有品位，学术文化已成为现代城市智慧、思想和精神高度的标志和"灯塔"。

凡工商发达之处，必是文化兴盛之地。深圳作为我国改革开放的"窗口"和"排头兵"，是一个商业极为发达、市场化程度很高的城市，移民社会特征突出、创新包容氛围浓厚、民主平等思想活跃、信息交流的"桥头堡"地位明显，是具有形成学派可能性的地区之一。在创造工业化、城市化、现代化发展奇迹的同时，深圳也创造了文化跨越式发展的奇迹。文化的发展既引领着深圳的改革开放和现代化进程，激励着特区建设者艰苦创业，也丰富了广大市民的生活，提升了城市品位。

如果说之前的城市文化还处于自发性的积累期，那么进入21世纪以来，深圳文化发展则日益进入文化自觉的新阶段：创新文化发展理念，实施"文化立市"战略，推动"文化强市"建设，提升文化软实力，争当全国文化改革发展"领头羊"。自2003年以来，深圳文化发展亮点纷呈、硕果累累：荣获联合国教科文组织"设计之都""全球全民阅读典范城市"称号，原创大型合唱交响乐《人文颂》在联合国教科文组织巴黎总部成功演出，被国际知识界评为"杰出的发展中的知识城市"，三次荣获"全国文明城市"称号，四次被评为"全国文化体制改革先进地区"，"深圳十大观念"影响全国，《走向复兴》《我们的信念》《中国之梦》《迎风飘扬的旗》《命运》等精品走向全国，深圳读书月、市民文化大讲堂、关爱行动、创意十二月等品牌引导市民追求真善美，图书馆之城、钢琴之城、设计之都等"两城一都"高品位文化城市正成为现实。

城市的最终意义在于文化。在特区发展中，"文化"的地位正发生着巨大而悄然的变化。这种变化首先还不在于大批文化设施的兴建、各类文化活动的开展与文化消费市场的繁荣，而在于整个城市文化地理和文化态度的改变，城市发展思路由"经济深圳"向"文化深圳"转变。这一切都源于文化自觉意识的逐渐苏醒与复活。文化自觉意味着文化上的成熟，未来深圳的发展，将因文化自觉意识的强化而获得新的发展路径与可能。

与国内外一些城市比起来，历史文化底蕴不够深厚、文化生态不够完善等仍是深圳文化发展中的弱点，特别是学术文化的滞后。近年来，深圳在学术文化上的反思与追求，从另一个层面构成了文化自觉的逻辑起点与外在表征。显然，文化自觉是学术反思的扩展与深化，从学术反思到文化自觉，再到文化自信、自强，无疑是文化主体意识不断深化乃至确立的过程。大到一个国家、小到一座城市的文化发展皆是如此。

从世界范围看，伦敦、巴黎、纽约等先进城市不仅云集大师级的学术人才，而且有活跃的学术机构、富有影响的学术成果和浓烈的学术氛围，正是学术文化的繁盛才使它们成为世界性文化中心。可以说，学术文化发达与否，是国际化城市不可或缺的指标，并将最终决定一个城市在全球化浪潮中的文化地位。城市发展必须在学术文化层面有所积累和突破，否则就缺少根基，缺少理念层面的影响，缺少自我反省的能力，就不会有强大的辐射力，即使有一定的辐射力，其影响也只是停留于表面。强大的学术文化，将最终确立一种文化类型的主导地位和城市的文化声誉。

近年来，深圳在实施"文化立市"战略、建设"文化强市"过程中鲜明提出：大力倡导和建设创新型、智慧型、力量型城市主流文化，并将其作为城市精神的主轴以及未来文化发展的明确导向和基本定位。其中，智慧型城市文化就是以追求知识和理性为旨归，人文气息浓郁，学术文化繁荣，智慧产出能力较强，学习型、知识型城市建设成效卓著。深圳要建成有国际影响力的智慧之城，提高文化软实力，学术文化建设是其最坚硬的内核。

经过40年的积累，深圳学术文化建设初具气象，一批重要学科确立，大批学术成果问世，众多学科带头人涌现。在中国特色社会主义理论、经济特区、港澳台经济、文化发展、城市化等研究领域产生了一定影响；学术文化氛围已然形成，在国内较早创办以城市命名的"深圳学术年会"，举办了"世界知识城市峰会"等一系列理论研讨会。尤其是《深圳十大观念》等著作的出版，更是对城市人文精神的高度总结和提升，彰显和深化了深圳学术文化和理论创新的价值意义。

而"深圳学派"的鲜明提出，更是寄托了深圳学人的学术理想和学术追求。1996年最早提出"深圳学派"的构想；2010年《深圳市委市政府关于全面提升文化软实力的意见》将"推动'深圳学派'建设"载入官方文件；2012年《关于深入实施文化立市战略建设文化强市的决定》明确提出"积极打造'深圳学派'"；2013年出台实施《"深圳学派"建设推进方案》。一个开风气之先、引领思想潮流的"深圳学派"正在酝酿、构建之中，学术文化的春天正向这座城市走来。

"深圳学派"概念的提出，是中华文化伟大复兴和深圳高质量发展的重要组成部分。竖起这面旗帜，目的是激励深圳学人为自己的学术梦想而努力，昭示这座城市尊重学人、尊重学术创作的成果、尊重所有的文化创意。这是深圳40年发展文化自觉和文化自信的表现，更是深圳文化流动的结果。因为只有各种文化充分流动碰撞，形成争鸣局面，才能形成丰富的思想土壤，为"深圳学派"的形成创造条件。

深圳学派的宗旨

构建"深圳学派"，表明深圳不甘于成为一般性城市，也不甘于仅在世俗文化层面上制造点影响，而是要面向未来中华文明复兴的伟大理想，提升对中国文化转型的理论阐释能力。"深圳学派"从名称上看，是地域性的，体现城市个性和地缘特征；从内涵上看，是问题性的，反映深圳在前沿探索中遇到的主要问题；从来源上看，"深圳学派"没有明确的师承关系，易形成兼容并蓄、开放择优的学术风格。因而，"深圳学派"建设的宗旨是"全球视野，民族立场，时代精神，深圳表达"。它浓缩了深圳学术文化建设的时空定位，反映了对学界自身经纬坐标的全面审视和深入理解，体现了城市学术文化建设的总体要求和基本特色。

一是"全球视野"。反映了文化流动、文化选择的内在要求，体现了深圳学术文化的开放、流动、包容特色。它强调要树立世界眼光，尊重学术文化发展内在规律，贯彻学术文化转型、流动与选择辩证统一的内在要求，坚持"走出去"与"请进来"相结合，推动深圳与国内外先进学术文化不断交流、碰撞、融合，保持旺盛活力，构建开放、包容、创新的深圳学术文化。

文化的生命力在于流动，任何兴旺发达的城市和地区一定是流动文化最活跃、最激烈碰撞的地区，而没有流动文化或流动文化很少光顾的地区，一定是落后的地区。文化的流动不断催生着文化的分解和融合，推动着文化新旧形式的转换。在文化探索过程中，唯一需要坚持的就是敞开眼界、兼容并蓄、海纳百川，尊重不同文化的存在和发展，推动多元文化的融合发展。中国近现代史的经验反复证明，闭关锁国的文化是窒息的文化，对外开放的文化才是充满生机活力的文化。学术文化也是如此，只有体现"全球视野"，才能融入全球思想和话语体系。因此，"深圳学派"的研究对象不是局限于一国、一城、一地，而是在全球化背景下，密切关注国际学术前沿问题，并把中国尤其是深圳的改革发展置于人类社会变革和文化变迁的大背景下加以研究，具有宽广的国际视野和鲜明的民族特色，体现开放性甚至是国际化特色，也融合跨学科的交叉和开放。

二是"民族立场"。反映了深圳学术文化的代表性，体现了深圳在国家战略中的重要地位。它强调要从国家和民族未来发展的战略出发，树立深圳维护国家和民族文化主权的高度责任感、使命感、紧迫感。加快发展和繁荣学术文化，尽快使深圳在学术文化领域跻身全球先进城市行列，早日占领学术文化制高点，推动国家民族文化昌盛，助力中华民族早日实现伟大复兴。

任何一个大国的崛起，不仅伴随经济的强盛，而且伴随文化的昌盛。文化昌盛的一个核心就是学术思想的精彩绽放。学术的制高点，是民族尊严的标杆，是国家文化主权的脊梁；只有占领学术制高点，才能有效抵抗文化霸权。当前，中国的和平崛起已成为世界最热门的话题之一，中国已经成为世界第二大经济体，发展速度令世界刮目相看。但我们必须清醒地看到，在学术上，我们还远未进入世界前列，特别是还没有实现与第二大经济体相称的世界文化强国的地位。这样的学术境地不禁使我们扪心自问，如果思想学术得不到世界仰慕，中华民族何以实现伟大复兴？在这个意义上，深圳和全国其他地方一样，学术都是短板，与经济社会发展不相匹配。而深圳作为排头兵，肩负了为国家、为民族文化发展探路的光荣使命，尤感责任重大。深圳的学术立场不能仅限于一隅，而应站在全国、全民族的高度。

三是"时代精神"。反映了深圳学术文化的基本品格，体现了深圳学术发展的主要优势。它强调要发扬深圳一贯的"敢为天下先"的精神，突出创新性，强化学术攻关意识，按照解放思想、实事求是、求真务实、开拓创新的总要求，着眼人类发展重大前沿问题，特别是重大战略问题、复杂问题、疑难问题，着力创造学术文化新成果，以新思想、新观点、新理论、新方法、新体系引领时代学术文化思潮。

党的十八大提出了完整的社会主义核心价值观，这是当今中国时代精神最权威、最凝练表达，是中华民族走向复兴的兴国之魂，是中国梦的核心和鲜明底色，也应该成为"深圳学派"进行研究和探索的价值准则和奋斗方向。其所熔铸的中华民族生生不息的家国情怀，无数仁人志士为之奋斗的伟大目标和每个中国人对幸福生活的向往，是"深圳学派"的思想之源和动力之源。

创新，是时代精神的集中表现，也是深圳这座先锋城市的第一标志。深圳的文化创新包含了观念创新，利用移民城市的优势，激发思想的力量，产生了一批引领时代发展的深圳观念；手段创新，通过技术手段创新文化发展模式，形成了"文化+科技""文化+金融""文化+旅游""文化+创意"等新型文化业态；内容创新，以"内容为王"提升文化产品和服务的价值，诞生了华强文化科技、腾讯、华侨城等一大批具有强大生命力的文化企业，形成了读书月等一大批文化品牌；制度创新，充分发挥市场的作用，不断创新体制机制，激发全社会的文化创造活力，从根本上提升城市文化的竞争力。"深圳学派"建设也应体现出强烈的时代精神，在学术课题、学术群体、学术资源、学术机制、学术环境方面迸发出崇尚创新、提倡包容、敢于担当的活力。"深圳学派"需要阐述和回答的是中国改革发展的现实问题，要为改革开放的伟大实践立论、立言，对时代发展作出富有特色的理论阐述。它以弘扬和表达时代精神为己任，以理论创新为基本追求，有着明确的文化理念和价值追求，不局限于某一学科领域的考据和论证，而要充分发挥深圳创新文化的客观优势，多视角、多维度、全方位地研究改革发展中的现实问题。

四是"深圳表达"。反映了深圳学术文化的个性和原创性，体现了深圳使命的文化担当。它强调关注现实需要和问题，立足深圳实际，着眼思想解放、提倡学术争鸣，注重学术个性、鼓励学术原创，不追求完美、不避讳瑕疵，敢于并善于用深圳视角研究重大前沿问题，用深圳话语表达原创性学术思想，用深圳体系发表个性化学术理论，构建具有深圳风格和气派的学术文化。

称为"学派"就必然有自己的个性、原创性，成一家之言，勇于创新、大胆超越，切忌人云亦云、没有反响。一般来说，学派的诞生都伴随着论争，在论争中学派的观点才能凸显出来，才能划出自己的阵营和边际，形成独此一家、与众不同的影响。"深圳学派"依托的是改革开放前沿，有着得天独厚的文化环境和文化氛围，因此不是一般的标新立异，也不会跟在别人后面，重复别人的研究课题和学术话语，而是要以改革创新实践中的现实问题研究作为理论创新的立足点，作出特色鲜明的理论表述，发出与众不同的声音，充分展现特区学者的理论勇气和思想活力。当然，"深圳学派"要把深圳的物质文明、精神文明和制度文明作为重要的研究对象，但不等于言必深圳，只囿于深圳的格局。思想无禁区、学术无边界，"深圳学派"应以开放心态面对所有学人，严谨执着，放胆争鸣，穷通真理。

狭义的"深圳学派"属于学术派别，当然要以学术研究为重要内容；而广义的"深圳学派"可看成"文化派别"，体现深圳作为改革开放前沿阵地的地域文化特色，因此除了学术研究，还包含文学、美术、音乐、设计创意等各种流派。从这个意义上说，"深圳学派"尊重所有的学术创作成果，尊重所有的文化创意，不仅是哲学社会科学，还包括自然科学、文学艺术等。

"寄言燕雀莫相唣，自有云霄万里高。"学术文化是文化的核心，决定着文化的质量、厚度和发言权。我们坚信，在建设文化强国、实现文化复兴的进程中，植根于中华文明深厚沃土、立足于特区改革开放伟大实践、融汇于时代潮流的"深圳学派"，一定能早日结出硕果，绽放出盎然生机！

前　言

本书共分三篇，第一篇为从城市化到大城市群、第二篇为集聚、城市化与城市群的理论、第三篇为中国城市化走向世界大城市群。

第一篇是从城市化到大城市群，包括三章。主要讲述城市经济发展的历史背景与国内外相关案例。第一章从工业化与城市集聚的历史回顾说明城市的起源与城市化的机制；第二章论述中国从1949年至今的城市化道路；第三章以美国纽约与五大湖、日本东京、英国伦敦的城市群发展历程。

第二篇是集聚、城市化与城市群的理论与实证方法。第四章介绍古典区位理论，包括冯。杜能、伟伯工业区位理论、克里斯塔勒中心地理论与廖什产业区位理论等。第五章是从单一城市走向城市体系，主要延续第四章的理论发展，从单中心Alonso-Muth-Meth模型（AMM）、Dixit-Stiglitz（D–S）模型、中心—外围模型（Core-Periphery，C–P）、Rosen-Roback（RR）模型，并讲述从单中心到多中心的演变。第六章是工业化到城市化发展，讲述产业马歇尔外部性区位集群、伟伯工业区位聚集、胡佛产业最佳规模、波特产业群与克鲁格曼的地理聚集等理论，亦列举数种产业集聚的测度方法，最后描述城市经济增长的集聚与扩散效应，与城市化发展模式。第七章是产业集群、劳动异质性与城市体系扩张，主要讲述产业集聚涵意与劳动异质性在城市的空间分工。第八章是城市群的概念、理念与测度，包括城市群的定义、范围的识别标准、城市群相关理论与实证模型，最后是齐普夫法则的城市群层级体系测量。

第三篇是中国城市化走向世界大城市群，包括三章，主要讲述中国城市发展从城市化到城市群的机制与发展过程。第九章是城市规划体系的变化：从城市化转向城市群，讲述城市群的基本概念与中国城市群概况；第十章是中国城市化过程的产业分布演变，主要以长三角城市群与粤港澳大湾区为例，讲述城市人口与产业集聚与扩散的过程与原因；第十一章是中国城市发展的问题与治理，结合理论与实证的角度分析中国城市与城市群发展的问题与机会。

目 录

第一篇 从城市化到大城市群

第一章 工业化与城市集聚的历史回顾 (3)
　第一节 城市的产生 (3)
　第二节 农业社会城市化 (6)
　第三节 工业社会城市化 (7)
　第四节 后工业社会城市化 (10)

第二章 中国城市化与城市体系 (17)
　第一节 城市化率是现代化的重要标志 (17)
　第二节 中国城市化进程 (18)
　第三节 中国城市化结构形成 (23)

第三章 世界城市化与大城市群化 (40)
　第一节 世界城市群发展历程 (40)
　第二节 世界城市群国家地位及层级体系 (42)
　第三节 世界城市群产业结构与变化 (54)

第二篇 集聚、城市化与城市群的理论

第四章 古典区位理论 (65)
　第一节 冯·杜能农业区位理论 (66)
　第二节 韦伯工业区位理论 (71)

第三节　克里斯塔勒中心地理论 …………………………… (77)
　　第四节　廖什产业区位理论 ………………………………… (83)

第五章　从单一城市走向城市体系 ……………………………… (92)
　　第一节　单中心城市——AMM 模型 ……………………… (92)
　　第二节　D-S 模型 …………………………………………… (94)
　　第三节　中心—外围结构（Core-Periphery sructure）…… (96)
　　第四节　RR 模型 …………………………………………… (100)
　　第五节　从单中心到多中心的演变 ………………………… (105)

第六章　工业化与城市化的理论解释 …………………………… (110)
　　第一节　从马歇尔集聚到产业关联 ………………………… (110)
　　第二节　产业集聚的发展脉络 ……………………………… (121)
　　第三节　产业集聚的测度 …………………………………… (126)
　　第四节　城市经济增长与发展模式 ………………………… (133)

第七章　产业集群、劳动异质性与城市体系扩张 ……………… (147)
　　第一节　产业集聚的含义与国际案例 ……………………… (148)
　　第二节　劳动异质分工与产业专业集聚的关系 …………… (152)
　　第三节　劳动异质性与城市体系扩张 ……………………… (154)

第八章　城市群的概念、理论与测度 …………………………… (167)
　　第一节　城市群的定义 ……………………………………… (167)
　　第二节　城市群空间范围的识别标准 ……………………… (170)
　　第三节　城市群的相关理论与实证模型 …………………… (173)
　　第四节　大城市为核心的层级体系：齐普夫法则 ………… (180)

第三篇　中国城市化走向大城市群

第九章　中国城市群概述 ………………………………………… (191)
　　第一节　中国主要城市群 …………………………………… (191)

第二节　中国城市群的发展过程 …………………………（198）
　　第三节　中国城市群的发展与交通基础设施
　　　　　　建设的关系 ………………………………………（201）

第十章　中国城市化过程中的产业分布演变 …………………（206）
　　第一节　中国城市化过程中的产业分布与演变 …………（206）
　　第二节　长三角的城市化周期与产业分布 ………………（208）
　　第三节　粤港澳大湾区与欧美城市化路径
　　　　　　比较分析 …………………………………………（223）

第十一章　中国城市发展问题 …………………………………（236）
　　第一节　中国城市化特点与问题 …………………………（236）
　　第二节　产业空心化：核心城市的制造业比重风险 ………（242）
　　第三节　城乡一体化与城乡差距 …………………………（249）
　　第四节　城市发展问题、产生原因与治理建议 ……………（255）

参考文献 ………………………………………………………（262）

后　　记 ………………………………………………………（275）

第一篇

从城市化到大城市群

第一章

我的童年時代

第一章

工业化与城市集聚的历史回顾

第一节 城市的产生

一 城市概念的界定

美国城市学理论家刘易斯·芒福德（1938）指出："人类用了5000多年的时间，才对城市的本质和演变过程获得了一个局部的认识，也许要用更长的时间才能完全弄清它那些尚未被认识的潜在特性。"可见对城市本质的界定需要随着时间的推移而不断加深。不同学科、不同学者对城市有着截然不同的定义，因为城市不仅仅包含了历史和空间的演化概念，更是牵涉政治、经济、文化等方面综合的概念，因而对于城市的定义及其产生与发展涉及了多种学科。[①]

城市经济学家往往把城市定义为有大量人口集聚的相对较小的地理空间，也可以理解为城市即是人口密度高于其他周围地区的地理空间。而城市地理学家沃思（L. Wirth）也对早期城市下过类似定义："不同社会成员所组成的一种相对较大且密集的永久性居址。"考古学家特里格（B. Trigger）也认为"城市是一种实施与大小村落联系的种种机能的人口聚居中心"。从不同学科诸多学者的定义中可以看出人口密度被看作是城市区别于乡村的基础。

美国的大都市区（Metropolitan District）概念始于1910年的全

[①] Alan Harding and taka Blokland, *Urban Theory: A Critical introduction to power, cities and Urbanism in the 21st century*, Sage Pubkcations of London, Thousand Oaks, New Delhi and Singapore, 2014.

国首次人口统计，至今历经多个年代的标准大都市区（Metropolitan Standard Areas，MSAs）。根据2000年美国人口普查局对城市的定义，城市是指人口不少于2500人，每平方公里人口密度不低于500人的固定区域，即每个中央和统计区域（Core Based Statistics Area，CBSA）至少有一个不少于5万的城市化地区（Urbanized Are）或不少于1万的城市簇（Urban Cluster）。中国国务院于2014年发布新城市规模划分标准，将城市以人口数量分为五类，以城区常住人口1000万以上为超大城市、500万以上为特大城市、100万以上为大城市、50万以上为中城市，而50万以下为小城市。

随着经济的不断发展，城市的概念具有更为丰富的内涵。单纯以人口在空间上的密集程度不足以对城市与乡村加以严格区分，除了在空间上的集聚之外，城市概念中还增加了政治、社会、文化等方面的内涵。现代城市是一个地区经济、政治、科技、文化的中心，可以看成是现代文明的载体，对地区现代化建设起着主导作用。因此城市与乡村的主要区别也在产业与经济发展中体现出来，城市经济上的非农业性是城市经济的基本特性。城市作为一个地区乃至一个国家的经济载体，集聚了地区内工业、商业、运输业、服务业等非农业，它与乡村的农业经济在专业与地域方面有明显的分工。城市经济的这种非农业性质在空间上又表现为非农业的土地利用。因此城市与乡村的边界往往可以根据土地的利用情况来加以区分。而作为现代城市发展的必然，城市人口构成的复杂性又产生出区别于乡村的第三种特性——构成上的异质性，也可称为多样性、流动性。城市相对于乡村而言人口构成复杂多样，这种复杂性带来的必然结果是，人口的相互作用导致了社会关系的多样性，从而形成了经济文化活动的多样性。

综合多种学科的定义可以得出："城市是因非农产业和非农人口集聚而形成的一定空间范围内的政治、经济、文化中心，以集聚社会效益与经济效益为目的，是融合各种功能为一体的空间地域系统"。

二　城市的产生

尽管多数学者都认同城市是集聚政治、经济、文化的综合体，其形成也是为了满足某种功能的需要，但学术界对究竟是哪个功能主导了城市的形成并无定论。回顾历史可以发现，在不同的阶段，城市的主要功能也不尽相同：城市有时主要发挥经济功能，有时主要发挥防御功能，有时发挥政治功能，而学术界普遍认可的对城市起源主要有以下四种。

(一) 防御与统治的需要

古代城市的兴起主要是统治者为抵御和防止外敌入侵，保护居民的财富不受掠夺。但马克思则认为从本质上看，城市是阶级社会的产物，是统治阶级压迫被统治阶级的一种手段。所以防御真正保护的是统治阶级的合法财产不受掠夺。

(二) 社会分工的结果

随着社会生产力的改变与发展，在原始社会后期农业与畜牧业的分工基础上，使得人类开始有了以农业为主的固定住所，同时也带来了剩余产品，成为交换经济产生的前提。而金属工具制造和使用，让手工业得以从农业中分离出来，直接引发了以交换为目的的商品生产。这样的社会分工使人类从固定的居住地解放出来，交换经济开始向商品经济过渡。随着生产水平的不断提高，商品交换的市场也不断扩大，促使专门从事商业活动的商人出现，从而引起工商业劳动和农业劳动的分离，渐渐形成城市，与乡村分离开来。

(三) 贸易需要

社会分工的说法这种理论认为早期城市的形成是社会分工后商品经济发展的结果，但社会分工并不必然产生城市，而是由于贸易的需求才导致了城市的产生。因为集市贸易要求人口的集聚，人口集聚又带来了城市商品经济的越发活跃，从而出现了城市。

(四) 区位禀赋

区位禀赋指出有些城市兴起是自然优势所导致的结果，比如早期的人类聚落靠近水源或者地势平坦开阔的地区。在漫长的进化过程中，人类向交通运输方便或自然资源丰富等优越条件的地区集聚，地处商路交叉点、河川渡口或港湾的地方便具备区位优势，最终形成城市。

第二节 农业社会城市化

一 比较优势与专业化生产

城市起源于原始经济，从最初的采集经济到社会分工的第一次出现，人类也开始有固定的居住地。在不同地区的不同群落拥有不同的自然区位和资源禀赋优势，因此生产同一农产品的单位劳动生产力也具有差异性。这样的差异使得不同地区根据自身的优势生产不同农作物，再通过贸易交换来满足对商品多样性的要求，由此形成的地区间分工就是所谓的"比较优势"。农业的发展是城市发展的基础，起初由于农业经济的发展产生了比较优势和地区间的专业化分工，继而才产生出地区间的贸易、运输成本、工业化以及规模经济等。如果一个地区在生产某种农作物时具有较低的机会成本，那这个地区就有生产该农作物的比较优势。该地区便生产具有比较优势的产品来强化这种优势以获取利润由于比较优势带来的经济利润，地区之间便形成了专业化分工。

二 贸易城市兴起

地区的专业化生产与交换并不一定导致城市化，只有当交换经济产生规模效益时，一个地区才会发展成城市。比较优势虽然会促成地区间贸易的频繁往来，增加双方福利，但也存在着不可避免与忽视的成本，如交通成本。比较优势发挥作用的前提是交通成本低于贸易带来的收益。一个地区的农民最开始以家庭为单位进行贸易，但由于交通运输存在规模经济，以家庭为单位的贸易行为产生的利润大大低于以贸易公司为单位进行的贸易所产生的利润，因此商业便在农业社会发展起来，由此带来地区间贸易活动的越发活跃。

第三节 工业社会城市化

以工业化为思维，人类社会一般可划分为前工业社会、工业社会和后工业社会三个阶段。前工业社会，以利用天然资源为主，包括农业、采掘业等。从第一次产业革命开始到20世纪60年代是工业社会，是以加工产业为主，即利用化石能源和机械技术大批量制造产品为主。70年代后由于电子计算机问世，微电子技术广泛应用，以服务业为主的第三产业逐渐成为西方发达国家的主导产业，在国民经济中的比重迅速增长，成为主要的经济，称为后工业社会。

一　工业社会的特征

工业社会是继农业社会或传统社会之后的社会发展阶段。有时又称现代社会。以轻工业为主的是工业社会前期，以重工业为主的是工业社会后期，从时间上大约是蒸汽机出现之后到20世纪70、80年代电子信息技术广泛应用之前。

工业社会具有以下特征：以大机器的生产使用与分工的具社会经济的主导地位；科学技术快速发达，生产效率全面提高；社会分化剧烈，社会分工深化；社会流动性增强，业缘关系取代了血缘和地缘关系而成为人类社会关系的主要形式，个人发展的机会增多、自主程度增强；法治取代人治成为政治系统运行的基本方式，社会的民主化程度提高；城市数量增加、规模加大，农业人口的比重降低至半数以下；交通运输工具和通信联络发达，个人、群体、组织、区域、国家日趋开放；人的思想观念充分更新，竞争意识和时间观念加强，崇尚科学、信服真理、追求变革成为人们基本的行为或价值取向。

二　工业化、城市化是一个内在统一的历史过程

早在19世纪，马克思、恩格斯基于对英国工业化和城市化现实的考察，生动地揭示了工业化与城市化的紧密联系。"自然力的征

服、机器的采用、化学在工业和农业中的应用,轮船的行驶,铁路的通行、电报的使用、整个大陆的开垦和河川的通航,仿佛用法术从地下呼唤出来的大量人口——过去哪一个世纪能料想到在社会劳动里蕴藏有这样的生产力呢？""大工业企业要求许多工人在一个建筑物里共同劳动,他们必须住得集中,甚至一个中等规模的工厂附近也会形成一个村镇。他们有种种需求,为了满足这些需求,还需要其他人,于是手工业者、裁缝、鞋匠、面包师、泥瓦匠和木匠等都搬到这里来了。村镇的居民,特别是年青一代,逐渐习惯于工厂劳动,当第一个工厂很自然地已经不能保证所有的人就业时,工资就下降,结果就是新的厂主搬到这里来。"

于是村镇变成小城市,小城市变成大城市。"大量人口"源于工业化把原来分散的人口集中起来,而集中起来的人口生活空间正是工业城市的别称。因为"资产阶级日复一日地消灭生产、财产和人口的分散状态,使人口密集起来,使生产集中起来,使财产集聚在少数人的手里,由此必然产生的后果就是政治的集中"。

资产阶级是工业化生产方式的代表,马克思、恩格斯认为,城市化是资本主义大工业发展的产物,随着资本主义大工业的发展,人口城市化大大加快了它的发展进程。同时,"城市本身表明了人口、生产工具、资本、享受和需求的集中,而在乡村则是完全相反的情况——隔绝和分散"。与农村相比,"城市越大,定居到这里就越有利。因为这里有铁路、运河和公路；挑选熟练工人的机会越来越多；由于附近的建筑业主和机器制造厂主之间的竞争,在这种地方开办新企业就比偏远地区花费更少,因为在偏远地区,建筑材料和机器以及建筑工人和工厂工人必须先从别处运来；这里有顾客云集的市场和交易所,这里同提供原料的市场和成品的市场有直接的联系"。城市基础设施可以产生生产上的规模效应；城市可以找到更高质量的生产者；城市的竞争有利于技术的进步和节省基础建设成本；城市有较大的市场以及产生市场规模效应；城市将工业生产同原料市场和销售市场紧密相连,节省运费的同时使商业信息畅通。可见,城市化的发展推动了工业化的进一步发展。

无独有偶,马克斯·韦伯对19世纪欧洲城市化现象的分析也得出了与马克思、恩格斯相似的结论。"经济发展或孤立的社会与经济团体的结合,需要一部分人口在商业城市集中。同样地,作为乡村经济向世界经济转变的工业社会成长过程的一个方面,市场的扩大促使制造业集中。"他认为,人口在城市的日益集中是经济增长和差异化发展的"自然结果",城市化是由工业化所产生的劳动力分工在空间上的反映[1]。

刘易斯·芒福德在19世纪七八十年代到20世纪初,对英、法、德、美四国的城市化速度和外债进行比较研究,从另一个角度证实了工业化与城市化的不可分割性。刘易斯认为,过高的城市化水平,导致大量资源用于城市建设,阻碍投资注入国民经济中的生产部门,最终会影响工业和其他部门的发展。如果在保持较高城市化速度的同时,要保持较高的工业化速度,就不得不借外债;如果不借外债,就只能任由"城市病"发展和扩大。刘易斯·芒福德所谓的"过高的城市化水平",是指城市化脱离了工业化的现象,最终结果是城市化和工业化的发展都将受到损害。鉴于刘易斯·芒福德研究的模糊性,H. 钱纳里和M. 赛尔昆于1975年在《发展的型式:1950—1970》一书中提出城市化率与工业化率比较的世界发展模型,指出工业化与城市化经历的是由紧密到松弛的发展过程,工业化与城市化协调发展具有空间继承性和发展动态性。

上述学者们已经从不同角度证明了工业化与城市化是不可分割的,没有城市化的工业化,与没有工业化的城市化都是不可持续的。不可能只有工业化而没有城市化,或者只有城市化而没有工业化。工业化与城市化良性辩证互动的直接结果,就是现代社会的出现。或者说,现代社会的特征之一,就是工业化和城市化的实现。工业化和城市化是推动经济发展和现代化进程的重要动力,是经济发展和现代化的重要载体。工业化导致生产力发展、经济增长、财富增加,为现代化的实现提供物质基础。城市化导致传统生活方式、传统思维方式改变,推动经济社会文化向现代社会变迁。与此同时,现代化为工业化、城市化的深入发展提供

---

[1] Weber A. (1909) Uber den standort der Industrien. J. C. B. Mohr, Tubingen. English translation: The theory of the location of industries. Chicago University Press, Chicago, 1929.

保障。

从世界历史来看,工业化史和城市化史,本身就是现代化史的一部分。在历史发展进程中,英国之后,虽然由于区域特征、体制背景、社会经济环境及历史基础的不同,工业化与城市化的关系表现出较为明显的时空差异,但美国、法国、德国、俄罗斯、日本等国家还是明显经历了由工业化、城市化,进而实现现代化的历史过程。在资本主义世界扩张、经济全球化的推动下,发展中国家开始探索不同于西方的现代化进程。

第四节 后工业社会城市化

一 后工业社会的特征

贝尔概括了后工业社会的五大特征:第一,在经济方面,从产品生产经济转变为服务性经济。"后工业社会、最简单的特点、是大多数劳动力不再从事农业或制造业,而是从事服务业,如贸易、金融、医疗信息、运输、保健、娱乐、研究、教育和管理。"第二,在职业上,专业与科技人员居于社会的主导地位。在工业社会中,半熟练工人是劳动力中最大的一部分,而在后工业社会中,从事办公室工作、教育和管理工作的白领阶层逐渐取得优越地位。第三,在中轴原理上,理论知识居于中心,是社会革新和政策制定的源泉。"工业社会是机器和人协作生产商品。后工业社会是围绕着知识组织起来的",更重要的是"理论知识处于中心地位"。第四,在未来方向上,控制技术发展,重视技术鉴定。现代社会为了保持发展,就必须不断开辟新的技术领域。但为了避免过分地依赖技术从而给社会带来一种危险的"不确定的性质",就必须有意识、有计划地控制技术的发展,对技术进行鉴定。第五,在制定决策上,创造新的"智能技术"。而在这五大特征中,最主要的是前两个特征,即社会的经济特征和职业特征。[①]

---

① 蔡禹:《贝尔的后工业社会理论解析》,《学术论坛》(*Academic Forum*)2001年第5期(总148期)。

二 后工业城市的产业和的转变和影响

（一）后工业城市的产业特征

后工业城市仍然以制造生产为基础，但有了以下两个新的特点。

1. 高新技术产业的发展

高新技术产业，是工业化后、在低生产成本的竞争刺激下发展，从依靠土地、资本等要素驱动为主要向依靠技术创新驱动的发展模式转变。高新技术产业是知识密集型产业，需要技术、协调、管理和服务人员，由于向中心城集中，使企业可以在共享、匹配和学习的机制下进行科技革命，大力发展高新技术产业。例如，根据波士顿银行的调查，1975—1980年，新英格兰地区的制造业部门新增加了22.5万个就业机会，其中45%是由高技术产业创造的。西欧和日本等发达国家的城市也都大力发展高技术产业，在一定程度上扭转了城市发展的颓势。

2. 生产性服务业向中心城市集中

中心城市拥有的中心性、集聚效益和集中的基础设施，使其成为生产性服务业和其他服务业集聚的理想场所，从而推动了城市向后工业的转型，城市的主要职能由工业生产逐步转向服务和管理，成为控制中心和决策中心。服务业代表了后工业时代职业的主要特征和发展趋势，中心城市服务业在职业结构中比例的上升趋势反映了后工业时代城市新的职能变化。而在服务业增加的同时，生产性服务业会呈现出减少的趋势。

因此，服务业向中心城市集中，表明了城市职能的调整和升级。例如，到1984年，美国有1/3的光缆集中在纽约。正如莫斯所指出的："电信设备的不断出现主要是一种城市化的现象。"虽然关于电信新技术的讨论大部分集中于扩散化所提供的机会，但是大城市是美国新电信系统的轴心，也是信息技术最先进的提供者，尽管电信新技术允许地理上的扩散，但是新设备的经济指向是主要信息中心的城市地区。与许多流行的民间传说相反，电信新技术并未造成城市的没落。电信新技术巩固了那些具有交流活动重要功能的城市。

（二）产业结构变化对城市化的影响

城市是现代人类社会的主要存在形式，是政治、经济、文化和科学技术中心，是先进生产力的凝聚点，城市的发展总是反映经济发展水平。以第三产业为主的后工业社会同工业社会相比，城市的内部结构、城市的类型和功能，以及城市的空间结构，都将发生相应变化，后工业社会城市化的特征更加突出，产业结构变化对城市化的影响可归纳为以下四点：

1. 多功能、综合性的城市发展

工业化时期的城市是以加工制造业为主的生产型城市，产业种类较少，城市或表现为紧紧围绕某一种资源进行利用和开发的资源型城市，如美国的匹兹堡、克利夫兰，中国的大庆、抚顺；或表现为以一种重工业为主，如美国的芝加哥、底特律，中国的沈阳、鞍山，主导产业单一，造成城市的发展必然因主导产业兴起、发展、衰落的周期性变动而发生波动。城市发展对主导产业的依存度高。第三产业是后工业社会的主导产业，也是城市的支柱产业，第三产业包括交通运输、公共事业、商业、金融保险业和政府机关等，行业多、范围广，社会分工高度发达，就业结构高度分化，社会成员在职业上的高度异质化，使得城市居民生活方式日益多元化。为适应这种需要，城市就其内部结构来看，服务功能更加齐备，质量优化的综合性城市表现出强大生命力，获得更快发展。城市不仅是生产、流通中心，同时又是金融、科技、信息情报中心。一度出现停滞甚至衰落的工业城市开始进行产业结构调整，大力发展第三产业，如商业、房地产业、娱乐业等，使产业结构更加合理，城市功能趋于完善，向综合性城市转变。第三产业的勃兴也造就了后工业社会的专业城市，如日本国际文化城市——长崎，我国的世界贸易中心——香港，世界金融中心——东京、纽约等，此外还有旅游城、科学城。由此可见，第三产业方兴未艾，正在引导城市走向新阶段。

2. 城郊化——人口流动逆城市化加速

促进城市化发展的因素很多，但交通和通信技术发展对城市化的影响最大。工业社会由于工业企业设在市区，受交通条件限制，工人必须居住在工厂附近，随着企业规模的扩大，城市人口不断增多。由于人口及社会活动的集中能够产生各种经济与社会优越性，所以在各国城市化加速推进时期，人口集中过程也在持续发展。然而，随着城市集聚程度的增加，产生了交通拥挤、城市环境恶化、居民生活空间拥挤不堪等问题。20世纪70年代，随着小汽车的普及和发达的高速公路网络形成，西方国家城市人口呈逆向流动，人们从大城市迁往郊区。通信设施的现代化以及电子技术的发展，微电脑的普及，使工厂、商业网点可以在郊区乃至远郊建厂或设立分店，职员可以在家上班，与市区的联系也很方便。据统计，从1975年到1980年美国市区每移入100人，就有122人移出，人口稠密的大城市尤其明显，纽约、波士顿、克利夫兰等从1960年到1970年，市区人口增长了17%，但从1970年到1980年只增长了10.2%；相反，郊区人口在1960年至1970年只增长3.4%，而1970年至1980年却增长了15.1%。

信息技术的发展有使城郊化速度加快的趋势。在拥有1.2亿劳动力的美国，"在家上班"的人数迅速增长，1994年增加8%，达到3900万户。1995年美国商务部、环境保护署等机构共同发起在全国开展"在家上班"活动，旨在鼓励人们利用电信手段在家工作，以减少上下班交通流量、减轻污染、提高工作效率。目前美国家用电脑普及率已达1/3，其中50%的电脑已纳入网络，电脑进入家庭的速度，将对城郊化产生重大影响。

3. 现代化、国际化是城市发展的方向

由于新技术产业的推动，一方面高度发达的交通运输不断缩小着各地间的距离，地球甚至被称作"地球村"；另一方面信息技术的发展，信息高速公路的建设，将把各国经济更紧密地联系在一起，世界经济结构从倚重于自然资源和制造业的国别经济时代，转向更多地倚重于信息资源和服务业的国际经济时代，世界经济一体化进程加速。世界经济的发展，必须将各国的社会发展同世界经济一体化进程相联系，着力于城市的现代化、国际化，发展外向型经济，建立广泛的国际经济联系，参与国际经济的循环。城市作为国家和地区的经济中心必然呈现出国际化发展趋势。国际性城市是指在本国发挥经济作用的城市，以其雄厚的经济实力、便捷的交通信息网络、完善周到的服务在全球或世界某一区域发挥着经济中心作用。如 1986 年全世界 5.2 万亿美元投资总额中有 80% 集中在纽约、伦敦和东京，其中纽约就占 40%，是国际资本集聚和扩散的中心；直至 2017—2018 年度，这 3 个城市仍是全球城市排名前十[1][2]

在一些新兴工业化国家和发展中国家，受世界经济一体化进程的影响，城市的现代化、国际化加速，中国 2015—2016 统计指出 1000 万以上人口的特大城市已有 13 个，在这些城市中出现了后工业社会的特征，其中上海和深圳的第三产业中金融、信息等高层次产业比重较大，正在逐步成长为带有一定国际性的金融中心。现代化、国际化正在成为城市发展的目标。

4. 现代城市文明即是经济—社会—自然的良性循环

城市是非农业人口和产业密集的经济实体、社会实体和以土地等自然资源为物质载体的有机结合的空间存在形式。钱学森更进一步准确地归纳为"现代城市以人为主体，以空间和自然环境的合理利用为前提，以集聚经济效益和社会效益为目的，集约人口、经济、科技和文化的空间地域大系统"。后工业社会使城市单纯追求经济繁荣的时代已经过去，城市持续发展的生命力在于经济、社会同自然环境三大系统的平衡与发展，创造出融技术和自然为一体的城市文明环境，提高城市的生活质量。所以衡量城市的文明程度应该看三条：一是自然资源系统能否满足城市经济社会发展的需要；二是经济系统能否高效运行；三是社会系统是否协调。有鉴于此，现代城市发展更注重生态环境的保护，对自然资源和能源的节约和利用，实现城市可持续发展。为响应世界与环境发展大会号召，各国城市建设提出了各自的目标模式，我国提出"山水生态城市"。人与自然的关系在城市建设中更多地得到体现。

三 后工业化与城市化

（一）后工业化的时代意义及对城市化的影响

后工业阶段首先宣告了以机器大生产主导经济增长的模式已经

---

[1] 全球创新城市指数（Innovovtion cities Index），澳洲墨尔本咨询公司 I thinknow，2018。

[2] 全球城市指数，Global Cities Index），A. T. Kearney（美国科尔尼管理咨询公司），2018。

走到了尽头（不排除这种模式在不发达地区一定时期仍然有效），即一定意义上工业产品已经饱和，发达国家被迫推行市场和竞争全球化的战略。

市场本身几乎成为争夺的唯一目的。这是与工业化时期显著不同的，工业化时期的竞争乃至侵略既为争夺市场，更为抢夺资源，那个时代，相对于少数发达资本主义国家所拥有的远逊于今天的生产能力，市场基本不成问题，暂时的闭关自守也只是将市场"存储"起来而已。而后工业化时期，市场空间的制约已经成为世界经济发展的最大制约，在各个地域已被瓜分、各种产品的生产能力已经基本饱和的情况下，工业化带动经济增长的前景第一次变得这样不明朗，发展中国家尤其如此。因此，需求成为最终决定因素。市场制约了工业经济的总量上升空间，与之相随的是更残酷的竞争，愈益"现代化"的企业对劳动力在素质上要求越来越高，而在数量上要求越来越少，劳动生产率提高的速率将比经济总量提高的速率快得多。这种趋势不仅是相对于工业，大量以科技为先导的第三产业同样如此。这表示伴随经济增长的就业岗位增长将大大降低，甚至出现负增长；而在传统就业需求数量上大幅度下降的同时，一般劳动力在质量上不能适应新兴产业部门的要求，又造成严重的结构性失业。1995年第一季度中国首次出现了就业职工数量减少，包括较发达地区，如江苏省。1996年全国城市下岗职工达1000万。

总之，新的时代背景下工业化促进城市人口增长的潜力已经相当有限，城市化水平不大可能像工业化时代一样快速增长。而且，后工业化时代合理的城市化水平提高必定同高素质人才的供给、以科技为先导的高新技术产业的发展紧密相连，其中，"生产性"服务业，即所谓"第四产业"的发展至关重要。

（二）后工业化带来的经济社会变革对城市化的影响

工业用地可能是未来城市规划中在不增加人均指标的同时，改善用地结构、提高用地质量最有潜力的部分。工业化时代城市用地的增长及其功能结构组织一定意义上是以工业用地为主角，无论从绝对总量还是从单位产值用地量上，传统工业对用地的需求量都较大，而新的时代背景下工业用地的绝对和相对需求量都会大大下降，并且由于其具备清洁性，与其他功能用地的兼容性将更好。这不仅为降低工业用地比重而相应提高绿地、广场以及道路等与城市环境质量密切相关的用地的比重提供了可能，而且非常有利于重新组织流动的、充满生机的城市生活空间。

　　城镇用地相对于区域的高度集聚与转移不再成为必然。在实际生活中和人们的观念上，信息化都正在改变着时空距离，而部分工业生产对资源、对高度集中的生产规模的依赖性降低，也削弱了集聚的动力，或者说，信息化已经在实际上促成了更大区域的广泛集聚，高新技术产业的发展也为每一个绝对规模较小的城市在区域中扮演更重要的角色提供了机遇，城镇用地规模的象征意义将让位于它的职能规模、技术规模，以等级—规模序列为特征的传统城镇体系结构将越来越多地被更有机联系的网络结构取代。

　　基础优越、把握了机遇的城市或地区，其在区域中的地位会得到进一步提高，它们将扮演信息枢纽的角色，城镇在后工业化时代的区位条件首先反映为信息"交通"条件。城市化指人口向城市集聚、土地利用方式向城市型转化，以及人们生产生活方式、意识由乡村型向城市型转化的社会历史过程，前者是城市化的表象，后者才是城市化的实质，高度集聚的人口与用地正是工业城市化模式的表象特征。

第二章

中国城市化与城市体系

第一节 城市化率是现代化的重要标志

20世纪以来,世界各国城市化进程不断加快。20世纪初,全世界人口只有10%居住在城市。20世纪60—70年代,世界人口30%左右居住在城市。1998年世界平均城市化率为47%。1995年发达国家和地区为75%,发展中国家为38%。21世纪初,世界人口约有50%居住在城市,全球城市人口超过了30亿。当代发达国家的共同特征是城市人口达到总人口的90%以上。2018年世界有约55%的人口居住在城市。北美与亚欧的城市率居世界之首,城市化率约为80%以上,而拥有3700万居民的日本东京是世界上最大规模的城市,紧随在后的是印度新德里(2900万)、中国上海(2600万)及墨西哥城和巴西的圣保罗(各约2200万)。

到2030年,全球城市人口将接近50亿,约占世界总人口的60%,而全球预估有43座人口超过1000万的超大城市,其中大部分位于发展中国家。到2050年,世界城市化率预估将达到68%,在新增的人口中,有90%将居住在亚洲和非洲,且高度集中在几个国家,如印度(4.16亿)、中国(2.55亿)和尼日利亚(1.89亿)合计占增幅的35%[1]。

城市化是现代化的最重要标志之一。目前,城市化水平通常采

---

[1] 2018 World Urbanization Prospects-USEIT, Department of Economic and Social Affairs, Published by United Nations.

用"一个国家或地区城市人口占总人口的比重"来衡量，也称之为城市化率。世界现代化进程的基本规律是同时实现工业化和城市化，二者缺一不可。因而，城市化水平实质上是一个含义更广的反映现代城市发展过程和阶段的综合概念，不仅仅是指城市规模的扩大、人口的增长，同时还反映城市质量的提升，包括在可持续发展战略下，追求经济政治、科学文化、生态环境的全面进步。一个以低产能的农村人口为主体的国家，无论其他方面怎样发达，无论人均GDP达到什么水平，它也不是一个现代化国家，甚至不是一个文明国家。

伴随着中国经济的持续发展，城市化进程也进入一个新的阶段。毫无疑问，城市化将给中国的人口结构和社会管理带来巨大改变，因此中国城市化与城市体系、与经济增长的关系，及如何产生正面积极的效应，是中国乃至全球经济发展的重要课题之一。

第二节　中国城市化进程

从1949年中华人民共和国成立至今，中国的城市化经历了一个由起步、徘徊到加速发展的过程。城市化进程与一国经济发展息息相关，根据我国经济发展阶段将城市化进程分为三个阶段。

一　第一阶段：1949年至1978年是我国城市化的起步曲折阶段

中华人民共和国成立后国民经济恢复和第一个五年计划顺利实施，同时伴随"大跃进""文化大革命"，我国城市化过程在曲折中起步。该阶段初期，社会主义经济建设全面展开，经济得到迅速恢复和发展，工业化进展顺利。国民经济的健康发展带动了城市化的起步。城镇人口由1949年的5765万人增加到1957年的9949万人，净增加了4184万人，平均每年有523万人从农村人口转为城镇人口，城市化水平也由1949年的10.7%上升到1957年的15.4%，平均每年增加了0.7个百分点。该时期的城市化水平保持了适度的增长势头，与国民经济发展基本相适应。从图2—

1可以看出，1958年之后我国城市化发展较为波折，1958年至1960年，城市化率呈显著上升趋势，从15.4%上升至19.7%，原因是这一时期中国开展了"大跃进"运动，全国大办工业，为了满足快速发展工业和大规模基本建设的需要，3年吸收了1950万农村劳动人口进城，导致1960年全国城镇人口猛增至13073万人，3年净增加了3124万人。1960年至1963年，城市化率连续下降，从19.7%下降到16.8%，为了摆脱"大跃进"、中苏关系恶化和"三年自然灾害"造成的困难，国民经济被迫进行调整。为缓解粮食供应困难，国家通过行政手段大规模精简职工和压缩城镇人口，到1963年全国压缩城镇人口2600万人，第一次出现了城镇人口大规模倒流，城市化进程随之陷入倒退之中。1963年至1978年，城市化进程处于停滞阶段，"文化大革命"造成工农业生产停滞不前，国民经济发展缓慢，致使城市化进程受阻。1978年城市化率为17.9%，虽然与1957年相比有所增长，但低于1960年的水平。

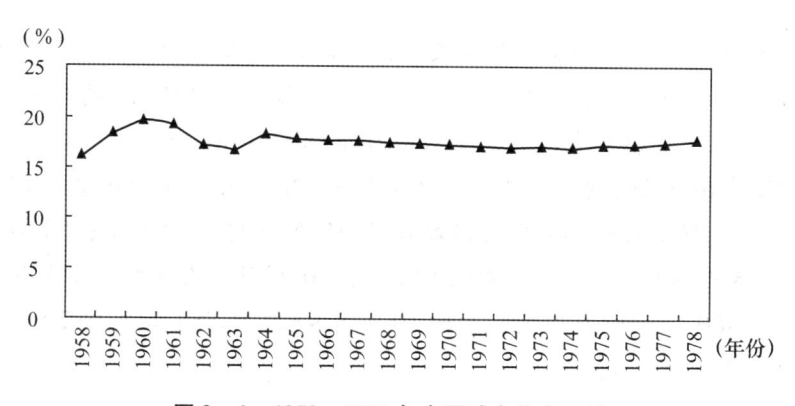

图2—1 1958—1978年中国城市化发展情况

资料来源：中国统计年鉴。

二 第二阶段：1978年至2011年是中国城市化快速发展阶段

以1978年改革开放为起点，随着促进城镇化方针政策的相继出台并实施，中国城镇化开始进入平稳发展阶段。1979—1992年，城镇化率由18.96%提升至27.46%，上升了8.5个百分点；人口总数从9.75亿增加到11.72亿，城镇人口总数从1.85亿增加到3.22亿，增幅达74.05%；地级市和县级市数量从213个增加至514个，建制镇数量从2361个激增至14539个。1992年春，以邓小平同志南方谈话为里程碑，我国城镇化进入高速发展时期。通过积极推进大中城市现代化建设和开发区及工业园区建设，农村剩余劳动力迅速增加，开始大量涌入城市，其中60%流向地级以上大中城市，尤其是沿海城市。1993—2002年，城镇化率由27.99%提升至39.09%，短短十年即上升了11.1个百分点；人口总数从11.85亿增加到12.85亿，增幅为8.44%，城镇人口总数从3.32亿增加到5.02亿，增幅达51.20%，城镇人口增速明显高于全国总人口增速的态势尤为突出。从2002年底的党的十六大关注大城市与小城镇协调发展起，国内城镇化在保证较高增速的同时，开始扭转各自孤立的发展局面，并逐渐形成新型城镇化的概念。2008年，中国城镇化率达到42%，城市个数由中华人民共和国成立前的132个增加到655个。

从1978年与2010年对比来看，该阶段城市（镇）数量和规模均显著增长。城市数量由1978年的193个增加到2010年的658个。其中，1000万以上人口城市个数由0个达到6个；500万—1000万人口城市由2个增加到10个；300万—500万人口城市由2个增加到21个；100万—300万人口城市由25个增加到103个；50万—100万人口城市由35个增加到138个；50万以下人口城市由129个增加到380个。建制镇数量也由1978年的2173个，增加到2010年的19410个（见表2—1）。

表2—1　　　　　城市（镇）数量和规模变化情况　　　　（单位：个）

	1978年	2010年
城市	193	658
1000万以上人口城市	0	6
500万—1000万人口城市	2	10

续表

	1978年	2010年
300万—500万人口城市	2	21
100万—300万人口城市	25	103
50万—100万人口城市	35	138
50万以下人口城市	129	380
建制镇	2173	19410

资料来源：2010年数据根据第六次全国人口普查数据整理。

这一时期我国城市化发展水平呈上升趋势（见图2—2）。其主要原因在于：一是中共十一届三中全会以后，工作重心转移到经济建设上来，农村推行的家庭联产承包责任制大大促进了农村生产力的发展，农产品产量增加，为工业发展和城市发展提供了物质基础，农业劳动生产率的提高使农村出现了剩余劳动力，城市工业的发展和就业岗位的增加有力地促进了农村剩余劳动力向城镇和非农产业转移；二是市场经济体制改革促使中国经济快速发展，在经济发展和市场化的推动下，中国城市化进程进入快速发展阶段；三是随着社会经济的发展，城市成为区域经济发展的中心，国家相继出台了一系列推动城市发展的政策，城市化发展战略成为国家重点发展战略之一。

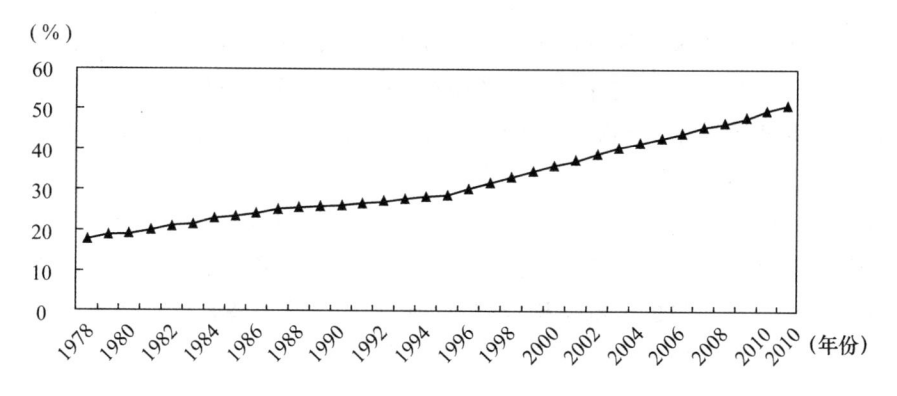

图2—2　1978—2011年中国城市化发展情况

资料来源：中国统计年鉴。

三 第三阶段：2011年以后城市发展阶段

这个阶段是以中心城市行政区范围内的新城新区建设为主导，这是目前正在持续的一个阶段。国家开始挑选一部分城市作为新城推进重点城市，2016年国家级新区已经设立了18个，全部分布在省会城市或者直辖市。这样的政策对于巨型城市是一次更大的促进，而且国家级新区的规模一般在1000—2000平方公里，与第一阶段开发区建设的不同在于新区的建设往往定位是新城建设，而不是产业集聚。从目前的情况看，新区集聚了一些产业，但由于整体的经济下滑和投资不旺盛，新城新区也开发了大量的建设用地用于房地产的开发，所以房地产开发也成为新城新区建设的一个主要驱动力。当然在一些经济发展具有潜力而原来城市范围内发展空间有限的地区，新城新区建设确实成为经济的重要增长极，有力地拉动了城市和区域经济的整体提升。

城镇化既是经济结构转型升级的过程，也是社会结构转型升级的过程。从城乡结构看，2016年城镇常住人口79298万人，比上年末增加2182万人；乡村常住人口58973万人，减少1373万人，城镇人口占总人口比重（城镇化率）为57.35%。全国人户分离人口（居住地和户口登记地不在同一个乡镇街道且离开户口登记地半年以上的人口）2.92亿人，比上年末减少203万人，其中流动人口2.45亿人，比上年末减少171万人。年末全国就业人员77603万人，其中城镇就业人员41428万人。通过户籍人口与常住人口的城镇化率对比看，如图2—3，二者的差距呈现不断扩大趋势，表明中国城镇化呈现明显的二元结构，需要加速破除城乡区域间户籍迁移壁垒，不断控制和缩小二者差距。目前到2020年户籍人口城镇化率要达到45%，常住人口城镇化率为60%左右。中国城市化的发展从城市化的点状发展到片状城市群、带状城市带，未来并加强各城市群的内部结构连结，城市群内设都市圈，强化核心城市的辐射力，提升整体经济社会功能与水平。

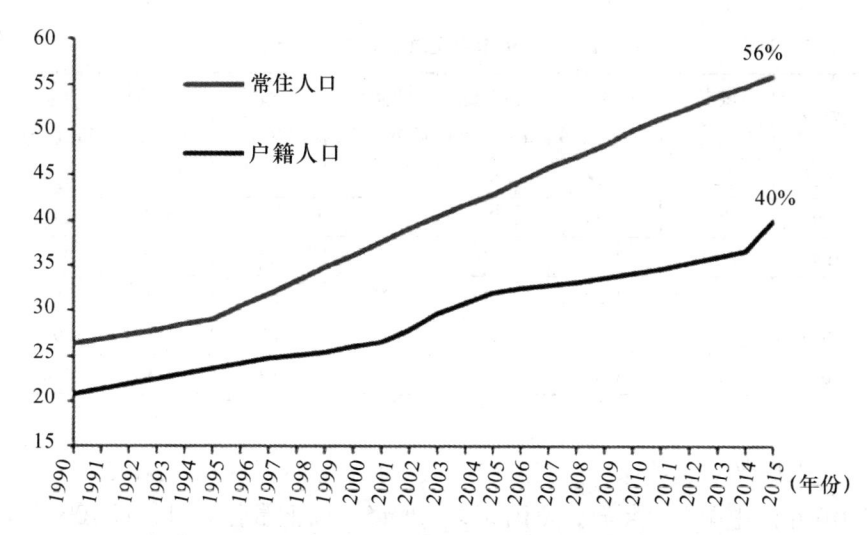

图 2—3　1990—2015 年常住人口与户籍人口的城镇化率

资料来源：中国统计年鉴。

第三节　中国城市化结构形成

中华人民共和国成立初期，大城市还寥寥无几，1978 年改革开放以来，伴随着工业化进程加速，我国城镇化经历了起点低、速度快的发展过程（见表 2—2）。城市水、电、路、气、信息网络等基础设施显著改善，教育、医疗、文化体育、社会保障等公共服务水平明显提高，人均住宅、公园绿地面积大幅增加。我国已初步形成以大城市为中心、中小城市为骨干、小城镇为基础的多层次协调发展的城镇体系，走出了一条中国特色的城市化发展道路。

一　中国城市规模和数量

改革开放以来我国城市化水平明显提高，城市经济成为国民经济发展的主体。在此背景下，我国城市的数量和规模发生了明显的变化。1985 年，我国县级以上城市个数为 324 个，市区非农人口总和为 1.18 亿人；2010 年则分别为 657 个，3.36 亿人。历年城市规模见表 2—2。

表 2—2　　　　　　　1985—2010 年中国城镇规模的变化

年份	城市数（个）	非农人口（亿人）	超大型城市（个）	特大型城市（个）	大型城市（个）	中等城市（个）	小城市（个）
1985	324	1.18	8	13	31	94	178
1990	467	1.50	9	22	28	117	291
1995	540	2.00	10	22	43	197	373
2000	663	2.30	13	27	53	218	352
2005	656	2.92	21	33	85	224	293
2010	657	3.36	24	35	89	239	270

根据 2014 年的城市化分标准（新标准与旧标准比较见表 2—3），2016 年的中国统计年鉴，全国 339 个地级市以上常住人口超过 1000 万的超大城市有 13 个、500 万—1000 万的特大城市有 75 个、300 万—500 万的Ⅰ型城市有 92 个、100 万—300 万的Ⅱ型大城市有 123 个、50 万—100 万的中型城市有 19 个、20 万—50 万的Ⅰ型小城市有 14 个，而 20 万人口以下的城市有 3 个（见表 2—4）。

表 2—3　　　　　　　　中国城市规模新旧标准比较

划分标准	共同点	不同点	
新标准（2014）	对城市的界定一致，包括设区城市和不设区城市（县级市）（设区城市由所有市辖区行政范围构成，县级市仅自身行政范围）	空间口径	城市，及城市行政范围内，实际建成区所涉及到的村及行政单位
		人口口径	城市，以常住人口，及居住在城区内半年以上的人口
		分级标准	以人口做分级标准，分五级七档。 超大城市 >1000 万； 特大城市为 500 万—1000 万； 大型城市，包括Ⅰ型 300 万—500 万人口，和Ⅱ型 100 万—300 万人口； 中等市为 50 万—100 万人； 小城市，包括一型 20 万—50 万人和 20 万人以下

续表

划分标准	共同点	不同点	
旧标准（1989）		空间口径	市区，及全部城市行政范围
		人口口径	市区非农业的户籍人口
		分级标准	以人口作为分级标准，分为四级。 特大城市为 100 万人以上 大城市为 50 万—100 万人 中等城市为 20 万—50 万人 小城市为 20 万以下

资料来源：1. 1989 年《中国人民共和国城市规划法》。

2. 国发［2014］50 号《国发院关于调整城市规划划分标准的通知》（发布时间：2014 年 10 月 29 日）。

表 2—4　　　　中国城市规模（2015—2016）

排名	城市或地区	人口（万人）	GDP（亿元）	人均 GDP（元/人）
超大城市（人口中 >1000 万）				
1	重庆市	2884.62	7894.24	27367
2	上海市	2301.91	16872.42	73297
3	北京市	1961.24	13777.9	70251
4	成都市	1404.76	5551.3	39518
5	天津市	1293.82	9108.83	70402
6	广州市	1270.08	10604.48	83495
7	保定市	1119.44	2050.3	18315
8	哈尔滨市	1063.6	3665.9	34467
9	苏州市	1046.6	9000	85993
10	深圳市	1035.79	9510.91	91822
11	南阳市	1026.3	1955.84	19057
12	石家庄市	1016.38	3401	33462
13	临沂市	1003.94	2400	23906
特大城市（人口：500 万—1000 万）				
14	武汉市	978.54	5515.76	56367
15	邯郸市	917.47	2342.2	25529

续表

排名	城市或地区	人口（万人）	GDP（亿元）	人均 GDP（元/人）
特大城市（人口：500万—1000万）				
16	温州市	912.21	2925.57	32071
17	潍坊市	908.62	3090.9	34018
18	周口市	895.32	1227.9	13715
19	青岛市	871.51	5666.19	65016
20	杭州市	870.04	5945.82	68340
21	郑州市	862.65	4000	46369
22	徐州市	858.05	2866.93	33412
23	西安市	846.78	3241.49	38280
24	赣州市	836.84	1119.47	13377
25	菏泽市	828.78	1151.58	13895
26	东莞市	822.02	4246.25	51656
27	泉州市	812.85	3564.76	43855
28	沈阳市	810.62	5017	61891
29	济宁市	808.19	2542.8	31463
30	南京市	800.47	5010.36	62593
31	长春市	767.71	3369.7	43893
32	宁波市	760.57	5125.82	67394
33	阜阳市	760	720	9474
34	唐山市	757.73	4469.08	58980
35	商丘市	736.25	1140	15484
36	南通市	728.28	3417.88	46931
37	盐城市	726.02	2266.26	31215
38	驻马店市	723.07	1055.45	14597
39	佛山市	719.43	5651.52	78555
40	衡阳市	714.15	1420.34	19889
41	沧州市	713.41	2203	30880
42	福州市	711.54	3068.21	43121
43	邢台市	710.41	1210.62	17041
44	邵阳市	707.18	730.33	10327

续表

排名	城市或地区	人口（万人）	GDP（亿元）	人均GDP（元/人）
特大城市（人口：500万—1000万）				
45	长沙市	704.41	4547.06	64551
46	湛江市	699.33	1402.77	20059
47	烟台市	696.82	4358.46	62548
48	济南市	681.4	3910.8	57394
49	大连市	669.04	5158.1	77097
50	南宁市	666.16	1800.43	27027
51	上饶市	657.97	901	13694
52	洛阳市	654.95	2321.2	35441
53	毕节地区	653.64	600.85	9192
54	昆明市	643.2	2120.37	32966
55	无锡市	637.26	5758	90355
56	南充市	627.86	827.82	13185
57	黄冈市	616.21	862.3	13994
58	遵义市	612.7	908.76	14832
59	信阳市	610.87	1092.23	17880
60	台州市	596.88	2415.12	40462
61	揭阳市	587.7	1008.99	17168
62	曲靖市	585.5	1005.5	17173
63	茂名市	581.78	1492.09	25647
64	聊城市	578.99	1606.51	27747
65	常德市	571.72	1491.6	26090
66	新乡市	570.78	1181.45	20699
67	合肥市	570.2	2702.5	47396
68	荆州市	569.17	837.1	14707
69	六安市	561.2	676.1	12047
70	德州市	556.82	1657.82	29773
71	襄阳市	550.03	1538.3	27968
72	泰安市	549.42	2051.7	37343
73	玉林市	548.74	835.82	15232

续表

排名	城市或地区	人口（万人）	GDP（亿元）	人均GDP（元/人）
特大城市（人口：500万—1000万）			
74	岳阳市	547.79	1539.36	28101
75	达州市	546.81	819.2	14981
76	宜春市	541.96	870	16053
77	绥化市	541.64	733.4	13540
78	汕头市	539.1	1203.25	22319
79	齐齐哈尔市	536.7	852.6	15886
80	金华市	536.16	2094.7	39069
81	宿州市	535.3	650.3	12148
82	安庆市	531.1	988.11	18605
83	渭南市	528.61	801.42	15161
84	昭通市	521.3	379.62	7282
85	永州市	518.02	767.01	14806
86	安阳市	517.28	1311.3	25350
87	运城市	513.48	827	16106
88	南昌市	504.26	2207.11	43770
大城市（人口：100万—500万）			
89	绍兴市	491.22	2782.74	56650
90	平顶山市	490.44	1312.1	26754
91	咸阳市	489.48	1098.7	22446
92	亳州市	485.1	512.78	10571
93	孝感市	481.45	800.67	16630
94	吉安市	481.03	720.53	14979
95	漳州市	481	1400.71	29121
96	淮安市	479.99	1345.07	28023
97	桂林市	474.8	1108.63	23349
98	怀化市	474.19	674.92	14233
99	九江市	472.88	1032.06	21825
100	宿迁市	471.56	1015.21	21529
101	开封市	467.62	930.22	19893

续表

排名	城市或地区	人口（万人）	GDP（亿元）	人均GDP（元/人）
大城市（人口：100万—500万）					
102	泰州市	461.86	2002.58	43359
103	绵阳市	461.39	960.2	20811
104	惠州市	459.7	1729.9	37631
105	常州市	459.2	2976.7	64824
106	郴州市	458.18	1081.8	23611
107	凉山州	453.28	784.19	17300
108	淄博市	453.06	2866.75	63275
109	嘉兴市	450.17	2296	51003
110	红河州	450.1	650.42	14451
111	宜宾市	447.2	870.85	19473
112	扬州市	445.98	2207.99	49509
113	江门市	444.89	1550.37	34849
114	吉林市	441.47	1800.6	40787
115	连云港市	439.39	1150.81	26191
116	廊坊市	435.88	1331.1	30538
117	张家口市	434.55	966.12	22233
118	赤峰市	434.12	1080.18	24882
119	衡水市	434.08	781.5	18004
120	贵阳市	432.46	1121.82	25941
121	临汾市	431.66	892.1	20667
122	益阳市	431.31	712.27	16514
123	许昌市	430.72	1312.78	30479
124	梅州市	424.01	612.36	14442
125	泸州市	421.84	714.81	16945
126	太原市	420.16	1778.05	42318
127	贵港市	411.88	527.8	12814
128	宜昌市	405.97	1547.32	38114
129	喀什地区	397.94	375	9424
130	滁州市	393.8	695.65	17665

续表

排名	城市或地区	人口（万人）	GDP（亿元）	人均GDP（元/人）
大城市（人口：100万—500万）			
131	肇庆市	391.81	1065.9	27205
132	抚州市	391.23	630.01	16103
133	巢湖市	387.3	625	16137
134	株洲市	385.56	1274.8	33064
135	娄底市	378.56	680.72	17982
136	柳州市	375.87	1260.3	33530
137	湘潭市	374.86	894.01	23849
138	滨州市	374.85	1551.52	41390
139	枣庄市	372.93	1362.04	36523
140	吕梁市	372.71	845.5	22685
141	宝鸡市	371.67	976.09	26262
142	内江市	370.28	690.28	18642
143	清远市	369.84	1112.5	30081
144	资阳市	366.51	657.9	17951
145	鞍山市	364.59	2200	60342
146	兰州市	361.62	1100.39	30430
147	德阳市	361.58	921.3	25480
148	濮阳市	359.85	774.81	21532
149	焦作市	353.99	1247.61	35245
150	厦门市	353.13	2053.74	58157
151	文山州	351.8	329.9	9377
152	黔东南州	348.06	312.57	8980
153	承德市	347.32	880.5	25351
154	百色市	346.68	563.51	16254
155	大理州	345.6	474.9	13741
156	汉中市	341.62	509.7	14920
157	四平市	338.63	789.1	23303
158	河池市	336.92	467	13861
159	榆林市	335.14	1756.67	52415

续表

排名	城市或地区	人口（万人）	GDP（亿元）	人均GDP（元/人）
大城市（人口：100万—500万）			
160	十堰市	334.08	736.8	22054
161	长治市	333.46	920.2	27596
162	大同市	331.81	694.3	20925
163	恩施州	329.03	351.13	10672
164	巴中市	328.38	280.9	8554
165	天水市	326.25	300.22	9202
166	遂宁市	325.26	495.23	15226
167	晋中市	324.94	763.8	23506
168	乐山市	323.58	743.92	22991
169	黔南州	323.12	356	11018
170	广安市	320.55	537.2	16759
171	蚌埠市	316.4	636.9	20130
172	通辽市	313.92	1176.23	37470
173	锦州市	312.65	916	29298
174	中山市	312.09	1826.32	58519
175	镇江市	311.34	1957	62858
176	乌鲁木齐市	311.03	1311	42151
177	铜仁地区	309.24	296.9	9601
178	钦州市	307.97	504.18	16371
179	忻州市	306.75	435.4	14194
180	朝阳市	304.46	654.4	21494
181	秦皇岛市	298.76	930.49	31145
182	河源市	295.3	477.19	16159
183	眉山市	295.05	552.25	18717
184	汕尾市	293.57	469.99	16009
185	大庆市	290.45	2900.1	99847
186	湖州市	289.35	1301.56	44982
187	梧州市	288.22	573.7	19905
188	松原市	288.11	1102.8	38277

续表

排名	城市或地区	人口（万人）	GDP（亿元）	人均GDP（元/人）
大城市（人口：100万—500万）			
189	荆门市	287.37	730.07	25405
190	呼和浩特市	286.66	1865.71	65084
191	六盘水市	285.12	500.64	17559
192	韶关市	282.66	683.1	24167
193	宁德市	282.2	736.45	26097
194	黔西南州	280.59	324.52	11566
195	威海市	280.48	1944.7	69335
196	日照市	280.11	1025.08	36596
197	牡丹江市	279.87	781	27906
198	莆田市	277.85	816.98	29404
199	铁岭市	271.77	722.1	26570
200	定西市	269.86	156.02	5781
201	楚雄州	268.4	404.44	15069
202	自贡市	267.89	647.73	24179
203	潮州市	266.98	559.2	20945
204	包头市	265.04	2460.8	92848
205	南平市	264.55	728.73	27546
206	安康市	262.99	327.06	12436
207	葫芦岛市	262.35	531.4	20255
208	陇南市	256.77	169.4	6597
209	龙岩市	255.95	991.49	38737
210	佳木斯市	255.21	512.5	20082
211	呼伦贝尔市	254.93	932.01	36560
212	湘西州	254.78	303.44	11910
213	漯河市	254.41	682	26807
214	普洱市	254.3	247.3	9725
215	宣城市	253.3	525.7	20754
216	保山市	250.6	260.9	10411
217	三明市	250.34	972.71	38856

续表

排名	城市或地区	人口（万人）	GDP（亿元）	人均GDP（元/人）
大城市（人口：100万—500万）			
218	广元市	248.41	321.87	12957
219	伊犁州	248.26	891.37	35904
220	咸宁市	246.26	520.33	21129
221	丹东市	244.47	728.9	29816
222	临沧市	243	218.3	8984
223	黄石市	242.93	687	28280
224	营口市	242.85	1002.4	41276
225	阳江市	242.18	641.8	26501
226	阿克苏地区	237.09	606.3	25573
227	云浮市	236.01	394.27	16705
228	商洛市	234.17	285.9	12209
229	淮南市	233.4	603.5	25857
230	通化市	232.52	627.1	26969
231	玉溪市	230.4	736.5	31966
232	安顺市	229.73	232.92	10139
233	晋城市	227.92	730.5	32051
234	延边州	227.16	545	23992
235	芜湖市	226.3	1108.63	48989
236	三门峡市	223.39	874.39	39142
237	庆阳市	221.12	357.61	16173
238	西宁市	220.87	628.28	28446
239	延安市	218.7	885.42	40485
240	随州市	216.22	401.66	18576
241	乌兰察布市	214.36	550	25658
242	抚顺市	213.81	890.2	41635
243	衢州市	212.27	752.78	35463
244	丽水市	211.7	644.04	30422
245	淮北市	211.4	461.6	21835
246	来宾市	209.97	385.24	18347

续表

排名	城市或地区	人口（万人）	GDP（亿元）	人均GDP（元/人）
大城市（人口：100万—500万）				
247	平凉市	206.8	231.89	11213
248	海口市	204.62	590.55	28861
249	东营市	203.53	2359.94	115950
250	白城市	203.31	441.5	21716
251	和田地区	201.44	100.59	4994
252	崇左市	199.43	389.2	19516
253	银川市	199.31	763.26	38295
254	贺州市	195.41	380	19446
255	临夏州	194.67	106.38	5465
256	鄂尔多斯市	194.07	2643.2	136202
257	鸡西市	186.22	419.5	22528
258	辽阳市	185.88	735.3	39558
259	萍乡市	185.45	520.39	28061
260	阜新市	181.93	361.1	19848
261	武威市	181.51	228.77	12604
262	朔州市	171.49	670.1	39076
263	本溪市	170.95	860.4	50329
264	白银市	170.88	311.18	18211
265	黑河市	167.39	261.4	15616
266	巴彦淖尔市	166.99	608.6	36445
267	兴安盟	161.33	261.39	16203
268	景德镇市	158.75	461.5	29071
269	鹤壁市	156.91	427.74	27260
270	珠海市	156.02	1202.58	77077
271	北海市	153.93	397.6	25830
272	雅安市	150.73	286.54	19011
273	张家界市	147.65	242.48	16422
274	双鸭山市	146.26	376.7	25755
275	昌吉州	142.86	557	38989

续表

排名	城市或地区	人口（万人）	GDP（亿元）	人均 GDP（元/人）
大城市（人口：100万—500万）				
276	池州市	140.3	300.8	21440
277	海东地区	139.68	173.31	12407
278	盘锦市	139.25	926.5	66535
279	阳泉市	136.85	429.4	31377
280	马鞍山市	136.6	811.01	59371
281	黄山市	135.9	309.3	22759
282	莱芜市	129.85	546.33	42074
283	白山市	129.66	433.17	33409
284	巴音郭楞州	127.85	638	49903
285	吴忠市	127.38	210	16486
286	丽江市	124.5	143.59	11533
287	固原市	122.82	104.03	8470
288	塔城地区	121.92	300.2	24622
289	攀枝花市	121.41	523.99	43158
290	德宏州	121.1	140.63	11613
291	张掖市	119.95	212.69	17731
292	辽源市	117.66	410.1	34853
293	伊春市	114.81	202.4	17629
294	新余市	113.89	631.22	55425
295	西双版纳州	113.4	160.99	14196
296	鹰潭市	112.49	342.7	30465
297	舟山市	112.13	633.45	56492
298	酒泉市	109.59	405.03	36957
299	甘孜州	109.19	122.83	11249
300	中卫市	108.08	169.23	15657
301	鹤岗市	105.87	251	23709
302	鄂州市	104.87	395.29	37694
303	锡林郭勒盟	102.8	591.25	57513

续表

排名	城市或地区	人口（万人）	GDP（亿元）	人均GDP（元/人）
中城市（人口：50万—100万）			
304	七台河市	92.04	302	32811
305	阿坝州	89.87	132.76	14772
306	防城港市	86.69	319.54	36860
307	铜川市	83.44	187.73	22498
308	石嘴山市	72.55	298.07	41086
309	铜陵市	72.4	466.6	64448
310	日喀则地区	70.33	86.3	12271
311	甘南州	68.91	67.84	9844
312	三亚市	68.54	230.79	33672
313	济源市	67.57	343.4	50821
314	昌都地区	65.75	67.5	10266
315	吐鲁番地区	62.27	185.3	29759
316	阿勒泰地区	60.33	134.86	22354
317	哈密地区	57.24	165.96	28994
318	拉萨市	55.94	178.91	31981
319	怒江州	53.4	53.36	9993
320	乌海市	53.29	391.12	73394
321	克孜勒苏州	52.56	38	7230
322	大兴安岭地区	51.16	98.18	19192
小城市（人口：20—50万和20万以下）			
323	海西州	48.93	365.49	74691
324	金昌市	46.41	210.51	45364
325	那曲地区	46.24	51.15	11062
326	博尔塔拉州	44.37	128.27	28910
327	海南州	44.17	69.89	15823
328	迪庆州	40	77.1	19275
329	克拉玛依市	39.1	710.2	181633
330	玉树州	37.84	31.86	8418
331	山南地区	32.9	54.03	16423
332	海北州	27.33	54.53	19952

续表

排名	城市或地区	人口（万人）	GDP（亿元）	人均GDP（元/人）
小城市（人口：20—50万和20万以下）				
333	黄南州	25.67	43.68	17015
334	嘉峪关市	23.19	183.91	79322
335	阿拉善盟	23.13	305.89	132229
336	杨凌示范区	20.12	47.29	23509
337	林芝地区	19.51	53.1	27216
338	果洛州	18.17	20.43	11245
339	阿里地区	9.55	18.5	19379

二 中国城市群发展与等级体系

城市群现象在我国城市化进程加速推进过程中日益显著。中华人民共和国成立68年来，我国城市化水平大幅提高，城市个数由中华人民共和国成立前的132个增加到2016年的657个，城市化水平由1949年的7.3%提高到2017年的58.5%，年均提高0.64个百分点。

改革开放初期，党的十一届三中全会决定将党的工作重心转移到现代化建设上来的同时，明确指出："现在我国经济管理体制的一个严重缺点是权力过于集中，应该有领导地大胆下放，让地方和工农业企业在国家统一计划的指导下有更多的经营管理自主权。"其后，各级地方经济主体意识和企业在市场经济中的主体地位逐步确立。各级地方作为国民经济主体之一开始发挥日益明显的作用，它们逐步探索各种行之有效的符合市场经济规律的区域经济发展模式，其中不少好的经验被中央采纳和推广，有力地促进了整个国民经济快速发展。经济管理权力下放和地方经济主体地位确立，拉开了日后区域和城市改革发展一系列变化的序幕。

在下放经济管理权限、搞活地方经济过程中，由于传统计划经济安排被打破，人们迫切需要建立符合市场经济要求的新的地方间、行业间和企业间的经济联系。为此，早在1980年7月中央政府就发布了《关于推动经济联合的暂行规定》，1996年修改为《国务院关于进一步推动横向经济联合若干问题的规定》（已于2001年10月失效），鼓励建立各种区域间的经济技术合作组织。1990年11月在陕西宝鸡举行的"首届全国区域经济合作研讨会"提供的资料显示，当时全国已建立各层次和类型的区域经济合作组织多个。目前中国城市群的跨度已从以上海为核心的长三角城市群，以广州、深圳、香港为中心的珠三角城市群，以北京为首的京津冀城市群，在城市化率稳定上升的21世纪，发展成不同热度、不同规模等级、不同国家功能的23个城市群。中国国务院在2017年9月份更将原珠三角城市群定义为粤港澳大湾区，是中国"一带一路"发展战略目标的，重要枢纽，并将城市群的发展推向世界的舞台。这些区域合作组织不仅加强了区域间物资商品、经济技术交流，促进了区域经济一体化，还为日后城市群的出现奠定了最初的基础。

黄金川和陈守强（2015）立足中国国情和现阶段城市群发展实际，参照城市群等级划分的有关研究，从人口数量、占地面积两个规模指标和人口密度、城镇化率两个集聚指标，综合拟定中国城市群4个等级的划分标准（见表2—5）。按照至少3个指标值接近或超过各级标准的城市群划入相应等级的要求，划分了中国23个城市群，并呈现"3—5—6—9"的金字塔型等级结构[①]。

第一级城市群人口、面积、密度和城镇化率等均接近世界级城市群的规模和集聚水平，包括长三角、珠三角和京津冀等3个国家级城市群。这3个城市群常住人口和GDP分别占全国城市群的32.44%和45.95%，是中国经济社会发展的三大引擎，其辐射波及多个省区，具有全国战略意义。第二级城市群山东半岛、辽东半岛、武汉、中原和成渝5个区域级城市群。第三级城市群包括海峡西岸、长株潭、江淮、环鄱阳湖、关中和南北钦防等6个次区域级城市群。第四级城市群包括哈大长、晋中、呼包鄂、银川平原、酒嘉玉、黔中、天山北坡、兰白西和滇中等9个地区级城市群。

---

① 目前学术与国务院批复的城市群不同。

表 2—5　　　　　　　　中国城市群等级划分标准

等级	城市群名称	常住人口（万）	占地面积（km²）	人口密度（人/km²）	城镇化率（%）	常住人口占比(%)	GDP占比(%)	个数
国家级	长三角城市群	10166.38	100504	1012	70.52	32.44	45.95	3
	粤港澳大湾区	5611.83	55570	1010	82.74			
	京津冀城市群	8378.53	183501	459	59.95			
指标标准		≥5000	≥60000	≥600	≥60	—	—	
区域级	山东半岛城市群	4375.53	74074	591	57.77	34.27	28.62	5
	辽东半岛城市群	4070.16	127469	319	63.95			
	武汉城市群	3024.29	58066	521	55.95			
	中原城市群	4153.14	58840	706	45.73			
	成渝城市群	9895.13	252073	393	45.66			
指标标准		≥3000	≥50000	≥400	≥55	—	—	
次区域级	海峡西岸城市群	2918.57	56098	520	59.23	17.09	13.60	6
	长株潭城市群	1464.83	28078	522	56.82			
	江淮城市群	3569.00	86172	414	48.71			
	环鄱阳湖城市群	1906.35	57832	330	49.13			
	关中城市群	2319.98	55451	418	49.99			
	南北钦防城市群	1214.75	42514	286	46.33			
指标标准		≥1500	≥30000	≥300	≥50	—	—	
地区级	哈大长城市群	3388.04	185576	183	54.81	15.30	11.83	9
	晋中城市群	881.95	27925	316	64.89			
	呼包鄂城市群	745.77	131744	57	70.53			
	银川平原城市群	507.32	52170	97	54.06			
	酒嘉玉城市群	132.69	196909	7	58.15			
	黔中城市群	1946.35	104597	186	34.61			
	天山北坡城市群	392.76	31721	124	87.84			
	兰白西城市群	1217.90	70398	173	45.29			
	滇中城市群	2177.61	94204	231	43.75			
指标标准		≥500	≥20000	≥200	≥45	—	—	

第三章

世界城市化与大城市群化

第一节 世界城市群发展历程

20世纪50年代以来，随着全球性城市化进程的加快，城市地域空间及其影响范围发生了很大变化。在许多经济较发达的地区，大城市不断向周围空间扩散，并逐步发展成规模庞大的城市群。法国城市学家简·戈特曼（John Gottmann）在1957年就预言，城市群是城市化成熟地区城市地域体系组织形式演进的趋向，在20世纪和21世纪初将成为人类高级文明的主要标志之一。1989年，他在《大都市带》一书中指出，世界上已形成多个大城市群，包括英格兰（England, UK）欧洲西北部、美国五大湖和西部沿海、日本东海道、中国长三角、巴西南部沿海、意大利北部波河平原大都市带。

城市群的发展与世界经济重心的移转有密切的关系。18世纪后期，工业革命使英国成为世界经济重心，伦敦和英格兰中部地区形成以伦敦到利物浦为轴线的城市群。19世纪，欧洲大陆的经济兴起，使西部地区成为世界增长重心，在法国巴黎，德国莱茵—鲁尔地区，荷兰和经比利时的中部地区，形成大小规模不同的城市群，以"人"字形为发展轴线。20世纪至今，世界经济增长重心从欧移至北美，发展了波士顿—纽约—华盛顿城市群及五大湖沿岸城市群。1950年以来，美国发展重心移到中西部，造就旧金山—洛杉矶、达拉斯—休斯敦等以高科技产业为主体的城市群。20世纪60年代，日本以精致工业发展东京—大阪城市群。21世纪后，世界经济重心向亚洲太平洋地区移转，中国成为世界经济发展的新增长极。斐琪（2004）整理了国外主要城市群的基本情况（见表3—1）。

表3—1　　　　　　　　国外主要城市群基本情况

城市群	中心城市	城市数量（个）	总面积（平方公里）	总人口（万）
伦敦—伯明翰	伦敦、伯明翰、利物浦、曼彻斯特	30	45000	3650
巴黎—鹿特丹—鲁尔地区	巴黎、布鲁塞尔、鹿特丹、鲁尔地区	40	145000	4660
莫斯科—下诺夫哥罗德	莫斯科、下诺夫哥罗德	30	120000	2300
波士顿—纽约	波士顿、纽约、费城、华盛顿	40	140000	4500
芝加哥—底特律	芝加哥、底特律、克利夫兰	30	164000	4800
旧金山—洛杉矶—圣地雅哥	旧金山、洛杉矶、圣地亚哥	10	85000	3000
蒙特利尔—渥太华	蒙特利尔、渥太华、魁北克	30	27000	1400
达拉斯—休斯敦—亚特兰大	达拉斯、休斯敦、新奥尔良、亚特兰大	18	110000	1300
墨西哥城—瓜达拉哈拉	墨西哥城、瓜达拉哈拉	20	134400	2600
东京—大阪	东京、名古屋、京都、大阪、神户	20	3500	6000
首尔—釜山	首尔、釜山	15	62840	2600
新加坡—曼谷	新加坡、曼谷、吉隆坡	12	13000	2500
德里—坎普尔	新德里、坎普尔、勒克瑙	25	16500	5000
班加罗尔—马德拉斯	班加罗尔、马德拉斯	15	18700	6000
加尔各答—兰契	加尔各答、兰契	15	6500	3000
拉格斯—伊巴丹	拉格斯、伊巴丹	12	45000	5500
孟买—艾哈迈达巴德	孟买、艾哈迈达巴德、瑙萨里	25	18600	2500
开罗—亚历山大	开罗、吉萨、亚历山大	15	75000	1000
约翰内斯堡—比勒陀利亚	约翰内斯堡、比勒陀利亚	10	30000	4000
圣保罗—里约热内卢	圣保罗、里约热内卢、贝洛里藏特	14	155000	4000

续表

城市群	中心城市	城市数量（个）	总面积（平方公里）	总人口（万）
布宜诺斯艾利斯—拉普拉塔	布宜诺斯艾利斯—拉普拉塔	12	3300	2500
墨尔本—坎培拉—悉尼	墨尔本、堪培拉、悉尼	5	3500	1500

备注：城市数量主要指10万人以上的城市数量。
资料来源：《中心城市与周边城市的分工与产业整合》，博士学位论文，复旦大学，2004年9月。赵晓雷：《城市经济与城市群》，上海人民出版社2009年版。

在工业化和城市化持续快速发展过程中，新的城市不断涌现，城市空间不断拓展，城市逐步由分散孤立到形成网络，甚至成群发展，群体城市化和产业集群现象更加突出，以致随着全球经济的一体化发展，城市群在全球竞争中的作用越来越大。以核心城市带动的城市群的发展有一个显著特征就是其核心城市的首位度极高，并以强有力的辐射作用影响着城市群内的每个城市。

第二节　世界城市群国家地位及层级体系

一　英国

（一）国家地位

伦敦（London），是大不列颠及北爱尔兰联合王国（简称英国）首都，欧洲最大的城市。伦敦是这个城市群的核心城市，世界500强企业中，有75%在金融城内设立分公司或办事处。近500家外国银行在此营业，经营全球20%的国际银行业务。全球外汇收入的1/3在这里交易，相当于纽约、东京、新加坡三个城市之和。全球场外衍生金融产品有36%业务量在此进行。近180家外国证券公司集中于此，进行一半以上的国际股权交易，这里同时还管理万亿英镑的全球资产。伦敦金融城不仅是英国的金融中心，也是世界上最大的金融中心之一。以伦敦城为大本营的金融垄断资本，不仅控制着英国的经济命脉，也对世界许多地方的经济有着举足轻重的影响。

表3—2反映了伦敦城市圈的基本情况及区位。

表3—2　　　　　伦敦城市圈空间范围和基本特征

城市群	位置和范围	主要城市个数和名称	人口（万人）	面积（万平方公里）	基本特征
伦敦城市圈	半径170公里	包括伦敦—伯明翰—利物浦—曼彻斯特城市群	3650	4.5	全球最具影响力的金融中心之一，在整个英国GVA比重高达37.5%

伦敦作为世界经济的发动机，在全球层面是大量企业总部的主要集聚地，也是全球最具影响力的金融中心之一。在国内层面上，伦敦的经济总量的比重逐年上升，2014年伦敦的英国国内总附加值（Gross Value Added，GVA）占比最高，为22.6%，其次是东南部，为14.9%。自1997年有数据以来，伦敦的GVA占比份额增加了3.7个百分点。东南也增加了0.3个百分点，其他地区下降。根据以上统计，2015年伦敦地区（22.6%）和接近伦敦的东南地区（14.9%）在整个英国GVA比重高达37.5%。图3—1为人均GVA的空间分布，更深的颜色代表较高的人均GVA，全英国只有伦敦人均GVA超过28000英镑。

（二）伦敦城市圈

伦敦城市圈在空间结构上依然可以按照四个圈层来划分：中心区域称作内伦敦，包括伦敦金融城及内城区的12个区，占地面积351平方公里；第二个层次为伦敦市，也称作大伦敦地区，包括内伦敦和外伦敦的20个市辖区，总面积1597平方公里；第三圈层为伦敦大都市区，包括伦敦市及附近区的11个郡，属于伦敦城市圈的内圈，总面积11427平方公里；最终的区域划分为伦敦城市圈，即包括上述相邻大都市在内的大城市圈，属于伦敦城市圈的外圈。在最大的伦敦城市群视角下有伦敦这一核心城市，同时又有伯明翰—利物浦—曼彻斯特等其他多极城市的存在，构成了整个分工合作的伦敦城市群（见表3—3）。

44　城市发展新方向

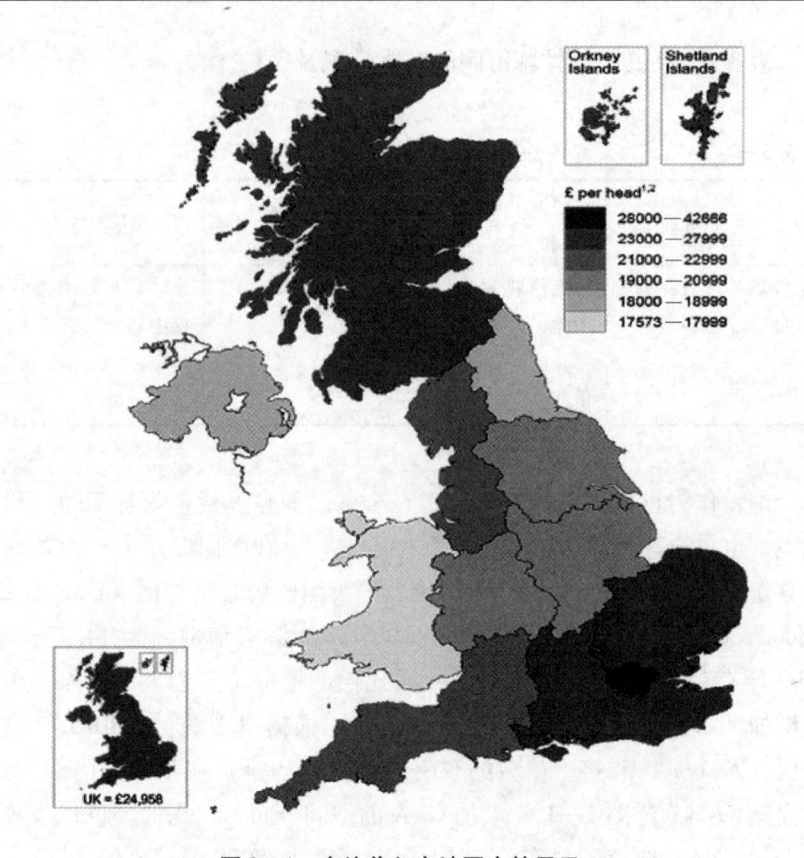

图 3—1　人均收入在地图中的显示

注：①表示 2015 年数据；
②GVA 为用收入法计算。
资料来源：ONS（Offce for Natand Slatlsus）。

表 3—3　　　　　　　　伦敦空间范围及 2010 年人口数量

名称	范围界定	面积（平方公里）	人口（万人）
伦敦城 City of London	历史上的旧城区	27	1.17
内伦敦 Inner London	相当于历史上的"伦敦郡"，在伦敦城周围，共 12 个自治州	351	308

续表

名称	范围界定	面积（平方公里）	人口（万人）
外伦敦 Outer London	内伦敦外围的20个自治市（Borough）	1263	474
大伦敦 Greater London	包括内伦敦，外伦敦32个伦敦地方行政区以及伦敦金融城（city of London）	1597	782
"大伦敦"规划区域 The Greater London Planning Region	包括大伦敦及其外围绿化环带（Green Belt），即1944年"大伦敦规划"的规划区域界线	6731	1000
伦敦区域 The London Region	包括以"伦敦城"为中心，半径达79公里范围的建成区，以及众多的卫星城镇	13800	1394
伦敦大城市圈 The London Megalopolis	包括伦敦—伯明翰—利物浦—曼彻斯特城市群	45000	3650

资料来源：据英国（国家统计局2009年）估计。

二 纽约城市群（美国大西洋沿岸城市群）

（一）国家地位

美国大西洋沿岸城市群（波士顿—华盛顿城市群），分布于美国东北部和大西洋沿岸（见图3—2）。该城市群北起波士顿，南至华盛顿，以波士顿、纽约、费城、巴尔的摩、华盛顿等一系列大城市为中心地带，又被称作"波士华"城市群，其间分布的萨默尔维尔、伍斯特、普罗维登斯、新贝德福德、哈特福特、纽黑文、帕特森、特伦顿、威明尔顿等城市将上述特大中心城市连成一体，在沿海岸600多公里长、100多公里宽的地带上形成一个由5大都市和40多个中小城市组成的超大型城市群，区域总面积约13.8万平方公里，占美国面积的1.5%，人口约6500万（见表3—4）。

该区面积只占美国国土面积的1.5%，占美国总人口的20%，城市化水平却达到90%以上，是美国人口密度最高的地区。其中纽约大都市区面积仅2.51万平方公里，人口在2001年为2087.2万人，占全国7.3%，到2014年人口又增加近200万人，到达2363.27万人。这一城市群是美国经济核心地带,是美国最大商业贸易中心和国际金融中心,也是世界最大的国际金融中心,还是美国最大的生产基地。它是美国经济核心地带,制造业产值占全国的30%。该城市群区域的各主要城市都有自己特殊的功能,都有占优势的产业部门,城市之间形成紧密的分工协作关系。

表3—4　　　美国大西洋沿岸城市群空间范围和基本特征

城市群	位置和范围	主要城市个数和名称	人口（万人）	面积（万平方公里）	基本特征
美国大西洋沿岸城市群	长约965公里,宽约100公里	45个（5个大都市,包括波士顿、纽约、华盛顿和40多个中小城市）	6500	13.8	城市化水平达90%以上,面积占全美的1.5%,人口占全美的20%,制造业产值占美国的30%,是美国最大的生产基地,商贸中心以及世界最大的金融中心和城市群

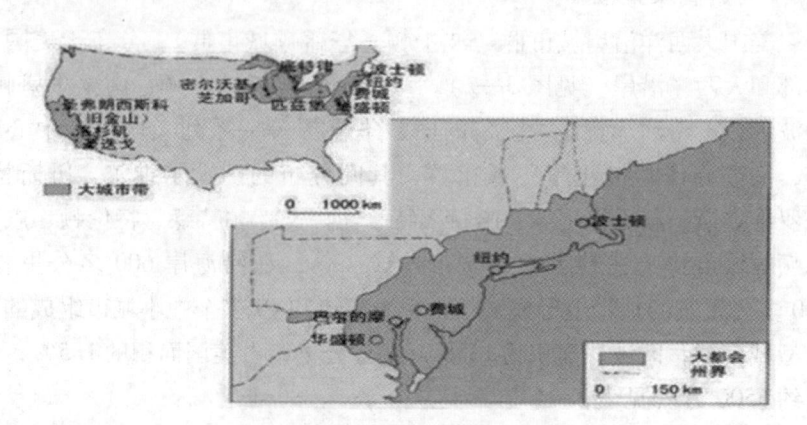

图3—2　美国大西洋沿岸城市群区位

（二）纽约城市圈空间组织结构的特征

纽约城市圈（纽约—新泽西—康涅狄格—宾夕法尼亚联合统计区,

NY-JN-CT-PA Combined Statistical Area, CSA)（见图3—3）总面积为2.51万平方千米，人口为2.36千万人（2014年），根据美国2050（American, 2050），2050年纽约市是东部大西洋沿岸城市群人口最稠密地区，人口密度达到每平方公26020人，是美国人口密度最大的地区。是一个等级化的城市体系。

在空间结构上，纽约都市区呈现典型的圈层结构。一般可以分为三个圈层。第一个圈层内部圈层，即城市圈的核心城市，是城市圈的主要经济驱动力量和品牌形象所在。值得注意的是，在核心城市内部也存在着核心区域（都心区）和非核心区域的圈层分化，因此很多研究者将核心城市本身划分为城市圈的两个层次，这在经济意义上是非常明显的。由于笔者在研究城市圈效应时更重视城市体系内的利益博弈，因此倾向于将核心城市作为一个层次理解，但这并不意味着对核心城市内部结构的否定。核心圈层是曼哈顿岛，面积为58平方公里，是金融与贸易双重核心，是纽约都市区现代服务业云集地区，甚至是美国经济的大心脏。第二圈层是中间圈层，为邻近核心城市的区域，包含很多并不隶属于核心城市的独立的经济体，一般以一些较大的中心城市作为所在圈层的中心。第二圈层是纽约市，共同分担核心圈层的经济功能，其经济实力强。第三圈层为外围圈层，包括一些与纽约市之间存在较大距离，但仍存在比较密切经济联系的区域，外围圈层也存在一些城市作为周边地区的中心。高速公路、轨道交通等将中心城市与圈内其他城市紧密联系起来，整个城市圈的交通系统呈网络化布局。

城市圈的核心城市一般为一个经济实力较强，具有很强的集聚和辐射力的特级城市；中间圈层的中心城市规模要次于核心城市，经济影响力弱于核心城市；外部圈层中如存在中心城市，一般其规模和影响力较中间圈层的中心城市弱。圈内这些核心城市各具特色，错位发展，通过多方辐射和吸引，带动其他城市联动发展，形成了合理的分工体系。纽约华尔街为城市圈的发展提供了大量的资金支持；费城在制造业与运输方面对城市圈的贡献很大；波士顿则集聚了数以千计的高技术企业和研究机构，在科技与教育方面发挥了重要的作用；华盛顿作为美国的首都，拥有全美最重要的政治、经济、军事等的最高指挥机构，不仅是全美的政治文化中心，还是全世界的政治中心。纽约城市圈的多核型发展结构，完善了城市圈的城市功能布局，促使城市圈形成了一体化的经济网络。

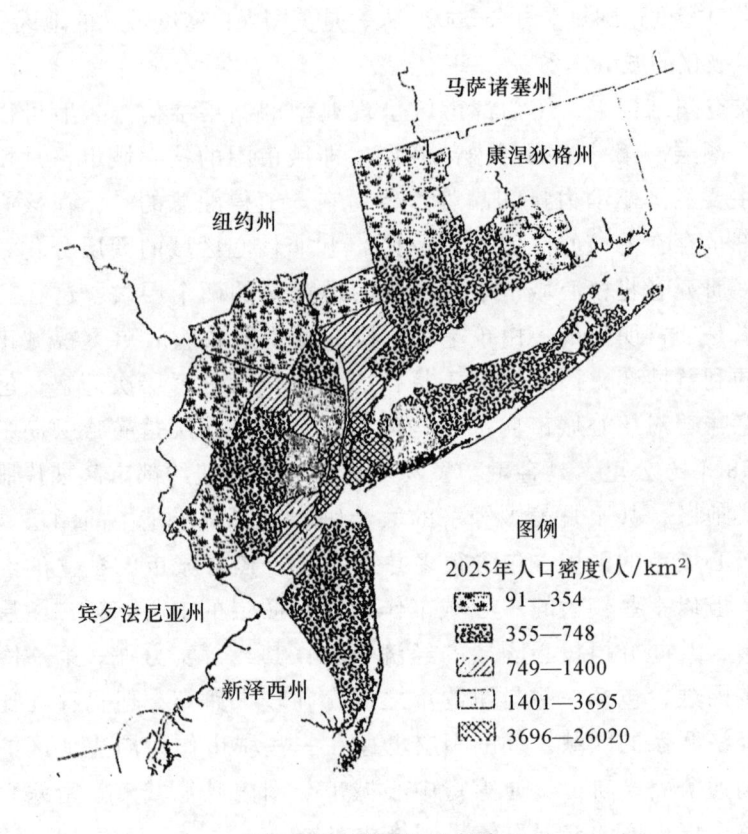

图 3—3　美国纽约都市区

资料来源：美国区域规划协会《美国 2050》（America 2050）。

三　五大湖城市群

（一）国家地位

北美五大湖（Great Lakes）是位于加拿大与美国交界处的五个大型淡水湖泊，按面积从大到小分别为苏必利尔湖、休伦湖、密歇根湖、伊利湖和安大略湖。除密歇根湖属于美国之外，其他四湖为美加两国共有。五大湖湖水从西流向东，最终流经圣劳伦斯河，注入大西洋（见图3—4）。五大湖汇集附近的一些河流和小湖，构成一个独特的水系网和流域生态系统。五大湖总面积约2404万平方公里，由于水域辽阔，湖岸线总长度达17017公里，水量巨大，是世界上最大的淡水水域，占世界地表淡水总量的1/5，被誉为"北美大陆地中海""淡水海"。20世纪初期，世界经济增长中心从西欧向北美转移，北美五大湖流域内的城市迅速发展成长，形成了五大湖城市群（Great Lakes Megalopolis）。20世纪中叶，五大湖城市群被法国地理学家戈特曼称为世界第二大城市群。

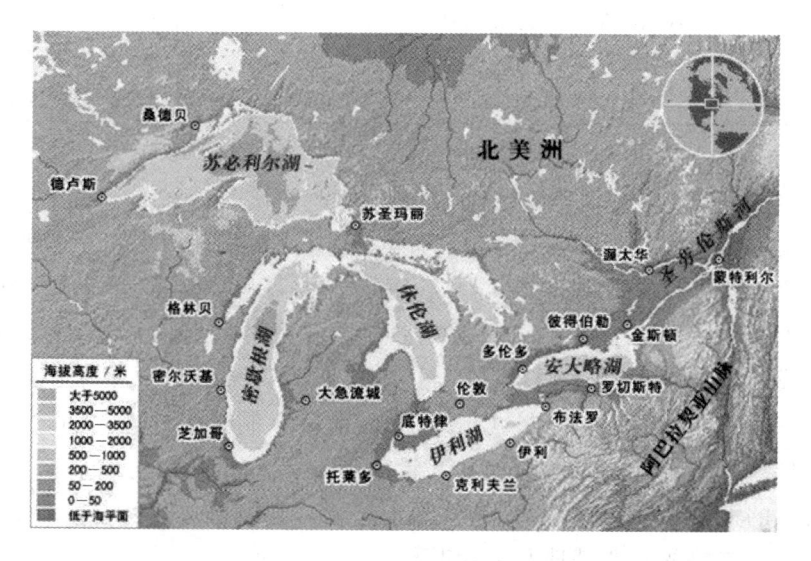

图3—4 北美五大湖

该城市群从芝加哥向东，经克利夫兰、匹兹堡，一直到加拿大的多伦多和蒙特利尔，包括数十个大中小城市，其中10多个百万人口以上的大城市。该地区东西向跨度约1200公里，南北向跨度900多公里。五大湖区是世界上著名的城市化区域之一，该区域面积约24.5万平方公里，人口超过5900万人（2012年），并预计会于2025年上升到6500万人，是《美国2050》（American 2050）的美国十一个主要城市群之一（见表3—5）。

表 3—5　　　　　北美五大湖城市群空间范围和基本特征

城市群	位置和范围	主要城市个数和名称	人口（万人）	面积（万平方公里）	基本特征
北美五大湖城市群	该城市群分布于五大湖周边地区，从芝加哥向东到底特律、克利夫兰、匹兹堡一直延伸到加拿大的多伦多和蒙特利尔	35个（包括芝加哥、底特律、匹兹堡、多伦多、蒙特利尔、克里兰夫、托利多7个大城市和28个中小城市）	5914	24.5	集中了美国30%以上的制造业，是著名的"钢铁城"和"汽车城"。该城市群又集中了20多个100万人口的大城市，是美国工业化、城市化水平最高、人口最稠密的地区

　　五大湖流域资源丰富，湖滨平原土地肥沃，流域航运便利，工农业生产集中，大小城镇密布，20世纪60年代以来，五大湖区成为北美极为重要的重工业带，形成了芝加哥、克利夫兰、底特律、德卢斯、托利多五大钢铁工业中心。它与美国东北部大城市群共同构成北美发达的制造业带，是北美工业化和城市化水平最高的区域。20世纪80年代，该城市群是北美最大制造业中心，匹兹堡、底特律等城市集聚了美国钢铁产量的70%和汽车产量的80%。全球最大的期货交易市场CME也坐落于芝加哥。此外，五大湖区还是美加两国重要的农业基地和渔业基地。

　　（二）芝加哥大都市区

　　芝加哥大都市区（Chicago-Naperville-Joliet，IL-IN-WL）跨越伊利诺伊州、印第安纳州和威斯康星州。芝加哥市是美国第三大城市，是美国中部政治、经济、文化和交通中心。除了中心城市的CBD之外，还可以分出20个大的就业次中心（见表3—6）。芝加哥大都市区中心面积4.09平方公里，人口约978万，是融金融保险、商业零售、娱乐休闲、交通运输与商务会展为一体的都市区，服务业就业占比高达80%以上（2008年，见表3—7），因为地处北美中心地带，亦是美国最重要的铁路与航空枢纽之一。

表 3—6　　　　五大湖地区内组团统计区人口历年人口增长

组团统计区	州	2006年人口（人）	2000年人口（人）	1990年人口（人）	1990—2000年人口增长（%）
芝加哥—奥罗拉—密歇根市（Chicago-Aurora-Michigan City）	伊利诺伊—印第安纳—威斯康星（IL-IN-WI）	9661840	9312255	8385397	+11.1
底特律—华伦—弗林特（Detroit-Warrenn-Flint）	密歇根（MI）	5428000	5357538	5095695	+5.1
克利夫兰—阿克伦—伊利里亚（Cleveland-Akron Elyria）	俄亥俄（OH）	2931774	2945831	2859644	+3.0
匹兹堡—纽卡斯尔（Pittsburgh-New Castle）	宾夕法尼亚（PA）	2478883	2525730	2564535	-0.5
辛辛那提—米德尔敦—威明顿（Cincinnati-Middletown-Wilmington）	俄亥俄—肯塔基—印第安纳（OH-KY-IN）	2147617	2050175	1880332	+9.0
印第安那波利斯—安德逊—哥伦布（Indianapolis-Anderson-Columbus）	印第安纳（IN）	1958453	1843588	1594779	+15.6
哥伦布—马里恩—契利科提（Columbus-Marion-Chilicothe）	俄亥俄（OH）	1936351	1835189	1613711	+13.7
密尔沃基—拉辛—沃基肖（Milwaukee-Racine-Waukesha）	威斯康星（WI）	1708563	1689572	1607183	+5.1
布法罗—尼亚加拉（Buffalo-Niagara）	纽约（NY）	1169000	1170111	1189288	-1.6
总计		30081293	29395067	27214987	+8.0

表3—7　　　　　　2008年4月份芝加哥都会区产业结构

产业类别	就业人口（千人）	百分比（%）
第一产业	207.9	4.58
第二产业	478.9	10.54
第三产业	3857.4	84.88
总计	4544.2	100.00

资料来源：http：//www.bls.gov/eag/eag.il_chicago_msa.htm.

四　日本东京城市群

（一）国家地位

日本由于受到自身自然条件约束，很早以前就开始重视国土开发和整治，而其城市群正是在政府有计划、有步骤的产业布局诱导下形成的。日本城市群又称"东海道太平洋沿岸城市群"，是以东京为核心城市的城市群，其又名东京湾，从千叶开始，经东京、横滨、静冈、名古屋、大阪、神户直达北九州的长崎，呈现带状，从东北向西南延伸1000公里，区域面积3.5万平方公里，占日本全国6%，人口约7000万，占全国60%以上（见表3—8）。有京滨、名古屋、阪神、北九州四大工业区，集聚了日本工业企业的2/3，工业产值的2/4与国民收入的2/3。

东京城市群包括东京都市圈、大阪都市圈和名古屋都市圈。东京都市圈是综合性职能的城市，是全国金融、管理、工业、商业中心，且是全国最大的政治文化中心。大阪都市圈是西日本的经济中枢，包括大阪、神户和京都。大阪是日本第二大经济中心，以商业资本雄厚著称；神户是日本的交通之门；京都是著名的古都，有浓厚的历史文化色彩。阪神工业区（大阪、神户）是仅次于京滨工业区的第二工业重地。名古屋是西日本的交接地、日本的第四大港。三个大都市圈各有特色，发挥着各自不同的功能。其中，东京都市圈作为城市群的核心城市，是日本最大的金融、工业、政治、商业、文化中心，被认为是集"纽约+华盛顿+硅谷+底特律"多种功能于一身的世界超级城市群。

表 3—8　　　　　　日本东京城市群空间范围和基本特征

城市群	位置和范围	主要城市个数和名称	人口（万人）	面积（万平方公里）	基本特征
东京城市圈	东北向西南 1000 公里	东京、名古屋、大阪三大城市圈组成	7000	3.5	东京作为城市群的核心城市，是日本最大的金融、工业、政治、商业、文化中心

（二）东京都市圈

东京都市圈是世界五大城市圈之一，包括一都七县：东京都、神奈州、千叶、埼玉、山梨、群马、栃木和茨城（见图3—5），平均距中心60—80公里，铁路通勤1.5小时。总面积1200平方公里，半径约65公里，人口约4347万（2010年），占全国人口约34%。

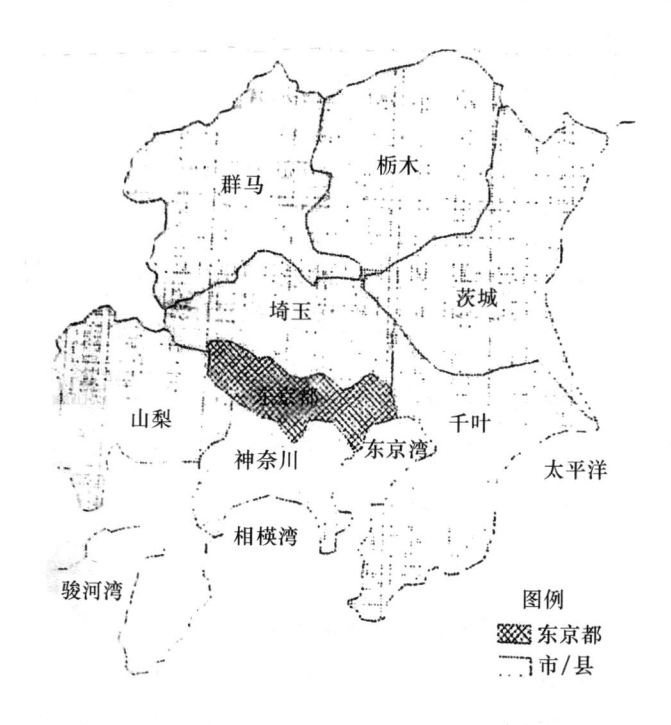

图 3—5　东京都市圈

在中央政策的指导下，其空间扩展模式因五次"全国综合开发规划"而展开。在20世纪50年代初，伴随着东京战后经济的复兴和人口的恢复增长，日本国内人口和大企业开始向东京集聚，导致了东京城市出现了"极轴"（一极——东京都，一轴——太平洋沿岸轴）现象。东京都"一极"结构造成了城市过度拥挤、城市规模无限扩张、城市功能过度集中等问题。为了适应经济的发展，控制中心区人口、产业和功能的过度集中，东京城市规模不得不向外扩张，进一步改变城市空间结构，由传统的"一极结构"向"多极结构"转变。

第三节 世界城市群产业结构与变化

从历史的角度来看，城市群内的产业集聚表现出动态集聚的特征。首先为主要城市制造业的集聚，随着主要城市的房价不断升高，导致成本上升、城市群内部的基础设施水平提高、区内交通运输成本降低、大城市的工资水平上升以及通信技术不断发展等，使低附加值的产业由于无法负担节节上升的空间使用成本，且与周围城市因交通便利性提升而降低运输成本，使城市逐渐发展为制造业外移、而服务业集聚在核心城市产业结构级。然而不同城市群有其特色，但一般都具有产业差异化与多样化的特色。

一 制造业集聚的特征

城市群的出现首先基于制造业在中心城市的大量集聚，从而带动了该区域内的产业分工与内部的交流与联系。无论是发达城市群还是处于发展中的城市群，在城市群的发展过程中，一般要经历制造业在城市群集聚的阶段。

（一）中心城市制造业由快速增长转向逐步降低

城市群的制造业集聚经历了由快速增长到增速下降再到绝对值下降的过程。根据图3—6，东京制造业就业人数从1955年到1960年的快速增长，1960—1965年增速出现下降，而在1970年以后制造业从业人员数量开始明显下降。

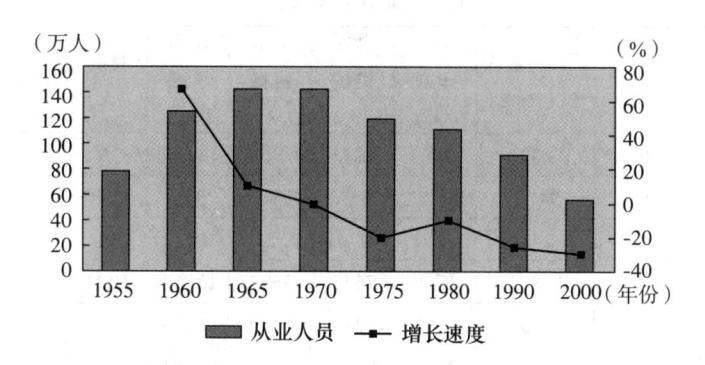

图 3—6　1955—2000 年东京工业从业人数

纽约城市群的情况也非常相似，从制造业各行业就业人数来看，1966—1991 年，纽约服装加工业雇员减少 64%，纺织业、橡胶及塑料制品业及运输设备制造业就业人口减少了大约 67%，纸制品、金属加工制品、家具和家居设备、电子和电机设备仪器等轻工业所提供的工作岗位减少 70%[①]，20 世纪七八十年代后，服务业成为纽约就业的新增长力。

(二) 都市型工业逐渐占据主导地位

都市型工业是指具有吸收就业多、污染低、资源消耗少、占地少、花色品种变化快等特征，为满足现代城市功能服务的工业产业，如食品工业、服装服饰业、包装及印刷业。从表 3—9 可以看出，在东京都，出版印刷业一直处于极为重要的地位，特别是 20 世纪 80 年代后，更是成为最大的制造业行业。纽约、巴黎、伦敦等大城市群无不存在这种现象，比如伦敦都市圈，由表 3—10 可以看出其印刷业的就业人员主要集中在伦敦，就业人数远远高于其他地区。印刷业集聚的特征充分说明了在城市群内特别是在城市群核心城市中都市型工业已经成为主要的制造业形态。

---

① Ehrenhalt S. M., "Economic and Demographic Chang: the Case of New City", *Journal of Monthly Labor Keview*, Vol. 116, No. 2, 1993, pp. 40–50.

表 3—9　　1994 年、2001 年东京都市圈制造业五大主导
　　　　　　行业从业人数地域分布

东京 都市 圈	年份	总制造业人数（千人）	出版印刷（人）	电气机械（人）	运输机械（人）	通用机械（人）	食品（人）	五大主导行业所占的比重（%）
中心 五区	1994	109	95	1222	96	817	3	92
	2001	94.6	85.6	832	87	339	2.8	95
近外围 12 区	1994	243	52	10741	15814	10111	14	42
	2001	178.4	45.6	7645	3671	13866	12.2	47
远外围 33 区	1994	305	20	102101	29229	38929	24	70
	2001	230.1	8.2	77664	17767	28781	25	74

注：中心五区包括千代田区、中央区、港区、新宿区、文京区；近外围 12 区包括台东区、墨江区、江东区、涉谷区、中野区、丰岛区、北区、荒川区、板桥区、立足区、葛饰区、江户川区；远外围 33 区市包括杉并区、练马区、品川区、目黑区、大田区、世田谷区、八王子市、立川市、武藏野市、三鹰市、青梅市、府中市、昭岛市、调布市、町田市、小金川市、小平市、日野市、东村山市、国分寺市、国立市、田无市、保谷市、福天市、东大河市、清濑市、东九留米市、武藏村山市、多摩市、稻城市、秋川市、羽川市、珀江市。

资料来源：高汝熹、吴晓隽：《上海大都市圈结构与功能体系研究》，上海三联书店 2007 年版。

表 3—10　　2005 年伦敦每千人居民媒体和印刷业就业人数　　单位：人：

地　区 \ 产　业	伦敦	英国其他地区
媒体和印刷业总千人就业人数	17	3
电影录像产业	3	0
广播电视业	5	1
新闻业	1	0
印刷	8	2

资料来源：Richard Prothero, *An expenditure-based approach to employment sectors in London*, http://www.london.gov.uk/mayor/economic_unit/docs/wp_25.pdf, p.19.

（三）产业布局分化，形成圈内外合理的价值链分工

城市群制造业集聚导致城市群内要素价格的变动，从而使城市

群内制造业合理分化，形成区域内外的价值链分工。可以从两个层次来分析这种现象：首先是制造业由内部圈层向外部圈层扩散。随着城市群的发展，以土地价格的急剧上升为代表的要素价格上涨使一般制造业越来越难以在城市群核心圈层乃至内部圈层生存，制造业从业人口占该地区总就业人口比例由内部圈层到外部圈层出现明显下降的现象。其次是城市群内制造业企业形成价值链分工。经济高度集聚导致土地紧缺、地价上升、环保和劳动力成本压力核心城市相对周围城市大。加速了制造业的行业与产业链上不同环节的空间分化，促进了价值链分工。以东京圈为例，制造业的各环节在东京圈内外已经形成了一定的价值链分工。一般而言，企业总部设在东京都中心区域，这里接近金融、政府机构，信息畅通，高素质人才密集；研究所和开发型工厂设在多摩地区，这里比较接近科研机构、高素质的劳动力供应地和新产品的使用者，并且离总部较近，地价也相对低廉一些；大批量的生产部门主要设在本国或海外廉价劳动力密集的地区。

二 城市群服务业集聚的主要特征

服务业在城市群核心城市集聚成为当前城市群产业集聚的典型现象。从国际城市群服务业集聚的过程和当前的形态来看，城市群服务业集聚具有几个比较明显的特征，体现出了城市群服务业集聚的一般规律。

（一）服务业向城市群大规模集聚

从全国范围来看，服务业特别是生产者服务业出现了向城市群地区的明显集聚，其中又以一国的主要城市群为甚。大量的生产者服务业如银行、投资银行、保险、房地产、商务服务业等向城市群核心城市集中。以伦敦为例，1981 年、1984 年和 1999 年，伦敦一个城市的生产者服务业就业人数占英国全国生产者服务业的就业比例分别高达 15.7%、16.6% 和 15.4%，占据了十分重要的地位，见表 3—11。从美国来看，生产者服务业在美国主要都市区大量集聚。美国几个最大都市区生产者服务业在全国的生产者服务业就业中占据非常高的比例。仅纽约的曼哈顿、洛杉矶的 L. A. 县、芝加哥的 Cook 县三个最大城市群的核心区县占美国生产者服务业就业比重就达到了 11%，参见表 3—12。

表 3—11　　　　　　伦敦生产者服务业就业百分比　　　　　　单位：%

年份	城市/国家	银行与金融	保险	房地产	商务服务	城市占全国百分比
1981	伦敦	4.5	1.9	0.6	8.1	15.7
	英国	2.1	1.1	0.3	4.3	—
1984	伦敦	4.8	1.7	1	10.2	16.6
	英国	2.4	1.1	0.6	5	—
1999	伦敦	8.4	—	2.2	—	15.4
	英国	3.4	1	2.5	12	—

资料来源：丝奇雅·沙森《全球城市：纽约、伦敦、东京》，上海社科学院出版社 2005 年版，第 125 页。

表 3—12　　1997 年美国主要城市生产者服务占全国就业比重　　单位：%

曼哈顿（纽约）	L.A.县（洛杉矶）	Cook 县（芝加哥）	Harris 县（休斯敦）	Wayne 县（底特律）	Suffolk 县（波士顿）
4.2	3.7	3.1	1.5	0.6	0.9

资料来源：根据丝奇雅·沙森：《全球城市：纽约、伦敦、乐享》，上海社会科学院出版社 2005 年版，第 127 页。相关资料整理。

（二）城市群规模越大，服务业集聚程度越高

服务业在城市群集聚的另一个明显特征是：城市群规模越大，城市规模和能级越大，服务业集聚程度就越高。比较 1977 年、1990 年和 1995 年美国商务服务业的就业比例（见表 3—13），可以发现，从横向比较，所有的都市区的商务服务业就业比例都大幅度地增加了，所有等级 MSA 商务服务业就业比例增加的幅度都在 50% 以上，充分说明了商务服务业在城市群集聚程度的不断提高；而从纵向比较来看，都市区规模越大，其商务服务业集聚的规模越大，占当地总体经济的比例越高。城市群规模越大、城市规模越大其商务服务业集聚程度越高的原因主要有两个方面：一是城市群越

大，圈内商务服务业的服务对象就越多，市场规模就越大，能够容纳的商务服务企业就越多；二是城市的规模越大，商务服务企业集聚效应就越明显，在城市群环境下，服务企业所能够辐射的距离就越大，导致了圈内服务业企业向大城市集聚。

表3—13　　　　美国 MSA 商务服务业就业比例对比
（1977 年、1990 年、1995 年）　　　　单位：%

MSA 人口总数	1977 年商务服务业就业比	1990 年商务服务业就业比	1995 年商务服务业就业比
250 万以上	13.6	17.8	21.3
100 万—250 万	13.1	15.8	19.7
50 万—100 万	10.7	14.8	17.3
25 万—50 万	10.4	12.9	17.3
低于 25 万	9.0	11.1	14.2
非 MSA	5.9	8.4	9.1
全美平均	12.7	—	17.7

资料来源：根据 Kolko, Salam M. A., "An equational analysis of VP-Ellipsis in English and Arabic", a Semantic Study. (Doctor dissertation, The University of reading), 2007. 整理。

（三）不同城市群主导服务业集聚差异性明显

商务服务业是为产业发展提供服务的一种特殊产业，商务服务业的发展具有路径依赖的特征。不同城市群原先的优势产业不同，在为其提供服务基础上发展起来的服务业必然存在差异。以美国的广告业集聚为例，由于纽约是美国主要的信息发布中心和时尚发布地且大量出版业集聚于此，因此，纽约都市区成为美国广告服务业集聚程度最高的地区。另外，由于城市的规模不同、产业结构不同、社会环境不同、劳动力条件不同、历史文化存在差异，因此一个大都市并不一定存在所有服务业的集聚，常见的情况可能是在一些城市中形成各有特色的商务服务业的产业集聚现象。比如在商务服务和管理服务领域，纽约、洛杉矶和芝加哥各有明显的集聚产业，也各有产业集中度相对较低的产业。

（四）城市群内核心城市服务业集聚出现高级化现象

核心城市服务业集聚高级化是城市群服务业集聚的又一个普遍规律。由于城市土地价格的急剧上升、劳动者工资的提高以及居民的外移，低附加值的一般消费者服务业和一般生产者服务业无法承受高成本的压力而逐渐转移，只有高附加值的生产者（商务）服务业以及一些高附加值的奢侈消费服务业才能在核心城市的核心区域继续生存、发展。2005年伦敦及英国其他地区每千居民高价值商务服务业就业人数比较说明了高附加值服务业在伦敦大量集聚，伦敦每千居民从事高价值服务业的就业人数高出除伦敦外英国其他地区的133%，法律服务、会计、簿记、审计、税务顾问、商务和管理咨询、广告等服务业的比例则更为明显，参见表3—14。

表3—14　　2005年伦敦及英国其他地区每千居民高价值商务服务业就业人数　　单位：人

行业	伦敦	英国其他地区
高价值商务服务业	63	27
计算机及相关服务	14	8
法律服务	11	4
会计、簿记、审计、税务顾问	8	3
市场研究和民意调查	3	1
商务和管理咨询	11	4
所持公司管理	4	2
建筑、工程及相关技术咨询	7	5
技术测试和分析	1	1
广告	4	1

资料来源：Richard Prothero, *An expenditure-based approach to employment sectors in London*, http://www.london.gov.uk/mayor/economic_unit/docs/wp_25.pdf, p.21.

（五）高级服务业主要集聚在CBD

中心商务区的高昂租金使一般服务企业和制造业根本无法承担，只有附加价值高，对企业形象要求严苛的高级服务业才愿意和能够选择在CBD区域集聚。因此，城市群服务业集聚的另一个重要特征表现在 CBD 集聚的主要为高附加值的高级服务业，如银行、保险、金融、律师行、会计师事务所等。以纽约为例，曼哈顿的金融、保险、房地产以及商务服务业的就业集中度最高。1997 年，在整个纽约金融、保险、房地产的就业中，曼哈顿的集中度从 1970 年的 86% 上升到 92%，尽管曼哈顿的商务服务业的集中程度从 1970 年的 88% 下降到 1997 年的 83%，但是，这两个部门都提高了其在曼哈顿总就业中的份额，即金融、保险、房地产的比重从 1970 年的 17.8% 上升到 1985 年的 23.5%，直到 1997 年的 23%，商务服务业的比重从 8.4% 上升到 11.2%。

这五个特征是城市群产业集聚主要影响因素发挥作用的体现，是服务业自身特征和城市群圈域要素配置规律相互作用的结果。服务业在城市群集聚的五个特征在世界各国的城市群普遍存在，是城市群产业结构演进的一般现象。以上制造业集聚和服务业集聚的特征充分说明了城市群产业集聚由制造业为主向服务业为主转变的一般规律。

第二篇

集聚、城市化与城市群的理论

第四章

古典区位理论

本章主要介绍古典区位理论发展过程，包括冯·杜能农业区位理论，韦伯（1909）工业区位理论，克里斯塔勒（1933）与廖什（1940）的中心地理论，章节架构如图4—1。

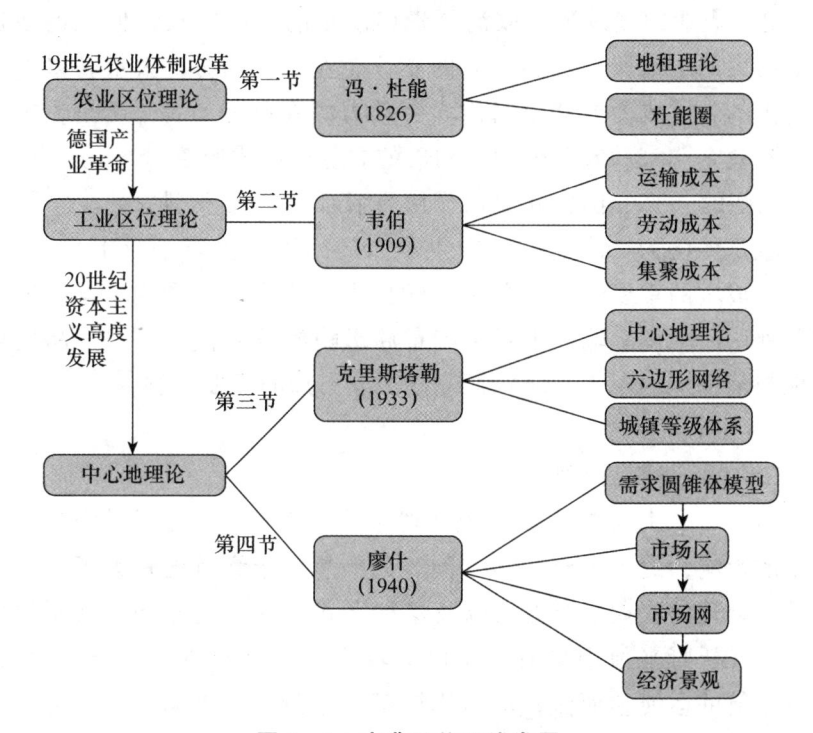

图4—1 古典区位理论发展

第一节　冯·杜能农业区位理论

一　孤立国产生背景

冯·杜能是德国早期的资产阶级经济学家，其一般经济的思想主要受到亚当·斯密的影响，其农业区位理论是 19 世纪德国（普鲁士）特殊社会经济背景下的产物。19 世纪初工业革命还未开始，农业是一国经济的主力，普鲁士进行了农业制度改革，取缔了所有依附于土地所有者的隶属关系，所有的国民都可拥有不动产，并可自由分割及买卖，农民在法律上成为自由农民，可独立支配属于自己的农场。

这次农业制度改革，取消了贵族阶级的许多特权，但也促使贵族成为大的土地所有者和独立的农业企业家。同时，大量获得了人身自由的农民成为能够自由出卖劳动力的农业劳动者。于是，出现了由农业企业家和农业劳动者构成的农业企业式经营。

杜能的《孤立国》正是试图解释农业时代企业型农业生产的空间配置。他认为，决定孤立国生产布局的因素主要是成本与价格。其中，成本的重要组成部分是运输成本，杜能将生产成本与运输成本并列用以强调运输成本对生产布局影响的重要性，所以产品的生产地与消费地的距离是决定孤立国产业布局的重要问题。

二　冯·杜能模型

1826 年，杜能提出竞价租金理论试图证明离城远近对农业布局产生的影响，提出了对"孤立国"的假想，最终目的是为了找到农业社会合理的农业生产方式以及这种方式下的空间布局。其假设条件是：在沃野平原中央有一个巨大城市，平原各地土壤肥力相同；且没通航的运河和河流；城市周围都是荒野，与世隔绝；城市供应全境内一切人工产品，城市内的食品供给来源于周围平原；中央城市的附近供应全境所需的金属和食盐；运费和运量是距离的函数，且均由生产者承担。在理性人追求利益最大化的情况下，通过模型解决城市距离的远近和农业生产方式之间的关系。冯·杜能模型中的基本假设归纳为以下四点：

（1）农产品市场只有一个且完全竞争；

（2）孤立国内土地具有同质性；

（3）农业产品的生产投入分为土地投入品和非土地投入品；

（4）土地投入品和非土地投入品不能相互代替。

杜能根据其假设得出以下认识：农业市场上农产品的种类和经营方式由其销售价格决定；而农产品的销售成本是生产成本与运输成本的总和；运输费用是决定农产品生产总成本的关键。排除其他生产要素的干扰，在运输费用与距离及重量成比例，运费率因作物不同而不同，以及农产品的生产动机是追求地租收入最大化等假设条件下，推导出一般地租收入公式：

$$R = PQ - CQ - KtQ = (P - C - Kt)Q$$

式中，R 为地租收入，P 为农产品的市场价格，C 为农产品的生产费，Q 为农产品的生产量（等同于销售量），K 为距城市（市场）的距离，t 为农产品的运费率。

简化公式：

地租（利润）＝农产品的市场价－生产费－运费

$R = P - C - Kt$，P、C 一定，$Kt = 0$，农作物在市场点，地租收入最大。相反，$R = 0$，则说明某农作物距市场点的距离越远，即使技术上可能，经济上也不合理。因此，可以得出结论：在假设前提都成立的情况下，同一产品的地租只与 Kt（运费）有关；运费不可能没有上限，否则农产品的经营方式需要改变。

三　杜能农业区位论空间配置原理

杜能认为农业土地利用类型和农业土地经营集约化程度，不仅取决于土地的天然特性，更依赖于其经济状况，特别取决于它到农产品市场的距离，因此得出了农业生产布局的同心圆模式。依据上述假定，提出孤立国全境的生产布局以城市为中心。运费大的产品，如笨重而体积大的物品，以及易于腐烂的鲜货，安排在城市近郊生产。离城市越远，产品运费越大。这样，在生产布局上形成许多有规则的界限形成明显的同心圈境。每个圈境都有自己的主要产品，并有相应的耕作制度。

孤立国由内向外依次排列着六个不同的圈境。杜能圈的意义在于揭示了从农业地域的总体收益最大的为第一圈，收益依序递减，即使农业区位的自然条件完全相同，也会出现农业的空间分异，如图4—2所示。

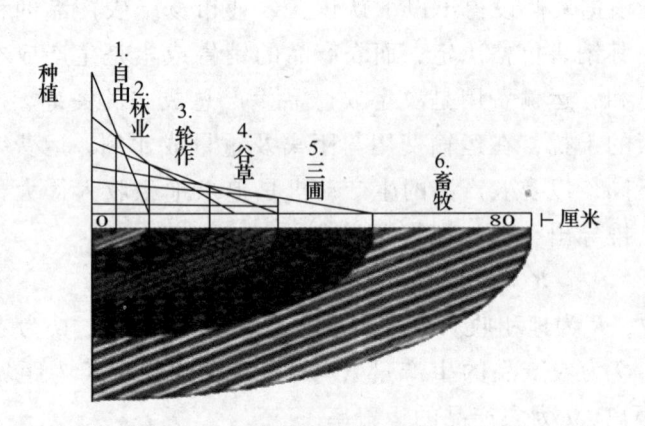

图4—2　古典区位理论发展示意图

（一）第一圈境为自由农作区

这一圈境距离市场最近，其土地主要用于生产城市需求量大、易腐烂变质和单位产出率高的蔬菜、牛奶等农产品，谷物作为商品生产处于次要位置。由于这里唯一的运输工具是马车，又没有保鲜贮藏技术，所以该区只按城市的需要向外延伸，但不会延伸很远。由于此处地租很高，不存在休耕地和荒地。在这个区域内，要多投入劳力和资本，以最小的土地面积获取最大农产品产量，因此该圈境只能采用自由农作制。杜能还把购买肥料作为限定第一圈境的一个重要因素。该区域农村向城市购买肥料，离城越近则费用越低，随着肥料运费的递增，直到离城较远的某一点，向城里买肥料已无利可图，农民觉得自己生产肥料比购买更有利。那一点就是第二圈境的起点。

（二）第二圈境为林业区

这一圈境除了为城市提供必需的建筑木材外，主要是为居民提供取暖用的劈柴和木炭。由于产品重量和体积都较大，应尽量安排在城市近处种植，以便减少运费。但是，栽培木材的土地是需要支付地租的，而城市近处区域的地租往往较高。所以，木材在城里市场的销售价格，不仅要能足够补偿生产和运费，还要能够偿付地租，而且还应该有正常利润。否则，该区域就会退出木材生产，改种其他市场效益更高的农作物。这一圈境的外围边界限制，取决于市场对木材的需求变化。在劈柴和木材的价格已定时，如果它们的产地距城市太远，以致运费超过其卖价，即使生产费用和地租等于零，也不可能将这些东西运往城市出售。只有在劈柴和木材的销售价格，足够补偿生产成本、运费和地租支出时，这些产品才可能运往城市出售。

（三）第三圈境为谷物与饲料作物轮作区

这一圈境采用轮载作物制，主要生产集约化程度较高的谷物产品。杜能认为，轮载作物制生产有如下特点：全部耕地上都种植农作物，没有纯粹休闲的地块；所产的肥料都用于饲料作物，选择肥力最高的耕地种植饲料；谷物及饲料作物轮流种植。这一圈境以各种麦类谷物与马铃薯、豌豆等饲料作物的轮作为主要特色。杜能提出每一块地分六区轮作。其中耕地的50%用来种植谷物。采用上述六区作物轮作制度，要求能够把上一年收成所产的肥料，全部在春天施于马铃薯和豌豆地上。

（四）第四圈境为谷草休耕轮作区

这一圈境属于农牧业混合地带，牲畜以圈养为主。农业生产采取轮作休闲制，其主要特点是：所有耕地面积轮流种植谷物和用作牧场；农作物每次循环栽培中，都有一区不种任何东西，作为纯粹的休闲地块；所产的全部肥料用于休闲地块；谷物及豆荚作物成熟以后，耕地接种苜蓿或豌豆青饲料，不作休闲；肥力最差的谷物区则放弃耕种，转变为牧场。杜能提出，农户的全部耕地，都分成七区轮作，与第三圈境不同的是，总有一区为休闲地。其中：第一区种黑麦，第二区种大麦，第三区种燕麦，第四、第五、第六区种牧草，而第七区为荒芜休闲地。全部耕地的43%为谷物种植面积。设置一区作为休闲地，是为了更好地保持土地肥力。杜能以经营田庄的经验为基础,通过测算,提出以下看法:肥力均等的田地,由于使用土地的方法不同,以及气候的作用,在豌豆割青之后种植黑麦,其收益只有休闲地种植黑麦收益的5/6,也就是前者收益只有后者的83%。所以,距离城市较远的区域,采用轮作休闲制,是提高农产品栽培收益的有效措施。

(五)第五圈境为三圃式的三年轮作区

这一圈境是距离城市最远、最粗放的谷物生产区。它主要向城市市场提供各种经过加工的畜产品和少量谷物商品。据测算,该圈境内的全部耕地中,只有24%的面积用来种植谷物。这里,农业生产采取三圃式的轮作制,其主要特点如下:地块的一部分是永久牧场,用于养殖牛马羊等牲畜;耕地的1/3,每年轮流纯粹休闲,不种任何农作物;所产的全部肥料都用于纯粹休闲地块。杜能认为,这一圈境的农户,将根据家庭居住地点的远近,把全部土地分成两部分,离家近的土地开辟为耕地,离家远的则作为永久牧场。耕地采取三圃式的三年轮流耕作制,每一块地分为三区,第一区种黑麦,第二区种大麦,第三区休闲。每区耕地三年轮流休闲一次,要求在休闲土地上,趁着其空置之机,上足肥料,用来增强耕地肥力。牧场不能放任自流,需要进行翻耕,还应注意防止过度放牧。牧场翻耕大约每9年一次,采用的方法是不施肥料种植谷物数次,然后又改作牧场。牧场翻耕时种植的谷物,主要目的是为了给牧场土地增添肥料,同时避免牧场使用年头过多而造成牧草退化。所以,它不要求有多少成熟的谷物籽实收成,能够收获适量麦秸等谷物茎叶、干草就可以。

(六)第六圈境为放牧区

这一圈境也称作家畜饲养区,生产以游牧形式为主。该区域离城市市场最远,农产品运费最高,只有那些比谷物价值大而运费小的产品,才能有利可图。所以,这里的谷物等种植业产品,是用来满足农户自己需要的,不再存在以出售为目的的栽培活动。实际上,这里许多畜产品,如鲜奶、鲜肉、鸡蛋等,也是被生产者用作自己消费的,只有少量畜产加工品送往城市出售,其中代表性的商品是黄油。杜能认为,按照同样的重量计算,运送黄油的费用,并不比谷物便宜，甚至还要高一些。例如，它只能小批量发货，运输期间无法选择在农闲运费低廉之机，需要委托别人代理出售，还得花钱购买装载的专用木桶，而木桶的重量又会增加运费。但是，同样重量的黄油，其价值要比谷物高出许多倍，这使得黄油的运费与黄油的价值相比是很小的。所以，生产黄油是可以赚钱的。第六圈境以外的边缘地区，还有一些猎人散居在树林中，靠狩猎为生。他们的工作、生活方式和习俗都非常原始。他们同城市的唯一交往，就是用兽皮交换少量的生活必需品。这里是城市向平原四周产生最后影响的区域，其空间再向外面延伸就是荒野。

四 对杜能农业区位理论的评价

杜能的农业区位论，根据级差地租、运输成本和农产品的差异，建立起农业生产空间的布局模式，以实现农业的集约化经营，对区位论做出了开创性的贡献，并对后来的区位论产生了深刻的影响。通过杜能对级差地租的探讨可以看出，在生产布局上应该以城市或工业中心为基础，依次安排经营集约化水平不同的农产品生产，而且必须考虑运输费用因素。在农业生产布局上，必须考虑农产品差异性因素。

但杜能在建立模型时提出一系列假设条件，排除了许多影响农业区位的因素。由于舍弃的因素过多，使得理论模式与现实经济相去甚远，这样得出的研究结论，肯定会较大幅度地偏离实际状况；并且除却距离仍有许多其他因素需要考虑，但杜能的模型中没有涵盖；杜能也没有考察到城市的发展与扩张对农业布局的必然影响；市场的供求因素对土地布局的影响日益加剧。尽管如此，农业区位论仍为之后的工业以及商业区位奠定了良好的理论基础。

第二节 韦伯工业区位理论

一 工业区位理论产生背景

在德国产业革命之后，近代工业有了较快发展，产业革命后的资本主义时期，随着社会分工的发展，人口向大城市不断集聚。产业革命后，生产社会化程度提高，现代工业迅速发展，新的交通工具被广泛使用，社会分工普遍得到加强，企业间竞争趋于激烈，迫使工厂企业寻求最佳区位，以减少生产成本，获得最大利润，古典工业区位论就是在这种社会大背景下产生的。1909年阿尔弗雷德·韦伯在《工业区位理论：区位的纯粹理论》中对工业区位的阐述成为工业区位理论的奠基，1914年其又在《工业区位理论：区位的一般理论及资本主义的理论》中对工业区位问题和资本主义国家人口集聚进行了综合分析。

韦伯的工业区位理论以完全竞争的市场经济为出发点和以成本最小的区位是最好的区位为理论前提。在做出一系列严格假定的基础上，韦伯试图对德国在产业革命以后资本、人口向大城市流动，城市空前发展，特别是不同产业特征城市形成的原因提供一个合理的解释框架。韦伯认为工业或制造业的生产活动是经济活动中尤其重要的，他试图要寻找工业区位移动规律的纯理论而不考虑社会制度、文化、历史等因素的影响。

二 工业区位理论基本内容

韦伯对经济活动的生产、销售和消费三个环节把工业生产活动的区位指向作为主要内容，构建工业区位理论的主要框架，是其成为企业区位理论研究古典基础的主要构成部分。韦伯提出了决定工业区位的最小成本原理，以及一系列区位分析的概念和工具，如区位因素、区位重量、原料指数等，系统地阐述了决定工厂最佳位置的运费支出、劳动费指数、集聚指向等，并提出衡量公式和标准，对工业的区位选择做出重大贡献。

（一）区位因素

区位因素即决定工业空间分布于特定地点的因素，韦伯认为区位的优势即成本的节约。韦伯将区位因素分为一般因素和特殊因素。一般因素指影响各种工业的一般区位原因，如运费、劳动力、地租等；特殊因素是指影响特定工业指向的特殊原因，取决于一种或一类工业的特定技术与性质，如原材料易腐性、空气湿度对制造业的影响等。韦伯认为特殊因素仅在工业产生集中倾向的情况下才发生作用，故不属于纯理论研究范畴。韦伯按照区位的作用和影响又将其分为区域性因素和集聚因素。区域性因素是影响工业企业分布于各区域的因素，是形成工业区位基本格局的基础；集聚因素是导致工业企业集聚于特定地点的因素，对由地域条件所决定的工业区位基本格局发生偏移作用。韦伯着重研究一般性区位因素中运输成本、劳动力成本、集聚三种最重要的因素对工业区位的作用。

（二）原料指数和区位重量

韦伯假定运费主要取决于重量和运距，而其他因素，如运输方式、货物的性质等，都可以换算为重量和距离。韦伯认为原料重量和产品重量的比例关系比运量的绝对量更为重要，因而在继承前人把运量的绝对量作为区位要素的基础上，建立了"原料指数"和"区位重量"的概念，来分析运费对工业区位布局的影响。原料指数即地方原料重量与制成品重量之比。原料指数强调生产每单位产品需要多重的地方原料。运输单位产品的总重量称为区位重量。而在整个工业生产与分配过程中，区位重量为广布原料和地方原料重量之和。

（三）劳动费指数和劳动系数

劳动费指数是用以判断工业布局受劳动力成本因素的影响程度。劳动费支出即每单位重量产品的平均劳动费。如果某产品劳动费指数大，则从最小运费区位移向廉价劳动费区位的可能性就大；反之，这种可能性就小。韦伯认为劳动费指数只是判断劳动费指向的可能性的大小，而不是决定因素。因为尽管某种产品的劳动费指数高，但如果该产品生产所需要的区位重量非常大的话，也不会偏离运费最小区位。为此，他又提出了"劳动系数"的概念。劳动系数等于劳动费和区位重量的比值，即每单位区位重量的劳动费，用它来表示劳动费的吸引力。劳动系数大，表示远离运费最小区位的可能性大；劳动系数小则表示远离运费最小区位的可能性小。劳动系数越大，工业就越倾向于向少数劳动廉价地集中。

三 核心内容与理论扩展

韦伯工业区位论认为区位因素决定生产场所，经过数学推导可确定一个生产费用最小地点和节约费用最大的地点，这个地点就是生产场所应分布之处。区位因素对生产场所的决定关系，成为工业区位理论建设与发展的先决条件。韦伯针对德国当时工业企业区位选择的实际情况，认真甄别了影响企业区位决策的各种因素，运用均衡分析方法、力学分析方法、实证分析方法，建立起工业企业沿着运费指向、劳动成本指向、集聚指向进行区位选择的内在机理及其转换机制的理论模型。在此基础上形成了他的三个基本理论：运费指向论、劳动费指向论和集聚指向论。

（一）运费指向论

主要是运用"原料指数"来判断工业区位指向。韦伯提出广布原料和地方原料的概念。前者指广泛分布随处可得的原料，从运费最小来考虑，它是倾向于消费地区位的力量；后者指产生于某些特定地方的原料。韦伯着重将地方原料区分为"纯原料"和"失重原料"。纯原料指其重量全部转移到工业产品中，其原料指数是1；而失重原料则是指在生产过程中损失部分重量或全部重量，其原料指数大于1。在生产中失重原料越大，原料指数就越大，区位倾向于原料地的程度越强；反之，区位倾向于消费地的程度越强。韦伯依据最小运费原理，在生产过程不可分割、消费地和地方原料地只能选其一的前提下，认为工业区位布局遵循以下规律：仅使用广布原料时，为消费地区位；仅使用纯原料时，为自由区位，即工业区位在原料地和消费地都可；仅使用失重原料时，为原料地区位。韦伯借鉴劳恩哈特的数学方法，分析多个原料地与市场分布在不同地点时的工业区位布局。如原料地为 N 个，且同市场不在一起时，其区位图形为 N 边形（区位 N 边形）。韦伯对于区位的推理，推导出运费最小地点应是市场、原料产地1和原料产地2三点所组成的区位三角形的重力中心。

（二）劳动费指向论

韦伯认为劳动费是属于地区差异性因素，它是使运费形成的区位格局发生变化的因素。韦伯所指的劳动费不是指工资的绝对额，而是指每单位重量产品的工资部分。它不仅反映了工资水平，同时也体现了劳动能力的差距。劳动费主要反映在地区间的差异性上。

韦伯劳动费指向论的思路是：假定在低廉劳动费地点布局的劳动费和运费分别为 a、b，在最小运费地点布局的劳动费和运费分别为 x、y，则当 $(x-a)>(b-y)$ 时，劳动费指向就占主导地位。劳动费指向受到环境条件的影响。其中人口密度和运费率对劳动费指向的作用较大。人口密度与劳动力的密度正相关，一般而言，人口密度高的地区劳动费相差大。因此，人口稠密的地区则倾向于劳动费指向。区位指向还受到技术进步的影响。运输工具的改善会降低运费率，劳动费供给地的指向将变强。而机械化会带来劳动生产率的提高，降低劳动系数，导致在劳动供给地布局的工业会因运费的作用转向消费地。因此，技术的进步会产生两种相反的倾向，而区位布局取决于这两种倾向的强弱对比。

（三）集聚指向论

韦伯首次建立了有关集聚的一套规则和概念，详细分析了集聚在生产不同阶段的作用。集聚就是一定量的生产集中在特定场所。集聚分为两个阶段：第一阶段是由企业经营规模的扩大而产生的生产集聚，这种集聚一般是由大规模经营或大规模生产的利益所产生；第二阶段由各个企业通过相互联系的组织而地方集中化，通过企业间的协作、分工和基础设施的共同利用等带来集聚利益。集聚又可分为纯粹集聚和偶然集聚两种类型：纯粹集聚是集聚因素的必然归属的结果，即由技术性和经济性的集聚利益产生的集聚，也称为技术性集聚；偶然集聚是纯粹集聚之外的集聚，如运费指向和劳动费指向的结果带来的工业集中。集聚结果还会产生分散因素的作用，是集聚的反作用。这种反作用的方式和强度与集聚的规模有关。其作用主要是消除由于集聚带来的地价上升造成的一般间接费、原料保管费和劳动费的上升。韦伯进一步研究了集聚利益对运费指向或劳动费指向区位的影响。他认为，集聚节约额比运费（或劳动费）指向带来的生产费用节约额大时，便产生集聚。一般而言，发生集聚指向可能性大的区域是多数工厂互相临近的区域，其集聚经济效应主要取决于集聚区域面积企业规模及区域内的企业数量，其公式表示：$G=g(S,T,Q)$。式中，G 为集聚经济效应，S 为集聚区域面积，T 为企业规模、Q 为区域内企业数量。

孤立的生产单元同其他就近的生产单元不会贸然集聚，而是同刚好能满足集聚单元必需规模的最小生产单元发生集聚。这些生产单元能够吸引很远的生产单元，首先吸引那些较小的生产单元，而后吸引较大的生产单元，当那些围绕运输成本最小点的较高层生产单元的等运费线距离越来越大时，较高级的集聚将排除较低级的集聚。韦伯在对运输指向集聚进行分析时，还推算出集聚公式。大生产单元对小生产单元的吸引程度可以用下面公式表示：

$$R = f(M) \div AS$$

其中，R 为集聚扩展半径，A 为工业区位重，S 为运输价格，M 为集聚量。工业密度 P 也决定集聚扩展半径 R 的长度，R 必须把各生产单元集结起来，以形成唯一给定的集聚量。

四　韦伯工业区位论的评价

韦伯的工业区位论是第一套完整的工业区位理论体系，可以称之为区位经济的基石之一。韦伯工业区位论根据当时德国经济发展实践探讨工业布局的合理解释框架，开创了工业区位论研究的新领域。此后的古典工业区位论思想在方法上逐渐从对单个企业的相对静态、动态区位分析，过渡到考虑整个市场因素的一般均衡分析，对现代经济发展仍具有重要意义。韦伯工业区位论是"试图要寻找工业区位移动规律的纯理论，即脱离社会制度、文化、历史等因素的影响，适用于不同社会制度的普遍的区位规律"，因此具有开阔性和发展性特点，也可以用以研究其他产业布局，对经济区位的整体布局具有指导意义。

韦伯没有考虑市场需求因子和其他市场竞争者的影响，研究单个企业在市场完全竞争条件下只考虑原料、燃料、劳动力供给和集聚等"纯经济因子"的区位选择问题，孤立、静态的研究方法有脱离现实的趋向。随着经济发展、技术进步以及交通基础设施的强化，使得运费对工厂区位的影响越来越小，因而韦伯的模型测算出的最佳区位发生变化，原料地指向逐渐弱化，而消费地指向增强，韦伯工业区位论越来越不能解释新生产力条件下工业企业布局的现象。

第三节 克里斯塔勒中心地理论

一 中心地理论产生背景

农业与工业区位理论分别揭示了农业与工业活动的空间分布规律，但随着经济的发展，第三产业逐渐成为城市空间的主要产业。克里斯塔勒（Christall）从"为什么城市有大有小？城市安排的原则是什么？"的问题出发，探索城市的分布规律。通过对德国南部城镇的调查，克里斯塔勒于1933年发表了《德国南部的中心地》一书，系统地阐明了中心地的数量、最优城镇规模和分布模式，建立起了中心地理论。

二 中心地理论基本概念

为了建立中心地理论，克里斯塔勒提出了以下概念。

（1）中心地（Central Place）。可以表述为向居住在它周围地域（尤指农村地域）的居民提供各种货物和服务的地方。中心地主要提供贸易、金融、手工业、行政、文化和精神服务。中心地提供的商品和服务的种类有高低等级之分。根据中心商品服务范围的大小可分为高级中心商品和低级中心商品。提供高级中心商品的中心地职能为高级中心地职能，反之为低级中心地职能，如名牌服装的专卖店和经营宝石的珠宝店是高级中心地职能，而经营小百货的零售店是低级中心地职能。

（2）中心货物与服务（Central Good and Service）。分别指在中心地内生产的货物与提供的服务，亦可称为中心地职能（Central Place Function）。中心货物与服务是分等级的，即分为较高（低）级别的中心地生产的较高（低）级别的中心货物或提供较高（低）级别的服务。

（3）中心性（Centrality）或"中心度"。一个地点的中心性可以理解为一个地点对围绕它周围地区的相对意义的总和。简单地说，是中心地所起的中心职能作用的大小。一般认为，城镇的人口规模不能用来测量城镇的中心性，因为城镇大多是多功能的，人口规模是一个城镇在区域中的地位的综合反映。

（4）服务范围。克里斯塔勒认为中心地提供的每一种货物和服务都有其可变的服务范围。范围的上限是消费者愿意去一个中心地得到货物或服务的最远距离，以最远距离 R 为半径，可得到一个圆形的互补区域，表示中心地的最大腹地。服务范围的下限是保持一项中心地职能经营所必需的腹地的最短距离。以 R 为半径，也可得到一个圆形的互补区域，它表示维持某一级中心地存在所必需的最小腹地，亦称之为需求门槛距离（Threshold），即最低必需销售距离。

服务范围上下限之间存在着三种关系，克里斯塔勒对其进行进一步分析得出结论，包括：第一，如果门槛距离大于货物的最大销售距离，那么这种货物在该地区就不可能以正常的方式提供。第二，如果货物的最大销售距离和门槛距离相等，那么，经营该种货物正好能得到利润。第三，如果货物的最大销售距离大于门槛距离，那么，该项货物不仅可被提供，而且经营者还可从为居住在两个腹地间的人口服务中得到超额利润。

三 中心地理论基本假设

中心地理论提出了一系列的假设，平原上的中心地最初是均匀分布的，且中心地的服务范围是规则的圆形，这样在每三个中心地圆形市场区之间会有一空白处得不到三个中心地中任一中心地所提供的商品和服务，因而在这个空白处的中心会产生次一级中心地，如图4—3所示。克里斯塔勒将其定为 K 级，而将上一级中心地定为 B 级。这样，在每三个 B 级中心地之间会产生一个 K 级中心地。同样，在每三个 K 级中心地圆形市场区之间又会有服务不到的空白区，因而会出现再次一级的中心地（A 级），以此类推。

事实上，由于同级中心地之间存在着竞争，它们都以同等的强度向外扩张，每个中心地同其周围的六个中心地市场区之间都会有重叠，如图4—3所示。根据趋向最近中心购物的原则，阴影区内的消费者将以此区中间线为界分别为最近的中心所吸引。这样，各中心地的圆形市场区就变为具有稳定结构的六边形。每一级中心地六边形市场区的六个顶角处分布着次一级的中心地，以此类推。最终形成一个多级中心地及其市场区相互有规律地镶嵌组合的空间结构，这就是均衡状态下的中心地分布模式，如图4—3所示。

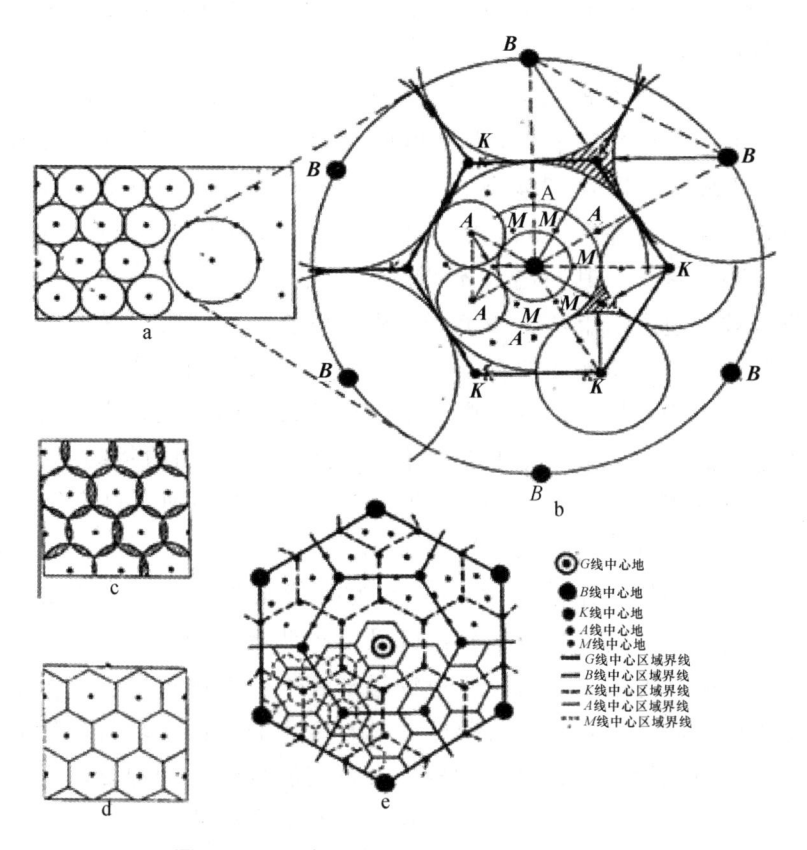

图4—3 均衡状态下中心地模式形成过程

四 六边形网络与城镇等级体系

从以上条件出发，克里斯塔勒推导了在理想地表上的聚落分布模式。克里斯塔勒希望找到在农村市场服务中心演化基础上发展起来的聚落体系的特征，于是提出了构成市场原则的两个限制因素：一是各级供应点必须达到最低数量以使商人的利润最大化；二是一个地区的所有人口都应得到每一种货物的提供或服务。为满足第一个条件，模式的概括中就必须采用货物的最大销售距离，因为这可以使供应点的数量最少化。于是，作为第一步，克里斯塔勒假设在理想地表上均匀分布着一系列的 B 级中心地，它们的最高级别货物的最大销售距离定为 r。这样，B 级中心地之间的距离为 $2r$。如将所有的 B 级中心地连接，则可得到一张有规则的等边三角形的网。

然而这样的系统不能满足第二个限制因素。因为 B 级市场区都是圆形的，居住在三个圆形相切所形成的空角里的消费者将得不到供应。因此，对图 4—3 必须做一些修改，这就是将所有的圆形市场区重叠起来。重叠后，B 级中心地仍按有规则的等边三角形网排列，只是间隔更紧凑，其距离为 d。此外，由于重叠区被分割，圆形的市场区被六边形的市场区替代，其理由是消费者应按"最近中心地购物"的假设，选择距离自己最近的中心地去得到货物或服务。由于克里斯塔勒采用的是 B 级中心地最高等级货物最大销售距离的概念，这就意味着 B 级中心地还提供一系列较低级别的货物或服务。这些货物和服务组成一个连续的、递降的等级序列，自高级向低级，它们的最大销售距离分别为 $r-1$，$r-2$，$r-3$，…，但是，由于它们的最大销售距离均小于 r，因此不能服务于 B 级中心地市场区的所有地方。随着货物级别的降低，较低级货物市场区的范围与 B 级中心地市场区的范围的差距将越来越大。在此情况下，一个较低级别的中心地，克里斯塔勒称之为 K 级中心地的出现就顺理成章了，它可以为 B 级中心地中的较低级货物服务不到的地方的居民服务。K 级中心地的位置处于三个 B 级中心地所构成的等边三角形的中央，即引力中心的位置，因而可与 B 级中心地展开最有效的竞争。K 级中心地市场区的边界由它所提供的最高级货物的最大销售距离 e 所决定。

与 K 级中心地产生的过程类似，在某项更低级的货物的最大销售距离上可产生相应级别的 A 级和 M 级中心地。作为一个反过程，则可能出现高于 B 级中心地的 G 级中心地，较低一级的中心地的位置总是在高一级的三个中心地所形成的等边三角形的中央，由此形成克里斯塔勒命名为 $K=3$ 的中心地网络。

五　中心地的三原则

克里斯塔勒认为，有三个条件或原则支配中心地体系的形成，它们是市场原则、交通原则和行政原则。在不同的原则支配下，中心地网络呈现不同的结构，而且中心地和市场区大小的等级顺序有着严格的规定，即按照所谓 K 值排列成有规则的、严密的序列。

（一）市场原则

按照市场原则，高一级的中心地应位于低一级的三个中心地所形成的等边三角形的中央，从而最有利于低一级的中心地与高一级的中心地展开竞争，由此形成 $K=3$ 的系统。低一级市场区的数量总是高一级市场区数量的 3 倍。由于每个中心地包括了低级中心地的所有职能，即一级中心地同时也是二级乃至更低级的中心地，所以，一级中心地所属的 3 个二级市场区内，只需在原有的一个一级中心地之外再增加两个二级中心地即可满足 3 个二级市场区的需要。在 9 个三级市场区内，因已有了一个一级中心地、两个二级中心地，因此只增加了 6 个三级中心地。这样，在 $K=3$ 的系统内，不同规模中心地出现的等级序列是：1，2，6，18，……由市场原则形成的中心地等级体系的交通系统，是以高等级中心地为中心，有 6 条放射状的主干道连接次一级的中心地，又有 6 条也呈放射状的次干道连接再次一等级的中心地。由于此种运输系统联系两个高一等级中心地的道路不通过次一级中心地，因此，被认为是效率不高的运输系统。

（二）交通原则

克里斯塔勒认识到，早期建立的道路系统对聚落体系的形成有深刻影响，这导致 B 级中心地不是以初始的、随机的方式分布在理想化的地表上，而是沿着交通线分布。在此情况下，次一级中心地的分布也不可能像 $K=3$ 的系统那样，居于三个高一级的中心地的中间位置以取得最大的竞争效果，而是位于连接两个高一级中心地的道路干线上的中点位置。和 $K=3$ 的系统比较，在交通原则支配下的六边形网络的方向被改变。高级市场区的边界仍然通过 6 个次一级中心地，但次级中心地位于高级中心地市场区边界的中点，这样它的腹地被分割成两部分，分属两个较高级中心地的腹地内。而对较高级的中心地来说，除包含一个次级中心地的完整市场区外，还包括 6 个次级中心地的市场区的一半，即包括 4 个次级市场区，由此形成 $K=4$ 的系统。在这个系统内，市场区数量的等级序列是：1，4，16，64，……次级市场区的数量以 4 倍的速率递增。与 $K=3$ 的系统类似，由于高级中心地也起低级中心地的功能，在 $K=4$ 的系统内，中心地数量的等级序列是：1，3，12，48，……依交通原则形成的交通网，因次一级中心地位于联系较高一级中心地的主要道路上，被认为是效率最高的交通网，而由交通原则形成的中心地体系被认为是最有可能在现实社会中出现的。

（三）行政原则

在 $K=3$ 和 $K=4$ 的系统内，除高级中心地自身所辖的一个次级辖区是完整的外，其余的次级辖区都是被割裂的，显然，这不便于行政管理。为此，克里斯塔勒提出按行政原则组织的 $K=7$ 系统。在 $K=7$ 的系统中，六边形的规模被扩大，以便使周围 6 个次级中心地完全处于高级中心地的管辖之下。这样，中心地体系的行政从属关系的界线和供应关系的界线相吻合。

根据行政原则形成的中心地体系，每 7 个低级中心地有一个高级中心地，任何等级的中心地数目为较高等级的 7 倍（最高等级除外），即 1，6，42，294，……市场区的等级序列则是：1，7，49，343，……在 $K=7$ 的系统内，由于其运输系统显示出每位顾客为购买中心性商品或享受服务所需旅行的平均距离较另两个系统都长，因此，行政原则下的运输系统被认为是效率最差的一种。

在三原则中市场原则是基础，交通原则和行政原则可以看作是对市场原则基础上形成的中心地系统的修改。克氏进一步分析了三原则的适用范围。以上三个原则共同导致了城市等级体系的形成。在开放、便于通行的地区，市场经济的原则可能是主要的；在山间盆地地区，客观上与外界隔绝，行政管理更为重要；年轻的国家与新开发的地区，交通线对移民来讲是"先锋性"的工作，交通原则占优势。克里斯塔勒得出结论：在三个原则共同作用下，一个地区或国家，应当形成如下的城市等级体系：A 级城市 1 个，

B 级城市 2 个，C 级城市 6—12 个，D 级城市 42—54 个，E 级城市 118 个。

六　对克里斯塔勒中心地理论的评价

克里斯塔勒根据调查研究，分析了市场区形成的经济过程，形成了三角形距离分布和六边形市场区模型。市场区是中心地理论的地域细胞，市场系统就建立在这一细胞及其组合的图形上。克里斯塔勒的中心地理论为城市地理学和商业地理学奠定了理论基础，是区域经济学研究的理论基础之一。

但是，克里斯塔勒的中心地理论只重视商品供给范围的上限分析，认为中心地的布局是由上限的大小决定。在克里斯塔勒的中心地系统中，K 值在一个系统中是固定不变的。但事实上，由于区域的各种条件作用，所形成的区域模型各等级的变化用一个固定的 K 值无法概括。克里斯塔勒忽视了集聚利益，他把消费者认定为"经济人"，认定消费者首先利用距离自己近的中心地，而实际情况是，消费者更倾向于在高级中心地进行经济或社会活动，从而使实际中的中心地系统的结构发生变形。因此，在研究经济区位布局的时候需要加入对人的主观因素的分析。

第四节　廖什产业区位理论

一　廖什（市场）产业区位产生背景

1940 年，德国古典经济学家廖什（Loseh）在《经济的空间分布》一书中对市场区位理论进行了深刻的分析，在与克里斯塔勒工作毫无联系的情况下，廖什利用数学模型与经济理论推导得出了与克里斯塔勒完全相同的区位模型——六边形。虽然克里斯塔勒理论和廖什理论都是关于三角形经济中心（市场、聚落、城市）和正六边形市场区（销售区、商业服务区）的区位分布，但是，克里斯塔勒是从城市或中心居民点的供应、行政管理、交通等主要职能的角度论述城镇居民与地域体系的，而廖什则是从市场区的角度论述城市的。因此，克里斯塔勒理论被称为"中心地理论"或"城市区位论"，而廖什理论更多地被称为"市场网理论"或"市场区位论"（或称产业区位论）。

他的区位理论从经济区位的观点来看，是以最大利润原则代替了韦伯的最低费用原则为特点，标志着区位论研究从古典区位论发展为近代区位论。同成本学派研究成本对区位选择的影响不同，廖什的区位理论通过考察产品的利润同产品的销售范围的关系，得出自己的中心地理论。廖什的观点否认韦伯的最小成本观点，廖什认为最低运输成本和劳动工资成本在工业的区位布局上并不起决定性作用。他将利润原则和产品销售范围联系起来考察，认为利润（尤其是纯利润）对工业区位起决定性作用，工业区位主要由销售范围的大小和需求量决定。

二　廖什市场区位模型

（一）需求圆锥体模型

廖什的产业区位论模型的假设前提可以归纳如下：

（1）在均质平原上，沿任何方向的交通运输条件都相同，生产原料相同且分布均匀。

（2）农业人口分布均匀，其生产自给自足，消费行为相同。

（3）居民的生产技术知识以及生产机会相同。

（4）除经济方面的作用外，其他因素都可不考虑。

在此基础上廖什提出了需求圆锥体的概念，讨论了单一职能个体的圆形市场区域内一般货物（以啤酒为例）需求量与运费之间的关系，构造了人们所谓的廖什模型——"需求圆锥体"（见图4—4）。在上述假设条件下，廖什是这样改造其模型的：啤酒生产者在生产的啤酒超过了自己的需求之后，剩余部分用于销售。在生产地P处，啤酒的销售量（需求量）为PQ。但随着生产地距离的增加，必须增加运费，价格自然随之上升，需求量随之减少。到F点时需求量为零，也即啤酒生产的地域边界。QF为需求曲线，以PQ为轴，QF需求曲线旋转一周，得到一圆锥体，也即为该啤酒的需求总量。寻求圆锥体的底面，即以P为圆心，以PF为半径的圆形地域

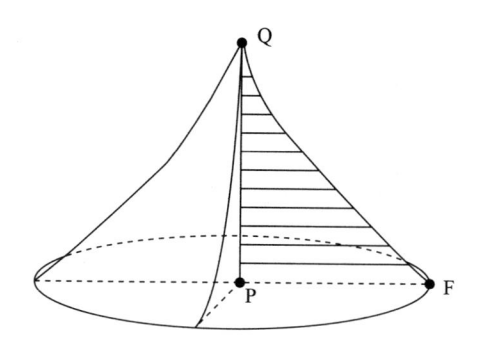

图 4—4　廖什需求圆锥体模型

就成为啤酒生产的市场地域。

(二) 市场区 (单一企业)

廖什以单个企业作为市场区,以生产啤酒的企业为例。他认为根据消费者价高少购、价低多购的购物原则可做出啤酒需求曲线图,如图 4—5 所示。图 4—5 中 OP 是啤酒的工厂价格,在 P 点的销售量是 PQ,到 F 点,啤酒售价因追加了运费 PF 而变为 OF,而销售量则为 0。这样,PF 就是啤酒的最大销售半径,而以 PF 为半径的圆则是该企业最大的销售范围。在这个范围内的销售量等于三角形 PQF 以 PQ 为轴旋转而成的圆锥体体积。

其数学公式为:

$$D = b\pi \cdot \int f(p+t) \cdot t \cdot dt$$

式中,D 代表总需求,是离岸价格 P 的函数;b 是一个正方形内人口两倍的值;$d = f(p+t)$ 是在消费点的个别需求;P 是出厂价格;t 是单位运费。

(三) 市场网 (单一行业)

廖什认为上述的圆形市场是不能持久的,在人口连续和不连续情况下,他继续研究市场区的形状以及市场区规模大小对形状的影响。他认为,从需求圆锥体得出的市场区是圆形,每一个企业都垄断一个圆的潜市场区,各市场区的边缘相互竞争,成为垄断者角逐的场所。这些圆形市场区,尽管布置得非常紧密,每个圆之间相互

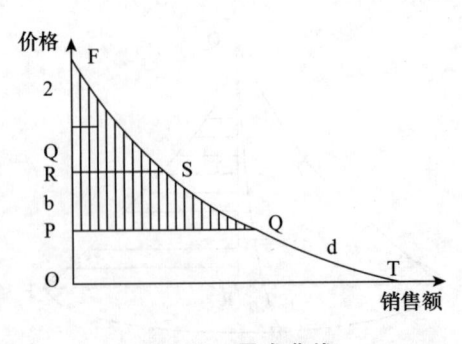

图 4—5　需求曲线

连接，但是，仍然存在着空缺角。这些空缺角不断地吸引人去开设工厂，因此引起各圆形市场区垄断者的竞争。随着新企业的建立，不断补充这些空缺角，最终把市场区挤压成蜂巢状六边形。因为它接近圆形又保证没有空缺角，便于向所有的消费者供应商品，因此六边形是高效能的市场区形状（见图 4—6）。廖什对人口不连续情况下的研究结论是：配置地点的连续，会使市场区的规模及其所包含的配置数目也不连续地扩大，使人们能够获得剩余利润。如果整个区域是小的或者很不规则，就意味着区域的形状必须扩大。其结论为，随着区域规模越来越大和越来越圆，则边界需求要富有弹性，运输更紧密地接近一个可能的固定地点，这是可以理解的，大的企业之间销售市场经常是交织在一起的，界线往往是一个很宽的带。其他企业愈小其市场区的形状愈有此变化，极端情况是一个自由市场上的小摊档。按廖什的计算，六边形的需求量要比面积相等的正方形的需求量大 2.4%，比圆大 10%，比等边三角形大 12%。换言之，在现实相同需求的前提下占地最多的是等边三角形，占地最少的是六边形，六边形可以容纳最多的企业，因此六边形是市场区最理想的形状。

（四）廖什生产区位景观经济（完全系统）

廖什推导出的单一职能的中心地模型与克里斯塔勒的模型非常相似。而在多种职能供给情况下，廖什的中心地系统与单一职能的均衡不同，同克里斯塔勒模型差异较大，这主要因为前提条件假设

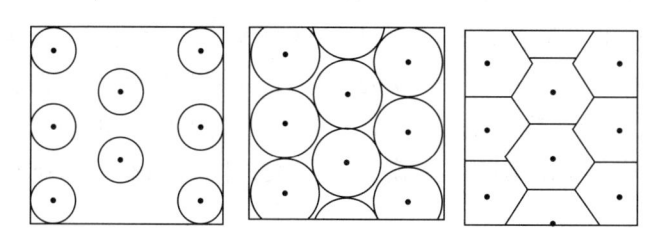

图4—6 市场区组织的发展过程

不同。廖什在建立供给多种职能的中心地系统时，进行了如下前提条件假设：

（1）最小聚落 $A1$，$A2$，$A3$，…呈类似蜂窝状分散分布，其间隔为 a 公里；

（2）生产工业产品的最小中心地 $B1$，$B2$，$B3$，…之间的间隔为 b 公里；

（3）$B1$ 供给的聚落包括自身共有 n 个；

（4）必要运输距离，也即使商品销售能够获利的最短距离（相当于克里斯塔勒中心地理论中的商品服务的下限）为 nV；

（5）正六边形市场区域的面积为 F。

假定中的基础聚落不仅是得到商品供给的消费者的居住地，同时也是企业布局的地点。基础聚落能够供给等级低的自给性商品。如果供给门槛值稍大的商品，仅以自己的聚落为市场不能够达此门槛，必然把相邻的聚落也作为自己的市场区域。也就是说，比自给性商品等级稍高的商品同时也供给相邻的 6 个基础聚落。如果自给性商品的市场区域规模为 1，比其等级稍高的商品的市场区域为 3。前者因为是自给性商品，因此主要满足 1 个基础聚落；后者则是以 3 个基础聚落为对象。如果供给门槛值更大的商品，其市场区域和拥有的基础聚落数同样会有规律地扩大。

图4—7 表示市场区域的规模 3—21 的市场系统。市场区域的规模由区域号 1，2，3，……的大小来表示，随着区域号码增大，市场区域规模以 3，4，7，9，……的顺序扩大，这个数列也称为廖什数码。如果以 $n=3$ 的市场区域的中心地配置为基础，$n=4$ 的市场

区域的配置可看作是 $n=3$ 的配置以最高级中心地为中心旋转90度扩大而形成的。同样，$n=7$ 的市场区域配置可当作是 $n=4$ 的配置旋转一定的角度并扩大而形成的。如此不断地旋转和扩大就可形成图 4—7 上一个所表示的所有市场区域。从图 4—7 可知，随着商品的门槛值增大，市场区域规模也在扩大，同时拥有的基础聚落也在增加。

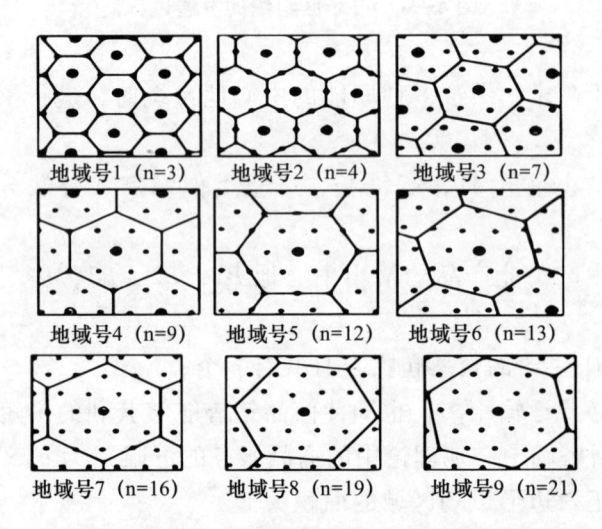

图 4—7　廖什中心地系统（1—9）的最小市场圈

图 4—7 表示各个市场区域的个别情况，如果把它们全部重叠起来，就会形成图 4—8 那样的市场系统，即位于区域中心的中心地分别以 $n=3$，4，7，9，12，13，16，19，21，25 形成市场系统，也可看作是供给10种门槛值不同的商品时所形成的市场系统。在这种市场系统中，各个 n 值决定基础聚落中的中心地，但有一些中心地会被不同 n 值市场区域重复选择。换言之，有些中心地能够供给多种商品。在图 4—7 中，表示中心地位置的实心小圆旁边的数字就是该中心地供给商品的种类。由此可见，位于区域中心的中心地拥有1—10 的所有商品，而位于其右侧的4个中心地分别拥有商品2、商品1和4、商品2和7，以及商品10，相互间具有一定的距离，拥有的商品种类各不相同。

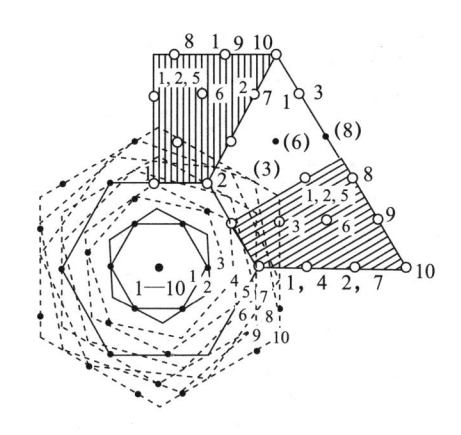

图 4—8　10 种商品的市场圈

最终的廖什中心地系统结构是假定在区域中心存在一个共同的中心地，廖什把它称作为大城市，它能够供给 150 种商品，可以满足大范围的区域需求；同时在此大城市的周围存在相互交叉的 12 个扇形区，其中 6 个扇形区内供给商品的中心地分布多，廖什称其为经济活动丰富扇形区（activity-rich sector）；另外 6 个扇形区内供给商品的中心地分布少，廖什称作经济活动贫乏扇形区（activity-poor sector）。图 4—9 表示围绕大城市的两个扇形区内中心地的位置。从图 4—9 可以看出，都市少的扇形区不仅供给商品的中心地数量少，而且每个中心地供给的商品种类也比都市多的扇形区少，同时商品的等级也比较低，即中心地的中心职能低。廖什把这种中心地的市场区域称作经济景观。廖什认为经济景观包括了所有的市场区域的一般模型，也称为完全系统。在这一系统中，2 个以上的职能可以拥有同一规模的市场区域，即各职能可孤立地存在。

三　对廖什产业区位理论的评价

廖什理论从市场区的概念出发，提出了区域集聚和点集聚的问题，为空间结构理论和地理学中的景观学派奠定了理论基础。另外，廖什关于市场区、集聚区的推导，从理论上剖析了经济区形成

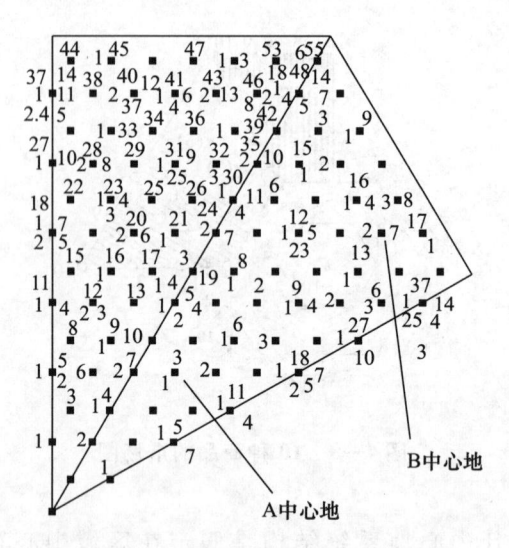

图4—9 完全系统下各中心地的位置

的内部机制，从而促进了区域经济学的形成和发展。

但是市场区位理论仍存在不足，虽然在廖什的理论中成本已不是决定利润的唯一主要因素，然而区位理论有效的前提仍然是：原材料的运费是生产费用因而也是生产成本的决定因素。尽管廖什的研究丰富了区位论的内容，但是它并没有改变工业区位论分析的核心和基础；廖什的市场区位理论对市场因素的研究是结合利润原则进行的，认为产业区位的决定因素是与产品销售范围（市场）联系在一起的利润原则，而不是最低成本（包括运输成本和劳动力成本），因此产业的区位趋势是最大市场和最大利润的地区。然而，在现代生产技术条件下空间分离跨越国界，根据需求进行生产的重要性增加。因此，最大市场区和最大利润的区位原则的重要性降低，具有等级序列的市场结构改变。

克里斯塔勒的中心地理论的最大目的就在于探索"决定城市的数量、规模以及分布的规律是否存在，如果存在，那么又是怎样的规律"这一课题。他从经济学观点来研究城市地理，认为经济活动是城市形成、发展的主要因素。他不仅注意每个具体城市的位置、形成条件，而且对一个区域的城市总体数量、区位、发展和空间结构更加关注。在研究方法上,克里斯塔勒作为地理学者一反过去传统的归纳法,运用演绎法来研究中心地的空间秩序。提出了聚落分布呈三角形、市场区域呈六边形的空间组织结构。并进一步分析了中心地规模等级、职能类型与人口的关系,以及市场因素、交通因素和行政因素三原则基础上形成的中心地空间系统模型。

中心地理论的有关基本概念包括:中心地、补充区域、商品服务范围、中心商品与中心地职能的等级、中心地的等级、经济距离等。经济距离为用货币价值换算后的地理距离,主要由费用、时间、劳动力三要素决定,但消费者的行为也影响到经济距离的大小。因此,交通发达程度如何对于中心地的形成与发展意义重大。

两位德国经济学家克里斯塔勒和廖什的中心地模型是中心地系统理论和实践研究的基础,他们的理论对区位论、地理学和经济学的发展做出了巨大的贡献。但两者都存在着一定的缺陷,为此,许多学者如贝利和加里森等在克里斯塔勒和廖什的中心地模型研究的基础上对中心地理论的发展和应用研究做出了很大的贡献。贝利和加里森相继论述了中心地的等级性、商品供给的范围和中心职能的成立过程。他们首次采用计量手段来研究中心地,并且提出了门槛人口,对中心地理论给予新的解释[①]。

---

① 参见李小建、李国平、曾刚、覃成、林炳耀、张文忠《经济地理学》(第2版),高等教育出版社2006年版。

第五章

从单一城市走向城市体系

第一节 单中心城市——AMM 模型

一 单中心城市的定义

单中心城市模型指城市只有一个主要的中心,一般称为中央商务区(Central business district, CBD),在城市中心约 5 公里范围集聚城市 30% 的就业人口(或 30% 的产业产值),如北京、柏林、芝加哥、香港、伦敦、巴黎、纽约等基本属于单中心城市[1]。由此可知,世界许多知名城市都是由单中心城市结构开始发展,而单中心城市模型也是从古典区位理论演化而来,且是现代城市经济理论与实证模型的核心思想。本节阐述的 AMM 模型主要参考 O'Sullivan[2] 与踪家峰[3]的模型。

二 AMM 模型

Alonso[4]、Mills[5]和 Muth[6]在 20 世纪 60 年代提出单中心城市模

---

[1] Bertaud A. and S. Malpezzi, The Spatial Distribution of Population, in "48 World cities Implications for Economies in Transition", University of Wisconsin, Center for Urban Land Economics Research Working paper No. 03 – 05, 2003.

[2] O'Sullivan, *Urban economics* (8e), McGrew – Hill Education, 2021.

[3] 参见踪家峰《城市与区域经济学》,北京大学出版社 2016 年版。

[4] Alonso. W., *Location and land use*: *toward a general theory of land rent*, Cambridge: Harvard University Press, 1964.

[5] Mills, E. S., "An aggregative model of resource allocation in a metropolitan area", *The economic review*, *papers and proceedings*, Vol. 57, No. 2, 1967.

[6] Muth, R. F., *Cities and housing*: *the spatial pattern of urban residential land use*, Third series: studies in business and society, Chicago: university of Chicago Press, 1969.

型（Monocentric Model），是许多城市经济的理论与实证基础，模型也被称为 Alonso-Mills-Muth 模型，简称 AMM 模型。AMM 模型的核心思想是杜能模型，将分层结构应用于城市的内部空间结构分析，将杜能模型的农业生产空间结构复制，以符合城市的产业型态。然而，杜能模型与 AMM 模型有以下几点不同。

（1）分析对象不同。不同点在于在杜能模型中，农民把产品运送到城市销售，城市是唯一的消费市场；而在 AMM 模型中，工人去 CBD 工作，CBD 是唯一的工作场所；分析对象从农民改为工人。

（2）运输成本不同。在杜能模型中，为农民将产品送往城市的运输成本；而在 AMM 模型中，为从居住地到 CBD 需要通勤成本。

（3）租金敏感性不同。在杜能模型中主要因为运输成本而形成杜能环；而在 AMM 模型中，主要因为不同收入的工人对租金的敏感度不同（竞租曲线），而形成单中心的城市空间结构，此点也是 AMM 模型的主要贡献。

由杜能模型演化而来的 AMM 模型有以下三点假设。

（1）城市是单中心，城市的中心是 CBD。

（2）城市中的工人也是消费者，对消费与住宅的偏好相同。

（3）CBD 是唯一的工作场所，从住宅到 CBD 需要通勤成本。

从消费者行为分析，将消费者的效用函数以科布—道格拉斯函数形式定义为 U（Z，H），其中 Z 是住房以外的其他商品消费，H 为住房消费。消费者在 CBD 工作所得的薪资收入为 w，居住在离 CBD 距离 x 的地方，t 为通勤的单位成本，R（X）为地租函数，表示消费者可已支付的租金。假设 Z 与 H 皆大于 0，则消费者效用最大化为：

$$\text{Max } Z^{1-a} H^a$$
$$\text{St. } w = t * x + H * R（X）+ Z$$

以拉格朗日方程进行最优化求解可求导出马歇尔需求函数：

$$H =（w - tx）/ 2R（X）$$
$$Z =（w - tx）/ 2$$

将竞租函数 R（X）以一般的竞租函数表示 R（X，$\hat{U}$），$\hat{U}$ 为保留效用，指在保留固定部分收入的前提下，可以用以支付住房的最大租金，当消费者在该城市的最低效用，若低于该效用，则消费者会迁移到别处。

$$R(x,\hat{U}) = max\left\{\frac{w - tx - Z}{H} \mid U(Z,H) = \hat{U}\right\}$$

由函数对 x（与 CBD 距离）求导小于 0 可知，离 CBD 越远，地租越低；离 CBD 越近，地租越贵。由函数对 w（工人收入）求导大于 0 可知，收入越高，支付地租的能力越高；收入越低，支付地租的能力越低。由此可知，居民对住房的需求取决于收入水平、地租、运输费用和到 CBD 的距离。而若同时对 x 与 w 大于 0 求导，可知当收入提高，竞租曲线会逐步平缓，低收入的曲线比较陡峭，说明收入低的工人对通勤成本的高敏感性，不能忍受更大的通勤成本。以函数对 $\hat{U}$ 求导小于 0 可知，当房价越高，效用越低，若要提高城市效用则要降低地租。

而 $H(x)$ 是居住规模函数，又可定义为 $H(x,\hat{U})$，$\hat{U}$ 为保留效用，指在满足竞租函数条件下，距离 CBD 的距离 x 的最优地点。由函数对 x 求导大于 0 可知，距离 CBD 越远，可居住的面积越大。而由函数对 $\hat{U}$ 求导大于 0 可知，要获得更大的效用需要更大的住房面积。

因此，可推论只有当城市间不同区位居住的工人具有相同的效用，才能使城市达到均衡状态。而城市间的效用差距越大，工人往高效能城市迁移的力量越大，高效能城市的集聚效应也越强。其城市效用可由下列方程表示：

城市效用 = 劳动力收入 + 土地租金收入 – 通勤成本 – 租金支出

第二节 D-S 模型

长期以来，主流经济学的假设是规模报酬不变和完全竞争。但从 20 世纪六七十年代开始，人们意识到，规模报酬递增的生产技术和垄断竞争的市场结构才是经济生活的常态。如何以规模报酬递增和垄断竞争为基本假设构建理论模型成为当时经济学理论发展的技术性难题。

Chamberlin[①]是最早系统的研究了垄断竞争，曾道智与高琢创（2018）整理出垄断的基本特点包括以下四点：

（1）行业中有许多厂商争夺相同的消费者。

（2）每个厂商所生产的产品略有差异，即产品差异化。

（3）厂商可以自由进入或退出一个市场，厂商的数量会一直动态调整到经济利润为零为止。

（4）假设不存在经济范围，且每个厂商仅生产一种产品，产品的种类与企业的个数是一一对应的，产品种类的数量是企业的数量。

Chamberlin（1933）的研究在1977年迪克西特（Avinash Dixit）与斯蒂格利茨（Joseph Stiglitz）合著的《垄断竞争与最优产品多样性》提出Dixit-Stiglitz模型（简称D-S模型）中重新受到重视，[②] 文中迪克西特与斯蒂格利茨构建了一个内部规模经济的垄断竞争模型，即Dixit-Stiglitz模型。借助于张伯伦垄断竞争的假定，模型首先对内部规模经济做了简化处理，把内部规模经济和人们多样性偏好的问题巧妙地转化为商品数量和种类的权衡：在具有规模经济的生产技术条件下，大批量地生产较少种类的商品，可以节约资源，使生产的平均成本下降，但这降低了商品的多样性，减少了消费者的效用，造成社会福利的损失。

D-S模型采用简洁而直接的方法来处理多样化，即将消费者的多样性偏好体现在消费者的效用函数中，这和传统的消费者无差异曲线的凸性特征是一致的，如采用连续函数的形式，效用函数可写为：

$$U = Y = \left[\int_0^n y_i \frac{\sigma - 1}{\sigma} d_i \right] \frac{\sigma}{\sigma - 1}, \sigma > 1$$

式中，y是产品的数量，n是产品的种类数，σ是不同商品间的替代弹性。U是n的增函数，体现了消费者的多样性偏好。此函数

[①] Chamberlin, E., *The theory of monopolistic competition*, Cambridge, MA: Harvard University Press, 1933.

[②] Dixit, A. K. and Stiglitz, J. E., "Monopolistic competition and optimum product diversity", *American Economic Review*, Vol. 67, 1977.

就是"迪克西特—斯蒂格利茨效用函数"。然后根据消费者效用最大化问题（UMP）求出行业内各种产品的需求函数，再结合生产者利润最大化问题（PMP）求出各种产品的均衡价格。最后利用价格的表达式和张伯伦垄断竞争的自由进入（FE，利润为零）的条件求得每个厂商的均衡产量和产品种类。这样，通过观察上述结果的表达式可以得知，消费者的效用随着产品种类的增加而增大，总的产品价格指数随着产品种类的增多而趋于下降（竞争效应）。考虑劳动力的变化，得到了规模报酬递增的效应：随着劳动（工人）的增多，人们的福利（效用）是逐步改善的。

通过对内生性规模经济的处理和借助垄断竞争的假定，D-S模型将规模报酬递增和不完全竞争融入主流经济模型中，使D-S模型为存在内部规模经济情形下的垄断竞争市场结构进行一般均衡分析提供了规模收益分析的工具，掀起了报酬递增和不完全竞争的革命。[1]

第三节　中心—外围结构（Core-Periphery Structare）

近十几年来，克鲁格曼、藤田（Fujita）[2][3]、维纳布尔斯（Venables）[4]、蒲格（Puga）[5][6]、赫尔普曼（Helpman）、鲍德温（Baldwin）[7]

---

[1] Fujita, M., P. Krugman, "The New Economic Geography: Past, Present, and the Future", *Journal of Regional Science*, Vol. 83, 2004, pp. 139 – 164.

[2] Fujita, M. and Krugman, P., "When is the economy monocentric? Von thunen and Chamberlin unfield", *Regional science and urban economics*, Vol. 25, 1995, pp. 505 – 528.

[3] Fujita, M., Krugman, P. and Venables, A. J., *The spatial economy – cities, regions and international trade*, Cambridge, MA: MIT Press, 1999.

[4] Venables, A. J., "Equilibrium locations of vertically linked industries", *International economic review*, Vol. 37, 1996, pp. 341 – 359.

[5] Puga, D., "The rise and fall of regional inequalities", *European Economic Review*, Vol. 43, 1999, pp. 303 – 334.

[6] Puga, D., "The magnitude and cause of agglomeration economics", *Journal of regional science*, Vol. 50, 2010, pp. 203 – 219.

[7] Baldwin, R. E. and Krugman, P. R., "Agglomeration, integration and tax harmonization", *European economic review*, Vol. 48, 2004, pp. 1 – 23.

等众多主流经济学家运用 D-S 模型分析生产的空间区位,研究相互关联的经济活动发生在何处,构建将区域经济学中离心力与向心力、一般均衡假设和个体相关选择等不同研究方法连接起来的分析框架。在 D-S 模型基础上将地理带回主流的经济分析中,复兴经济地理,并使"新经济地理学"成为经济学的一个重要领域。"新经济地理学"的兴起也引起了国内学术界的广泛关注,一些学者从不同角度对新经济地理学进行了介绍、比较、评价和运用,但都忽视了对新经济地理学有关中心—外围形成与转变的研究,厂商在不同区位的获利能力与中心—外围形成、转变之间的逻辑联系并没有得到足够的重视,考察这一逻辑联系的中心—外围模型(core-periphery model)并未得到有效的解析。中心—外围模型作为新经济地理学的基石[①](P.,2001),是众多新经济地理学分析模型中最著名、影响最大的一个模型。分析 1991 年克鲁格曼的《递增收益和经济地理》一文构建的模型中生产区位选择。

中心—外围模型是克鲁格曼在新贸易理论研究基础上发展起来的,新贸易理论在假定国家之间既不存在李嘉图比较优势模型所强调的技术差异,也不存在 H-O 模型所强调的资源禀赋差异的条件下,运用 D-S 模型研究规模报酬递增和垄断竞争条件下国家之间的贸易模式。克鲁格曼(1980)[②]、赫尔普曼和克鲁格曼(1985)[③]表明较大的本国市场能产生价格和数量两方面的效应,由于从外国进口制成品需要支付贸易成本,而本国生产不需要支付贸易成本,本国厂商数量较多(市场较大、劳动力较多)时,本国生产的制成品种类较多,需要从外国进口的制成品种类较少,这将导致本国价格指数较低,意味着市场较大的国家将支付较高实际工资,产生价格效应。同时,本国厂商数量较多(市场较大)还将产生数量效

[①] Neary J. P., "of Hype and Hypebolas: Introducing the New Economic Geography", *Journal of Ecnomic Literature*, Vol. 39, No. 2, 2001, pp. 536 – 561.

[②] Krugman, P. R., "Increasing returns, monopolistic competition, and international trade", *American Economic Review*, Vol. 70, 1980, pp. 950 – 959.

[③] Helpman, E. and Krugman, P. R., Market structure and foreign trade: increasing returns, imperfect competition, and the international economy, Cambridge, MA: MIT Press, 1985.

应,规模报酬递增激励厂商在某一地生产,并把产品销售给其他地区的消费者。厂商把其产品销往其他地区将会产生各种贸易成本,为节约贸易成本,厂商选择市场较大的国家作为其生产区位,这样,本国厂商数量较多(市场较大)反过来吸引更多厂商定位于本国,本国厂商进一步增多。

克鲁格曼(1991)[①] 通过在上述模型中加入要素地区间流动的可能性,构建中心—外围模型,通过厂商生产区位选择来内生不同地区市场大小,并解释在两个初始条件完全相同的对称地区中,一个地区如何在自我强化的循环累积过程中实现经济集聚而发展成富裕的中心地区,另一个则演变成贫穷的外围地区。在中心—外围结构形成过程中,垄断竞争厂商根据其在不同区位的获利能力决定生产区位,而其生产区位决定将产生三种不同的经济效应。

第一种效应是市场通路效应(market access effect),也称为需求关联(demand linkage)或后向关联(backward linkage)。一个厂商从其他地区迁往本地将使本地劳动力需求增加,当劳动力可以在地区间流动时,将吸引劳动力流入并使本地需求增加,本地需求的增加将使本地厂商利润增加,这又进一步吸引更多厂商进入,进一步产生需求关联。这一过程将循环反复,通过一个循环累积过程实现经济集聚。

第二种效应是生活费用效应(cost-of-living effect),也称为成本关联(cost linkage)或前向关联(forward linkage)。一个厂商从其他地区迁往本地使本地厂商数量增加,而在一个厂商数量增多的地区,消费者需要从外地购入的商品种类减少,从而支付的贸易成本下降,这意味着本地生活费用下降和实际工资水平提高,这将吸引工人流入,劳动力供给增加将使本地名义工资下降,使厂商生产的平均成本和边际成本下降,本地厂商利润增加,又进一步吸引更多厂商进入,并进一步产生一个不断自我强化的循环累积过程。

第三种效应是当需求关联和成本关联趋向于促进经济活动向一个地区集聚时,市场挤出效应(market crowding effect)却趋向于抑

---

① Krugman, P. R., "Increasing returns and economic geography", *Journal of political Economy*, Vol. 99, 1991, pp. 483 – 499.

制集聚。市场挤出效应又称为竞争效应，一个厂商从其他地区迁往本地使本地厂商需求减少和边际收益下降，这使本地厂商利润减少或亏损，厂商为获得正常利润而降低支付给工人的名义工资。在其他条件不变时，这使本地对工人的吸引力低于其他地区，劳动力从本地流出，产生一个不断自我强化的循环累积过程抑制集聚。当本地区需求关联和成本关联所产生的向心力大于市场挤出效应所产生的离心力时，经济活动趋向于在本地区集聚，所有制造业厂商被吸引到本地区，本地区发展成富裕的中心地区，而其他地区发展成贫穷的外围地区；当本地区需求关联和成本关联所产生的向心力小于市场挤出效应所产生的离心力时，经济活动趋向于扩散，各地形成类似的生产结构，经济趋于收敛。

一个厂商从其他地区迁往本地所产生的成本关联将使典型厂商的均衡发生如图5—1和图5—2所示的变化，成本关联将使典型厂商平均成本曲线（AC）及边际成本收益曲线（MC）分别向下移动到AC^*和MC^*，这将使厂商均衡产量增加到Q_E^*，均衡价格下跌到P^*，同时内部规模经济将使平均成本更大幅度地下降到AC^*。$P^* > AC^*$，该地区的厂商获得图5—1中阴影部分所表示的超额利润，这将吸引其他地区厂商进入该地区，并形成循环累积的产业集聚过程。需求关联将使图5—1中的d线和MR线向上移动，这也将使厂商均衡产量增加，均衡价格上涨，平均成本下降，产生与成本关联类似的超额利润，促进经济集聚。

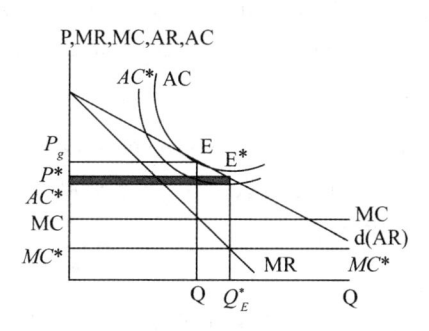

图5—1　成本关联导致超额利润

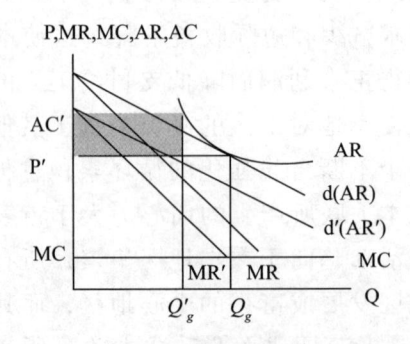

图 5—2　竞争效应导致的亏损

与规模报酬递增时本地市场效应和生活费用效应促进集聚相反，竞争效应抑制集聚。如图 5—2 所示，一个厂商从其他地区迁往本地使本地市场竞争更激烈，本地典型厂商所面临的需求曲线向下移动到 d′，其对应的边际收益曲线向下移动到 MR′，这使厂商均衡产量下降到 $Q_g′$，均衡价格下降到 P′，平均成本上升到 AC′，AC′>P′，厂商亏损，抑制集聚。

第四节　RR 模型[①]

一　RR 模型的引入

为什么有些城市比其他城市更具生产力？密度的环境和社会成本是什么？为什么会有贫民区？邻近他人居住如何改变我们？城市何以兴衰起落？为何某些地方的房价如此昂贵？城市经济学解决所有这些不同的问题，而所有的这些问题都可以视为城市经济学"大谜团"的构成要素：为什么那么多人蜂拥至城市？这个问题本身属于经济地理学更宏伟工作的一部分：如何解读人与企业的区位决策？

用经济学方法分析区位选择（譬如生活在哪个城市），重点在

---

① http://www.banq.cn/html/20420.htm.

于理解这些选择背后的激励。某地引人而至，是因为高工资、低房价抑或好气候？为什么企业会选择停驻在它们必须支付高工资的地方？由于城市发展反映的是上百万个体居住城市的选择，那么要认识这种发展，我们既要了解不同城市属性的相对重要性，也要知道城市为何具有这些属性。例如，高工资的确有助于吸引人们来到纽约。然而，若想弄清楚 800 万人选择住在这座城市的原因，我们还需了解该市的工资为什么会那么高。

经济学有三大支柱，其中两个帮助我们认识世界，另一个帮助我们给出政策建议。经济学的第一大支柱是，人们会对激励做出反应。这个假设被有些人歪曲了，他们认为经济学家指的是人们只会对经济激励做出反应，这无疑是错误的。不过，激励原理促使经济学家探讨可能解释区位选择的经济激励倒是事实。

经济学的第二大支柱是无套利均衡概念。亚当·斯密使用早期版本的无套利均衡论阐明了工资的意义；米尔顿·弗里德曼则以一句"天下没有免费的午餐"通俗化了这个概念。（人们通常认为最先说这句话的是罗伯特·海因莱因，然而它却是有更早的出处。）这一支柱不仅使我们能够剖析个人决策，而且还能对整个系统做出预测。

城市经济学中有三种关键的无套利关系。第一，个人在不同空间必须是无差异的，即"工资+便利性－住房成本"在每个空间都大致相等。第二，公司在空间和雇用新员工上必须是无差异的。这意味着，工资差异必定被生产率差异抵消。第三，建筑商在建造或不建造新房屋上是无差异的。这一点是指，房价不能远高于建设总成本，只要这些成本包括的是物质建筑成本、土地价格和应对土地使用法规时所涉及的困难。

经济学的第三大支柱是假设良好的政策能够拓宽个人可选择的范围。经济学家之所以热衷于研究收入，就是因为更多财富让人们有更多选择的观点的驱动。我们热衷于探讨政治自由也出于相同理念。经济学家谈论好政策能提高"效用水平"时，常常被误解为他们是在说这些政策会让人们更加幸福。幸福是一种重要情感，但并不是说它与经济学家定义的效用能画上等号。更高水平的效用等同于拥有更多的选择，而不是展露笑容。这三大支柱形塑了城市的经济学研究方法。

城市经济学的理论核心就是空间均衡概念，它认为改变位置并不能获得免费的午餐。这个假设通常可用更一般的效用函数加以处理，而经济学家设想的往往是一个线性效用函数，这就意味着与区位选择相关的效用可表示为：

区位选择的效用＝收入＋便利性－住房成本－通勤成本

空间均衡假设是指这个流量在空间上恒定不变。尽管该假设明显过于简化，但它神奇地产生了与证据相符的假说。

空间均衡方法往往以不同的方式获得扩展。例如，有关通勤成本和技术方面的信息可以灵敏地预测房价随着离市中心的距离将如何发生改变。当涉及不同类型的人时，这些模型可以预测不同的人会住在哪里。而将住房供应纳入模型，这些方程式就能预测一个城市内部的人口密度等级和各个城市的人口格局。罗森和罗巴克提出了城市体系的一般空间均衡的分析框架。格莱泽建立了更具体的模型，使得该模型更具备现实解释力。

二 RR 模型的应用

城市经济学的理论核心在于空间均衡概念，尽管其前提假设简化了现实，但空间均衡提出的许多命题都为实证证据所证实。

城市经济学有两个经典空间均衡模型：描述城市内部的阿隆索—穆特—米尔斯（Alonso-Muth-Mills）模型和描述多个城市的罗森—罗巴克（Rosen-Roback）模型。前者假设收入不变，分析住房成本是否被较低的城市便利性（urban amenities）或较低的交通成本抵消。后者分析不同城市间收入、城市便利性和住房成本之间的取舍。

阿隆索—穆特—米尔斯模型是研究大都市区内部的住房价格和密度等级的核心工具，而罗森—罗巴克模型则是经济学探讨大都市区之间住房价格的核心工具。罗森—罗巴克模型比阿隆索—穆特—米尔斯模型复杂，前者允许收入和便利性在空间上存在差异。罗森—罗巴克模型将大都市区视为一个单一的同质实体，因此可以假设区域内所有人具有相同的住房成本、通勤成本和便利性水平，从而抵补了增加的复杂性。

大都市区之间的空间均衡的一个核心预测是，高房价必然反映高收入或高便利性，或兼而有之。人们花了钱，肯定要得到应有的回报。罗森[1]提出的核心理论强调，跨空间的便利性需要我们考察工资和价格。罗巴克[2]用这个模型进行数据分析，发现扣除住房成本后，在更便利的地方人们挣到的钱确实更少。吉尤科等人[3]扩大了用于研究的便利性的数据集，并关注人们对不同类型政府的支付意愿。

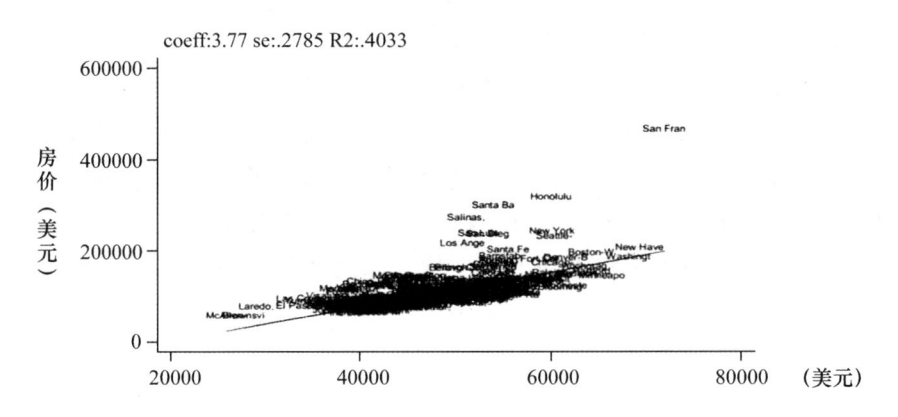

图 5—3　2000 年美国都市统计区房价与中位收入之间的关系

图 5—3 通过绘制大都市区间住房成本对应于收入的关系，显示了这种方法的基本经验价值。40% 的大都市区住房价格的变化与收入差异相关。平均来说，收入每增加 1000 美元住房价值将增加 3700 美元。虽然有强大的关联性支持此模型，但是相关系数似乎很

---

[1] Rosen S., "Wage-based indexes and urban quality of life, in P. Mieszkowsi and M. Stratzheim (eds)," *Current Issues in Urban Economics*, John Hopkins Press, Baltimore, 1979, pp. 74 – 104.

[2] Jennifer Roback, "Wages, Rents and the Quality of Life", *Journal of Political Economy*, Vol. 90, No. 6, 1982, pp. 1257 – 1278.

[3] Gyourko J., Tracy J., "The Structure of Local Public Finance and the Quality of Life", *Journal of Poltical Economy*, Vol. 99, 1991, pp. 774 – 806

低。毕竟，在给定利率、维修水平和地方税的合理假设下，3700美元的房屋增值意味着每年增加的费用不超过400美元。如果只需多花400美元就能住进一个收入水平高出1000美元的地区，那么人们应该会蜂拥挤向高收入、高成本的地区。

对于为什么这种关联仍然与罗森—罗巴克模型兼容，至少有两个合理的解释，但是这些解释清楚地表明该模型的预测略有失真。首先，收入差异并不完全反映人力资本的差异。目前并不清楚某人迁移到我们认为每年收入会多出1000美元的地区后，是否确实能挣到这个额外收入，因为高收入地区的人们也许本来就拥有更高的技能。其次，高收入的地方也可能在便利性方面缺乏吸引力，比如长途通勤，这就抵消了高收入水平。

第二种使用空间均衡假设的方法，是直接运用收入校正当地住房价格。美国商会研究协会（ACCRA）为大都市区的一个子集创建了一套指标。根据这些指标，该研究据称能校正全美住房价格差异的实际收入水平。最天然的舒适性调查或许是温暖度，图5—4显示了跨大都市区的实际收入和1月平均气温之间的关系。

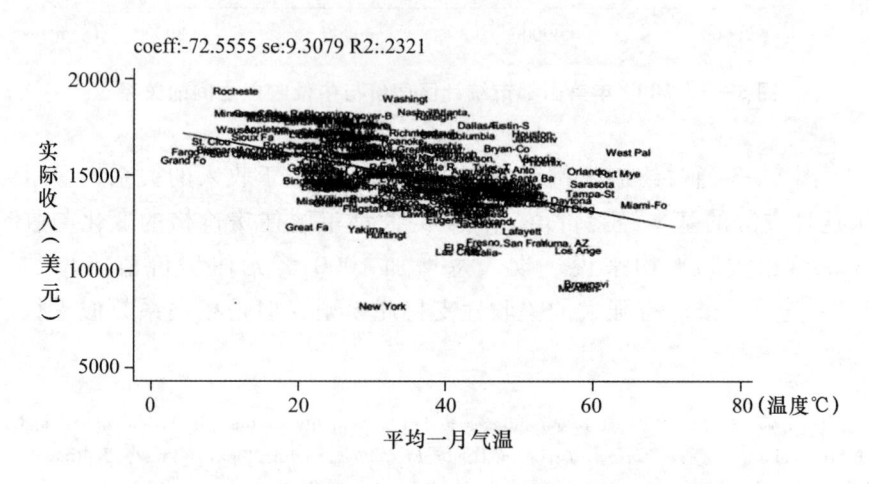

图5—4　美国都市统计区实际收入与1月份温度的关系

在约200个大都市区的样本中，1月平均气温测定了23%的收入差异。随着1月的平均气温上升10℃，实际收入下降720美元。人们似乎愿意为了更高的实际收入住到较冷的地区，这当然也支持了如下观点：实际收入水平较高的地方其他方面较差，正如空间均衡假设所预测的。

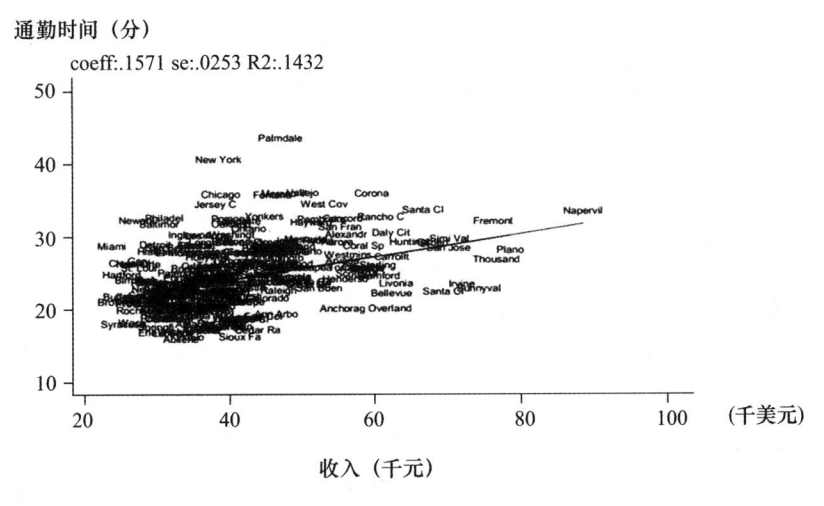

通勤时间（分）
coeff:.1571 se:.0253 R2:.1432

收入（千元）
（千美元）

图 5—5　美国都市统计区通勤时间与中位收入之间的关系

另一个不便利的地方（或者说负便利性）是长途通勤。图5—5呈现了一个样本中约230个城市（人口在10万或以上）的收入和通勤时间之间的关系。这种情况下，我研究的是纯粹的名义收入水平和平均通勤时间。随着收入每增加10000美元，平均通勤时间增加1.5分钟。这种关系证实了一个观点：高收入地区也有其他的不便利性，从而抵消了较高的经济回报。

第五节　从单中心到多中心的演变

回看本章，城市土地利用以及地租的形成机制与决定，是城市经济分析的一大主题。其基本模型由阿隆索（Alonso）在1964年的著作《区位与土地利用》（*Location and Land Use*）中首次构建，作为对 Von Thuinen 理论的改进。其后，米尔斯（Mills）分别于1967年和1972年以及穆特（Muth）于1969年将其一般化，用来分析城市一般均衡调整过程中的各种空间因素，包括生产、运输与住房。

单中心模型是基础，核心研究者将阿隆索的基本模型称为单中心模型。这个模型中的城市呈圆形，其中心是中央商务区，所有的居民都在中央商务区工作，并且住在外围。他们的通勤呈放射状，即从任何一点都可以由直线而到达中央商务区。对于土地的利用来说，居民一方面由于居住而获得效用，另一方面由于通勤而花费交通成本，因而城市的扩张会在某一点达到平衡，形成边界。所有的土地都是租赁的，于是地租的决定机制是土地服务的价格。居民作为承租者，所能支付的最高地租，作为土地的竞标地租出现。竞标地租随着居住地与中央商务区的距离而递减。空间中任何一点的土地价格是竞标地租与农业地租中的较大者，这一准则是模型一般化的基础。

经济学家们利用单中心模型对城市结构变化进行量化，主要是对人口密度的估计。1951年，克拉克研究了很大跨度的地区和时间范围内的人口密度梯度，发现人口密度和人口密度梯度都随着时间下降，这体现了城市的离散化。惠顿（Wheaton）则在1974年最早给出了模型的比较静态分析，考虑人口的增长，地租曲线会变陡，城市会扩张，居住密度会增加。惠顿还考虑了居民的异质性，富人相比穷人来说更愿意住在外围，他们具有更加平缓的竞标地租曲线。1989年，藤田证明上述模型中的土地利用是帕累托最优的。

一 多中心模型呈现土地演化新特征

然而，随着城市的成长，如果居民仍然都通勤到单一中心区，长距离通勤的居民不仅交通成本上升，他们的通勤还会造成交通拥堵。同时，中心附近的地租会上涨，造成居民效用下降。这些问题使城市在单中心之外，形成了许多副中心（子中心）。这些副中心使一部分原来通勤到 CBD 的劳动者，转而去那里工作。

副中心隐藏在空间人口与就业的数据中。1991年，朱里亚诺（Guiliano）和斯玛尔（Small）给出了"中心"这一概念的定义：

总的就业密度超过某一阈值 D，总的就业人数超过某一阈值 E。他们发现，如果每英亩最低就业总密度（D）为 10 人，最低总就业人数（E）为 10000 人，洛杉矶有 29 个这样的副中心。1998 年，麦克米伦（McMillen）和麦当劳（McDonald）用 1980 年和 1990 年的混合数据发现，芝加哥有 15 个子中心；1997 年，切尔韦罗（Cervero）和吴（Wu）发现旧金山湾区有 22 个子中心。但是，若阈值稍加变动，子中心的数目会发生很大变化，即它们对阈值十分敏感。例如，芝加哥奥黑尔机场附近有一个就业总人数为 42 万人的大中心，若将阈值减半，这个大中心会分裂为 5 个小中心。中心的敏感性来自于城市精密结构下的不规则特征，随着研究者的观察尺度不同，集聚经济所展现出的形态也各不相同。

为了量化多中心的结构，1989 年，海基拉（Heikkila）引入了新的人口密度函数，将单中心模型向多中心方向一般化。这些人口密度函数假设各中心之间相互替代、相互补充，或者处于中间形态，并能够很好地解释洛杉矶、芝加哥等城市的多中心状态。1994 年，斯玛尔和宋的研究解释了洛杉矶地区人口密度的变化，发现 1970 年的洛杉矶有 5 个中心，而到了 1980 年则有 8 个。可见，单中心的假设几乎都被拒绝了，研究者们都相信，多中心才是土地演化的核心特征。

2001 年，安德森（Anderson）和鲍嘉（Bogart）的研究发现，都市多中心化的结构变迁是系统性的而非随意蔓延。同时，他们发现，不仅是子中心的分布，连子中心的规模亦符合等级大小法则。即使是在多中心的演化过程中，中央商务区仍具有压倒性的优势。城市的中心拥有更高的就业密度，更多的就业入口，更高的商业和土地价格。但离散化对中央商务区带来的冲击，同样不容小觑。城市中心所占就业的比例已经不足 50%，如旧金山为 47%，洛杉矶为 1/3，芝加哥不到 1/4。多中心模式伴随着就业向外围转移和分散。悬而未决的问题是，旧的中心会保持活力到何时？它们如何被新的中心替代？

另一个困惑研究者的问题在于，副中心的出现是否解决了当地人们工作和购物的需求。1991 年朱里亚诺和斯玛尔发现，不同的中心有不同的混合产业的特征，有些可能十分专门化，有些则和 CBD 很相似。卫星城是办公选址的重要场所，它们成为人们交换信息的地方。这些证据在某种程度上说明了副中心的种种职能。2001 年，巴尔（Baer）和马兰多（Marando）研究了城市中的"子社区"给居民提供的公共品、卫生条件和安全保障，认为这些子社区提供了公正并且有效的服务。

二 集聚及其成因解释土地演化过程

假设所有经济活动在空间上均匀分布，土地是同质的且生产过程规模报酬不变，存在交通成本，在空间中没有任何互动，最后会产生一个均衡。那么，有没有额外的假设存在而使得这种均匀分布不稳定？经典的回答是空间异质性和内部规模经济。近来的一些研究成果，则将外部的规模经济包括空间的联系以及不完全竞争，同样看作是产生集聚的原因。如果交通成本不高，以上假设中的任何一个存在时，集聚就会发生。

空间异质性意味着每个地点都与众不同，无论是气候、矿藏，还是与水路的距离。当这些比较优势存在时，贸易就会发生，生产会在不同的地点专业化。城市里的一些建筑，包括教堂、自来水厂、市集或者剧院，是一种人造的空间异质性。异质性可以产生城镇，也可以产生新的副中心。

规模经济同样可以带来集聚。内部的规模经济使厂商将生产过程集中，外部的规模经济包括了地方化经济和城市化经济。同一行业内部厂商之间的外部规模经济被称为地方化经济，不同行业间厂商的集聚则成为城市化经济。地方化经济使得城市专业化，城市化经济则让城市离散化。

公司之间的外部性会通过交通成本影响空间结构。1982 年，藤田和奥佳华考虑了一个封闭的多中心模型，随着交通成本的变化，这个模型的均衡也会在单一均衡和多重均衡之间跃迁，这也正是单中心向多中心演化的过程。

不完全竞争能够产生相似的集聚。1977 年，迪克西特和斯蒂格利茨提供了一个描述垄断竞争的模型，后来被人们使用和拓展在城市内部的层面，用来解释集聚。1988年藤田的研究显示，将一个土地市场引入模型会使集聚分散开，从而产生多重均衡。在1991年克鲁格曼的两个模型中，只要交通成本很低，垄断竞争厂商会集聚在一起。

动态机制也可以解释城市空间的演化。1992年，阿纳斯（Anas）提出了两中心模型，城市的单中心变得不稳定之后形成了第二个中心。1996年，亨德森（Henderson）和密特拉（Mitra）解释了卫星城的形成过程。同时非经济学的技术也被引入模型的讨论，包括混沌、复杂性、分形、耗散结构以及自组织等。这些技术与经济学模型的结合，让城市经济学有了更强大的分析工具，也让研究者对土地特征的演化有了更深刻的认识。

第六章

工业化与城市化的理论解释

第一节 从马歇尔集聚到产业关联

产业集聚的概念和内涵包括了经济学、管理学、社会学、技术经济学、创新研究等众多学科，形成了许多内涵相似，但分析角度和表述方式不尽相同的概念。19世纪末，著名剑桥经济学家马歇尔基于英国工业生产地理集聚的观察，创新性地提出了"产业区"的概念和理论。他在《经济学原理》中从定义外部经济概念入手界定了地方性工业集聚的内涵，后人称之为马歇尔集聚。此概念不仅反映了企业和产业集聚的地理特征，也反映了"一业为主"的产业结构特点。

80多年后，在经济全球化的背景下，经济有活力的区域在性质上与马歇尔的"产业区"非常相似。就像经济学领域复兴熊彼特的"创新"理论一样，在经济地理学和区域科学领域，也迅速复兴了马歇尔的"产业区"理论，并将其作为当代经济学"新异端"（new heterodoxy）和以促进内生发展（endogenous development）为目标的"新区域主义"区域政策设计的重要理论基础。

一 马歇尔及其产业区理论

阿尔弗雷德·马歇尔是公认的"新古典经济学"的集大成者，也是"演化经济学"的先驱。在他的巨著《经济学原理》中，主要借用古典静态力学的方法，将其许多正规分析建立在个人最优化和市场均衡的简单假设上,把偏好、技术和市场机制视为既定,但他的主要经济思想却是功利主义、进化论和德意志理想主义的大融合。他认为经济学研究的是集经济、社会和个人变化于一身的复杂进化过程,是"经济生态学",限制并塑造经济活动的体制、非正式默契和禁令,最终是内生的;随着社会习俗、市场和生产及通信技术的发展,每个人的能力、性格、偏好和知识也一起发展,而对自我利益的追求普遍指引着这一进化过程。因此,就强调经济活动类似生物进化过程而言,马歇尔可谓"演化经济学"的先驱。

19 世纪末 20 世纪初,英国还处于工业化过程之中。马歇尔基于他对当时谢菲尔德(Sheffield)的刀具工业和西约克郡(West Yorkshire)各种毛纺织区的观察,提出了"产业区"的概念,认为产业区作为与大企业相对应的产业组织模式,是同一产业中大量小企业的地理集中,这种集中同样能够获得大规模生产的许多好处,并且这种地方产业系统与当地社会具有强烈的不可分割性。马歇尔认为,同一产业的大量企业的地理集聚可以产生地方化的外部规模经济——地方化经济(localizationeconomies)。首先,集聚能够产生地理接近的优势,降低运输和交易的成本,容易获得专业化的投入,如劳动力、服务和技术诀窍等。其次,集聚能够产生专业化经济,"企业间的劳动分工"使企业专业化于某一产品或某一特定的任务与工序,并向多种用户提供产品,因此,产业区可以从多样化经济中获得好处,能够以不同方式生产最终产品而不损失生产效率。同时,也能通过任务的专业化从规模经济中获得好处。最后,同一产业的区域专业化能够刺激外部经济和新的企业家精神的形成,将企业融入相互依赖的地方生产系统,并为其提供必要的市场机会。

马歇尔强调产业区除了有集聚所产生的外部经济的好处外,更重要的是地方形成的社会规范和价值,对创新和经济协调会起关键作用。因为地方社会与经济具有相互依赖性,社会的熟悉性和面对面的交流,能够形成共有知识与相互信任,从而有助于降低地方生产系统的交易成本,方便信息与知识的流动,维持经济主体间竞争与合作的精巧平衡。此外,整个地方社会对公共项目的广泛参与能够形成地方特定的"产业氛围"（industrial atmosphere）。"产业氛围"包括基于自助、创新精神和地方归属感的生活道德伦理，由下而上创新的规则。例如，有由于企业间劳动力流动而产生的模仿文化，以及在特定细分市场上吸引顾客和贸易伙伴的区域声誉等，它们作为区域特定的"公共物品"，有助于劳动技能特别是意会知识和技能的形成与转移，促进创新、创新合作和创新的扩散。可见，马歇尔所定义的产业区和集聚经济一开始就具有社会与地域有机整合的特征，空间接近和文化的同质性构成了产业区形成的两个重要条件。

马歇尔的产业区作为与大企业相对应的制造业组织模式，在当时的工业化与区域发展中占据着主导地位。但伴随着以标准化产品的大批量生产和大众消费为特征的福特主义的推行，尤其是在第二次世界大战之后，大企业在国民经济中的地位迅速上升，在学术界也迎来了以大企业为核心的新时代，马歇尔所定义的产业区的作用明显下降，人们对其研究的兴趣也有所减弱。但到20世纪70年代，社会经济形势发生了明显的逆转。资本主义"黄金"增长时期的结束，意味着大企业的福特主义生产模式产生危机。在资本主义经济增长停滞的社会背景下，以中小型企业为主的专业化集聚区却具有良好的增长绩效并作为解决资本主义失业和增长停滞的一种途径，马歇尔的产业区理论及其在区域发展中的作用又再次受到注重。

二　产业区理论的复兴与发展

马歇尔产业区理论的复兴，最先源于20世纪70年代意大利一些社会学家和经济学家对意大利工业发展与区域差异的研究。直到60年代，意大利经济一直被认为是二元的，发达的、以大企业为主导的西北部与不发达的、以小企业为主导的南部、中部及东北部。但经过60—70年代的发展，意大利的区域经济格局发生了明显的变化。1977年，意大利社会学家A. 巴尼亚斯科（A. Bagnasco）率先对这种二元结构提出了挑战。他基于对意大利工业化进程的观察，独创性地提出了"第三意大利"（Third Italy）的概念。作为对传统二元结构模式的替代，它用于在60—70年代经历快速工业化过程的意大利的中北部和东北部地区，这一地区的发展同不发达的南部以及传统的工业化的西北部形成了鲜明的对照，而这一地区经济发展的最显著特征就是中小企业的地理集中以及部门专业化。1978年，意大利经济学家加罗福利（Garofoli）等人强调，这一地区的发展表现为依附的、无效率的小企业主导的工业模式向小企业作为面向最终市场的、自主的、有效率的经济成分的转变。1979年，意大利著名经济学家贝卡蒂尼（Becattini）提出，这一地区的工业发展同20世纪初马歇尔的产业区模式非常相似，并倡导用马歇尔的产业区理论解释其发展，从此拉开了马歇尔产业区理论复兴与产业区理论论争的序幕。

贝卡蒂尼认为，产业区是"一个社会地域整体"（a socio territorial entity），它以自然和历史形成的同一区域的社区人口与大量企业的积极表现为特征，在产业区中，社区和企业有机融合并相互依存。在继承马歇尔产业区理论的基础上，贝卡蒂尼认为，马歇尔式产业区具有以下几方面性质：

（1）地方社会具有相对同一的价值与观点，拥有共享的知识和信任，它们在整个区域传播，并通过家庭、教堂、学校、政党或企业等组织代代相传。

（2）专业化于同一生产过程不同阶段的众多企业空间集中，并在相互之间强烈地相互作用，企业深深扎根于区域之中。

（3）存在着显著的企业外部经济，这些外部经济对产业区是内部的，它们来源于大量具有相似特征的小企业在特定区位的集中或产业的地方化。

（4）存在着鲜明的产业空气，如大量熟练工人和专业人员的集中，有利于相互培训和干中学；高度的专业化、空间接近与文化的共同性，有助于创新和技术诀窍的快速扩散。

因此，在贝卡蒂尼看来，马歇尔式的产业区不仅具有经济结构方面的特征，而且具有社会结构方面的特征。企业的空间接近、在同一部门的专业化、生产阶段的分工以及产品的多样化与定制化等，构成了产业区鲜明的经济结构特征，而当地共同的价值体系、社区的归属感以及当地存在的有利于价值体系扩散与传播的制度网络等，则构成了产业区鲜明的社会结构特征。

与贝卡蒂尼相类似，加罗福利提出用"系统区"（the system area）作为高度分工与专业化并紧密相互作用的中小企业集聚区的分析单元，并认为"系统区"主要布局在边缘地区，它具有以下特征：（1）专业化于传统部门。（2）熟练工人的高可获得性。（3）高密度的面对面交流与高度的社会流动性。同时，加罗福利还强调，外部或内部条件的变化会造成系统区的危机以及激烈的结构变化。

意大利学者对"产业区"的讨论很快引起了欧美学者的注意。20世纪80年代初，美国社会学家萨贝尔（Sabel）与布鲁斯科（Brusco）、皮奥里（Piore）等学者合作，首次提出了"弹性专业化"（flexible specialization）的概念。1984年，皮奥里与萨贝尔合作出版的《第二次产业分工》，则基于意大利、联邦德国以及日本的经验材料，对弹性专业化思想进行了深入的阐述。在这本有影响的著作中，他们采取历史社会学的方法，通过对工业化国家70—80年代福特主义标准化大规模生产体制危机的分析，提出了资本主义向后福特主义弹性专业化生产体制转型的观点，极力推崇意大利基于专业化的、技术先进的中小企业空间集聚的工业发展模式，并将其作为弹性专业化生产的典范。从此，弹性专业化的工业发展模式开始受到国际学术界的广泛重视，并有力地促进了"产业区"现象研究的复兴。之后，以斯科特（Scott）、斯托珀（Storper）为代表的加利福尼亚学派，提出了"新产业空间"（newindustrial spaces）和"非贸易相互依存"（Trade interdependence）的概念，欧洲的GREMI小组提出了"创新环境"（milieuxinnovateursmilieu）概念，波特（Porter）提出了"产业簇群"（industrial clusters）概念，库克（Cooke）等提出了"区域创新系统"（regional innovation system）概念，马库森（Markusen）等提出了"第二级城市"（secondtier cities）概念，弹性专业化学派的继承者阿明（Amin）和斯瑞夫特（Thrift）等提出了"机构密度和制度氛围"（institutional thickness）概念。这些概念从不同侧面对"产业区"现象进行了理论分析和经验解释，并将"产业区"研究从理论和经验分析推向政策制定。

三 产业区的类型

伴随着产业区理论的复兴,一些学者试图超越马歇尔式的产业区概念而将其一般化,他们强调产业区中基于劳动分工而形成的地方密集的相互作用和联系网络或者地方相互依赖性,有的甚至认为相同或相关产业中的企业在某一地方或区域的集聚均可称为"产业区"。但有些学者认为,集聚并不是相互依赖的同义语;马歇尔式产业区的精髓不仅包括企业间的相互依赖,而且包括地方经济与其社会文化、价值观、制度等的相互交织和支持。由于不同学者对产业区概念的认识不同,对产业区类型的划分也存在明显差异。

布鲁斯科曾基于产业区的技术特征和对制度依赖的性质,将马歇尔式的产业区分为两种类型:类型Ⅰ是以手工业技术和非正式制度支持下的企业自我依赖与合作为特征,这种产业区中的企业规模普遍较小,由于以手工业技术为基础,企业之间有着精细的劳动分工,并高度依赖其非正式的传统和有关的手工业制度,但缺乏地方政府的干预;类型Ⅱ则是以较强的技术创新能力和对正式制度支持的依赖为特征,这种产业区中企业的规模已经分化,企业的发展不仅依赖于企业间的合作,同时也高度依赖地方政府为企业提供服务的各种正式制度安排(如服务中心等),其中,一些中等规模的企业成为创新的网络领导者,它们将一些产品和工序下包给专业化的小企业并为这些小企业提供各种服务。在布鲁斯科分类的基础上,同时考虑到产业区的内生技术建设与创新能力,即区内中小企业打破路径依赖和通过激进及持续创新改变技术轨迹的能力,阿什海姆(Asheim)进一步将产业区细分为4种类型。显然布鲁斯科和阿什海姆对产业区的分类虽然强调了不同产业区企业合作和创新能力的差异,但他们遵循的仍是马歇尔传统,仍强调产业区得以形成的正式、非正式制度约束下地方合作环境的重要性。

与他们相比,一些学者对产业区的认识已走得很远,并提出"新产业区"的概念来替代马歇尔式的产业区。例如,韩国学者帕克(Park)积极主张新产业区概念的一般化。他认为,弹性生产系统和大宗生产系统并存、地方网络与全球网络并存是现代新产业区的一般特征。帕克和美国学者马库森认为，新产业区是以新兴的贸易导向的经济活动为主体、在空间范围上有界的区域，它存在独特的经济专门化特征，或者以资源相关型产业为主，或以制造业为主，或以服务业为主。以斯科特、斯托珀和沃克（Walker）为代表的加利福尼亚学派也认为，新产业空间应包括当今绝大多数新兴的、以专业化生产为特点的就业水平增长的地区。马库森认为，产业区是多种力量催生的复杂产物，这些力量包括公司的战略、产业的结构、赢利的周期、国家的重点、地方和国家的政治等。意大利或马歇尔产业区概念并不能全部解释美国、日本、韩国、巴西4个国家区域经济的持续繁荣。根据对这些国家区域经济增长的经验研究，依据企业的构造、对外和对内指向以及企业的治理结构等要素，他认为产业区至少可以分为以下4种类型。

（1）马歇尔式产业区（Marshallian district）。意大利式产业区是其变体形式。作为一种弹性专业化的本地合作系统，在这种产业区中，由于高质量劳动力市场的存在，个人在企业间的流动性较强，工人对区域而不是对企业承诺，但区内企业同区外企业的联系与合作却很少。

（2）轮轴式产业区（hub and spoke district）。这种产业区由在一个或多个产业中的一个或几个垂直一体化的大企业支配，在其周围环绕着大量的较小或较弱的供应商、相关企业及不相关企业。核心企业与区域外部的竞争者、顾客、供应商等有大量联系，在区域内供应商通过长期契约和承担义务与核心企业联系密切，但供应商之间的合作却较少。这种产业区的典型例子有美国的西雅图、底特律等。

（3）卫星平台式产业区（satellite platform district）。这种产业区主要由跨国公司或多厂企业的分支工厂或机构组成，它往往是在开发区的基础上发展起来的，区内企业间缺乏联系和合作，但每个分支工厂却与区外的母公司和供应商、客户等有紧密的联系，企业生产经营的关键资源如管理人员、技术专家、投资决策和生产服务等均来自区外。这种产业区的产业技术水平可高可低，类型十分多样，因此分布较为普遍，较为典型的例子是美国北卡罗莱纳的研究三角园。

（4）国家力量依赖型产业区（stateanchoreddistrict）。这种产业区由一个或几个大型国家机构（如军事基地、国防工厂、武器研究室、大学、政府办公机构等）所支配，其经济关系主要取决于国家政治而非私营部门。因此，支配机构、供应商和买方间的合约和承诺是短期的，地方私营部门间的合作程度也非常低。但支配机构与总部在区外的供应组织、外部企业有高度的合作与联系。

马库森进一步指出，现实的产业区可能是上述不同类型的混合形式，或者现在是其中一种，但经过一段时间会转变为另一种。在美国，轮轴式和卫星平台式产业区比其他两种类型更为重要。因此，那种只对弹性专业化的产业区感兴趣、纯粹把本地作为目标的发展战略是不足取的，区域之间的结盟战略同纯粹本地结网的战略是同样重要的。

四　产业区研究的理论意义

众所周知，地理学和区域经济学对经济活动地理集聚的研究由来已久并一直将其作为研究的核心。在福特主义向后福特主义转型和经济生活日趋全球化、区域化、分权化的背景下，区域日益被看作当代资本主义经济和社会生活的基本单元，被看作当今协调资本主义社会经济生活的一种最先进形式和竞争优势的重要来源。于是，西方一些学者认为，产业区研究的复兴，不仅具有解决资本主义危机、提高资本主义经济在全球的竞争力等现实意义，而且对社会科学理论本身的发展也具有重要意义。

第一，与过去将工业化主要看作产业结构变化过程的主流经济观点相比，产业区发展的成功经验表明，工业化同样是甚至主要是一个地域过程（territorial process），是地域的社会文化结构与地域经济活动有机结合的产物。其中，被新古典经济学忽视的地理集聚以及文化、规范、制度等非经济因素在这一过程中发挥着主导作用。

第二，福特主义生产模式所造成的"官僚"和"人的异化"一直是社会科学努力解决的难题。而以中小企业和手工业为主体的产业区的复兴，理论上意味着在一个人类技能衰退和非人性化的大企业主导的世界中，以人为中心的和民主化的产业关系正在回归。

第三，有关产业区的许多学派都非常强调弹性专业化和本地根植性，强调来自制度经济学和经济社会学的一个基本观点：经济生活离不开其集体制度和社会基础。这在理论上意味着，当代社会科学对新古典经济学所假定的"理性经济人"的反驳和批判。产业区经济的快速增长，并非"经济人"理性选择的结果，而是经济主体间相互依赖、地方经营支持系统、区域特定的交流、信任和互惠传统以及合作文化等相互作用的产物。

第四，与演化经济学和制度经济学的兴起相一致，产业区的故事说明了学习和适应的机制及源泉。在今天技术快速变化、产品快速淘汰、市场竞争日益激烈的背景下，经济生存和增长的核心条件并非是成本和工资削减等低水平竞争的能力，而是其学习创新及适应甚至改变环境的能力。马歇尔式的产业区并非静止不变，一些传统的产业区已经或正在转变为技术区。目前，理论界日益将创新放在更广阔的学习和适应的背景下，认为创新并非线性的，而是一个社会的、非线性的、相互作用的学习过程，存在着多种正式和非正式的来源，它不能独立于其制度与文化环境而发生。同时，人们也认识到，由于不易改变的组织习惯和地域的社会文化结构，渐进创新或更好地学习并不是经济成功的充分条件，必要的政府干预，特别是能够支持和促进中小企业、区域及地方政府、大学和科研机构、中介组织等相互合作的制度及机构建设，对产业区的激进创新和持续发展也是不可缺少的。产业区依赖于非正式建构的学习及其制度文化环境以及由于弹性专业化而产生的适应能力的知识，加强了对演化和路径依赖的理论认识。

第五，对地理学家和区域经济学家而言，产业区分散生产系统的发现，重新点燃了人们对地方、地点或区域活力的希望，它们可以作为全球化时代自主的经济发展单元。大生产时代破坏了地方的经济联系，跨国公司的全球扩张使区域单元紧紧锁定在公司内部的劳动分工之中，削弱了地方联系和地方发展繁荣的基础。一个区域中的发展不再能够保证区域的发展。而弹性专业化区域的复兴则告诉我们，生产者特别是中小企业可以利用并牢固锁定在地方劳动力市场、知识结构、工业传统、商业支持体系的地方供应链来获取竞争优势。这样，产业区作为学习型的区域生产综合体，在多种"生产世界"中便成为一种可行的选择。

第六，面对全球经济一体化的冲击，"区域的重新发现"唤起人们对城市和区域政策的重新思索，并在理论上形成了广受关注的"新区域主义"。"新区域主义"的倡导者强调自下而上的、针对区域的、长期的和基于多元行动主体的能够动员内生发展潜力的政策行动。区域政策的重点应从以前强调的广泛使用的政策工具，如对技术创新和培训的支持、企业家精神的培育、投资的吸引、运输和通信基础设施的升级等，转向能够增强"合作网络"和集体的认识、行动与反应能力的地方环境，转向导致可持续发展的社会与制度条件，转向超越国家和市场的多种自主性组织的作用。

总之，正像"新区域主义"的倡导者阿明所概括的，对产业区的兴趣来自于这样一种迷恋：资本主义将进入一个以人为核心的、民主的、区域导向的新阶段。同时，作为新理论的一部分，它为理解经济生活的社会制度基础和演化过程提供了基础；也正如波特、克鲁格曼等一些经济学者所建议的，"经济地理学"应从经济学的边缘走向主流。

五 产业关联理论

产业关联来源于赫希曼的"联系效应"理论。主要研究存在于社会经济活动过程中各产业之间的广泛的、复杂的和密切的技术经济联系。各个产业部门之间存在着某种关系，这种关系决定了各产业之间互相联系、互相影响、互相依存。还可以分析各相关产业的关联关系，包括前向关联和后向关联等；产业的波及效果，包括产业感应度和影响力、生产的最终依赖度以及就业和资本需求量等。产业关联的程度根本上取决于产业间的产品特性和生产技术特点。产业间的产品的共性特点多，生产技术的渗透性强，产业的关联度就高，产业的集聚能力就强。

美国经济学家瓦西里·列昂惕夫在前人关于经济活动相互依存性的研究基础上，于1931年开始研究投入产出分析。他利用美国国情普查的资料编制了1919年和1929年的美国投入产出表，分析美国的经济结构和经济均衡问题，并于1936年发表了《美国经济制度中投入产出数量关系》，标志着投入产出分析方法的诞生。1941年列昂惕夫出版了《美国经济结构1919—1929》一书，1953年他与钱纳里等人合编出版了《美国经济结构研究投入产出分析的理论与实证探讨》。在这些著作中，列昂惕夫系统地阐述了投入产出分析的基本原理及其发展。

2000年，克莱因教授专门就投入产出分析技术的发展和在市场经济条件下的应用做了报告，对这种分析方法的地位和作用进行了深入的分析和充分的肯定。彼得·卡尔门巴克和奥地利学者亨兹·库尔茨，提出了变系数动态投入产出模型。芬兰学者阿哈马瓦若研究了包括人力资本的动态投入产出模型。罗斯托和赫希曼都将产业关联作为主导产业选择的基准之一。而日本学者福井幸男在1975年利用日本投入产出表进行三角化分析，将日本全部63个产业划分为六个产业群。钱纳里和渡边经彦通过前后关联系数的计算，对美、日、挪、意四国29个产业部门进行数据分析。

六 产业集聚与产业关联：以文化产业为例

产业链是实现产业集聚到产业关联的重要因素，"所谓产业链，通俗地讲，是指围绕一个关键的最终产品，从其形成到最终消费所涉及的各个不同产业部门之间的关系"。哈佛大学战略管理大师迈克尔·波特认为应通过"产业价值链"重新建构企业内部、企业与企业之间的各种活动，来分析企业在产业内部的竞争优势。按照迈克尔·波特的逻辑，每个企业都处在产业链中的某一环节，一个企业要赢得和维持竞争优势不仅取决于其内部价值链，而且还取决于在一个更大的价值系统即产业价值链中，一个企业的价值链同其供应商、销售商以及顾客价值链之间的连接。产业价值链的形成正是在产业链的结构下遵循价值的发现和再创造过程，充分整合产业链中各企业的价值链，持续地对产业链价值系统进行设计和再设计，进而实现产业集聚。

文化产业集群的形成就是文化产业集聚的结果。所谓文化产业集群，就是在文化产业领域中，由众多独立而又相互关联的文化企业以及相关支撑机构，根据专业化分工和协作关系建立起来的，并在一定区域集聚而形成的产业组织。文化产业集群包括了文化产业的五大主体，即创意主体、制作主体、传播主体、服务主体和延伸主体。而文化产业的核心产业集群，则主要包括新闻出版业、广播电视业、电影业、娱乐业、艺术业、广告业等六大产业。文化产业的外围产业集群主要包括文化旅游业、会展业、博彩业、竞技体育业和网络业等。虽然这些产业在整个文化产业体系中占有举足轻重的地位，尤其是在生产总值方面不容小觑，但由于这些产业距离"创意"还有一定的距离，习惯上仍然被视为文化产业的外围产业集群。文化产业的边缘集群则主要是指文化产业集群的相关支撑机构，包括为使文化产业集群获得可持续发展所需的各类基础设施和配套机构的总和，如图书馆业、文物业、群众文化业、博物馆业、咨询业、文化科技与科研、文化交流、文化经纪与代理、教育产业、资本市场、物流体系等。正是因为有了这些相关支撑机构的发展与完善，文化产业集群才能获得可持续的深入发展。在文化产业五大主体中，以"创意"为核心的特征表现得最为突出。从产业的角度看，产业集聚的出现来自于产业链的延伸和产业关联度的加强，研究特定产业的集聚能力就要分析特定产业的产业链及产业关联度。文化产业价值链是由文化产业各个增值环节所构成的有机联系的整体，表现为文化产业各部门的相互关联和文化产业与其他产业之间的关联。

第二节 产业集聚的发展脉络

对于产业集聚的研究，最早是杜能1826年在《孤立国》中提出竞价租金理论试图证明离城远近对农业布局产生的影响，提出了对"孤立国"的假想，最终目的是为了找到农业社会合理的农业生产方式以及这种方式下的空间布局。也就是说，农业之间集聚是与区位（离中心的距离）相关的。

随着工业的发展,马歇尔首次提出著名的产业空间集聚的三个原因以来,经济学者和经济地理学者对产业集聚理论进行了不懈的探索,他们从不同的视角对产业集聚理论进行了研究。在产业集聚理论不断发展完善的过程中,出现了三次产业集聚研究的高潮:20世纪30年代,Hoover[1]首次将集聚经济分解为内部规模经济、地方化经济和城市化经济。对产业集聚现象的研究进一步深化,形成产业集聚理论研究的第一次高潮。20世纪70—80年代,应用资本主义发展的宏观经济理论探讨当代生产的空间组织的变化,突出的是与"福特主义的危机"相联系。对产业集聚现象的研究主要集中在灵活的"产业区"或新的"产业空间"[2][3]。这是产业集聚理论研究的第二次高潮。20世纪90年代以来,从新熊彼特主义的观点出发,将创新、技术变化与经济增长和贸易的分析结合起来,研究产业集聚的创新体系[4]。克鲁格曼[5][6]应用不完全竞争经济学、递增收益、路径依赖和累积因果关系等解释产业的空间集聚。波特[7]提出地区竞争力的著名的"钻石"模型,他特别强调产业集聚对一定地区产业国际竞争力的作用。这标志着产业集聚理论研究的第三次高潮的出现。

马歇尔(1890)、韦伯(1909)、胡佛(1937)、波特(1990)、克鲁格曼(1991)的产业集聚如下所述。

---

[1] Hoover E. M., *Location theory and the shoe and leather industries*, Cambridge, MA: Harvard University Press, 1937.

[2] Scott A. J., "Industrial Organization and the Logic of Intra-Metropolitan Location: I. Theoretical Considerations", *Journal of Economic Geography*, Vol. 59, No. 3, 1983, pp. 233 – 250.

[3] Scott A. J., *New industrial spaces: flexible produltion organization and regional development in North America and Western Europe*, London: Pion, 1988.

[4] Lundvall. B. A., *National systems of innovation: towards a theory of innovation and interactive learning*, Printer Pubishers, 1992.

[5] Krugman P., "Increasing Returns and Economic Geography", *Journal of Political Economy*, Vol. 99, No. 3, 1991, pp. 483 – 499.

[6] Krugman P., *Development, geography, and economic theory*, MIT. press, 1995.

[7] Porter M. E., *The competitive Advantage of Nations*, New York: The Free, press, 1990.

一 马歇尔的外部性产业集聚

马歇尔作为 19 世纪末 20 世纪初英国新古典经济学家的代表人，于 1890 年发表了《经济学原理》，被看作是与亚当·斯密《国富论》、李嘉图《税赋原理》齐名的划时代的著作。马歇尔主要是通过对工业组织生产要素的研究表明企业区位集聚的原因分别是：劳动力市场规模效应；中间投入品的规模效应；信息交换和技术扩散效应。即企业为了追求外部的规模经济进而达到利润最大化而产生集聚。

马歇尔在其《经济学原理》一书中，首次提出了产业集聚及内部集聚和空间外部经济（External Economies）的概念，并阐述了存在外部经济与规模经济（Scale Economies）条件下产业集聚产生的经济动因。他指出，所谓内部经济是指有赖于从事工业的个别企业的资源、组织和经营效率的经济；而外部经济则是有赖于这类工业产业的一般发达的经济。

马歇尔进一步指出，同一产业越多的企业集聚于一个空间，就越有利于企业所需生产要素的集聚，这些要素包括劳动力、资金、能源、运输以及其他专业化资源等。而空间内诸如此类的投入品，或者说生产要素的供给越多，就越容易降低整个产业的平均生产成本，而且随着投入品专业化的加深，生产将更加有效率，该空间企业也将更具有竞争力。

二 韦伯的工业区位集聚

19 世纪中叶，西欧机器大生产空前发展。在此背景下，阿尔弗雷德·韦伯[①]于 1909 年出版了《工业区位论》，从经济区位的角度，解释了工业区位活动空间分布的理论依据，给世界区位理论的发展奠定了基础。

韦伯[②]在《工业区位论》一书中，首次提出了集聚的概念，并

---

① 韦伯是德国著名经济学家、近代工业区位理论创始人。
② Alfred Weber, *Theory of Industrial location*, ShangHai: The Commercial Press, 1909.

从微观企业区位选址的角度提出了产业区位理论。从企业最小生产成本出发，认为费用最小区位是最好的区位，而集聚能使企业获得成本节约，阐明了企业是否相互靠近取决于集聚的好坏与成本大小的比较。韦伯首先提出了决定工业区位的最小成本理论，解释了工业在区位选择中的基本原则是经济利益成本的节约，这一基本理论时至今日依然对产业的空间分布有着重要的研究价值。韦伯第一次提出了"区位因子"的概念，系统地阐述了决定工厂最佳位置的因子是运费指向、劳动力指向、集聚因素，并且提出了衡量这些区位因子的基本公式和标准，对于工业的区位选择做出了重大贡献。然而，韦伯的理论离开了社会、制度、历史、文化等因素，单纯从资源的角度上研究工业布局，与现实中的工业布局有一定的差距。

其中，他认为集聚经济效应主要取决于集聚区域面积、企业规模以及区域内企业数量，其模型为：

$$G = g(S, T, Q)$$

式中，G 为集聚经济效应，S 为集聚区域面积，T 为企业规模，Q 为区域内企业数量。

三　胡佛的产业集聚最佳规模论

美国区域经济学家胡佛（1937）在探讨集聚经济时，将集聚经济分为三类：内部规模经济；对企业是外部的，但对产业部门而言是内部经济的地方化经济（Localization Economies）；对企业和产业部门都是外部的，但因为产业集聚在某一个城市而产生的城市化经济（Urbanization Economies）。对于城市化经济，他认为群体以外的其他类型的产品供给或活动可能增进集聚优势，如公共投入的可供性在群体经济中则很可能成为一种密切联系活动的混合体，而不是一种活动的单位群，也即供给的多样性形成了城市化经济的比较优势。需要指出的是，地方化经济和城市化经济在特征上的差异是很轻微的。

胡佛在1948年发表的《经济活动的区位》中，从企业区位选择的角度对产业集群进行了研究，通过把运输成本细化，修正了韦伯的理论，提出了重点区位论和转运点区位论，并认为产业集群是具有"集聚体"规模效益的企业群体，集聚的主要原因是内在的规模报酬、本地化经济和都市化经济。

胡佛的主要贡献是指出了产业集聚存在一个最佳的规模，即如果集聚的企业太少、集聚的规模太小，就达不到集聚产生的最佳外部经济；如果集聚的企业太多，则可能会由于种种原因导致集聚的整体效益下降。

四　波特的产业群

哈佛大学商学院著名教授迈克尔·波特（1990）在其著作《国家竞争优势》中提出了产业集聚的概念，认为一个国家的优势产业往往在地理上产生集聚。波特提出了"产业群"，他认为企业集群是在特定区域的，在业务上互相联系的企业和相关机构，包括提供零件的上游中间商，下游的渠道与顾客，提供互补产品的制造商，以及具有相关技能、技术或共同投入的属于其他产业的企业。波特教授于1998年发表了《企业集聚与新竞争经济学》一文，把产业集聚纳入竞争优势理论的分析框架，创立了产业集聚的新竞争理论。波特对于产业集群的研究是结合其对国家竞争优势研究而展开的。他认为产业集聚是指在某一特定的领域中，大量的产业联系密切的企业以相关支撑机构在空间上集聚，通过协同作用，形成强劲、持续竞争优势的现象。

波特主要从企业竞争力的角度来说明产业集聚，他认为，企业之所以形成产业群，就是为了提高竞争优势。而决定一个国家某种产业竞争力的有四个因素：生产要素、需求条件、相关产业和支持产业的表现、企业的战略结构与竞争对手的表现，这四大因素的两个变数就是市场和政府。波特的理论将产业群落理论推向了新的高峰，从理论基础上推动了市场经济中的产业集聚。

五　克鲁格曼的地理集聚论

自由经济学派的新生代表人、美国经济学家保罗·克鲁格曼在研究国际贸易理论中发现，受报酬递增作用影响的产业在地理上的集中是产生贸易的一个独立原因，即贸易的优势不仅仅是比较优势,还有规模收益递增。

近年来,以保罗·克鲁格曼、藤田昌久等人为代表的新经济地理学(New Economic Geography)学派从全新的角度来研究集聚经济和产业集聚现象,该理论从一般性的角度研究集聚并提出了一个普遍适用的分析框架,进一步解释了在不同形式的递增报酬(Increasing Returns)和不同类型的运输成本(Mobility Cost)之间的权衡问题,并对企业集聚现象提出了经济学的解释。新经济地理学以Dixit-Stiglitz(D-S模型)(1977)的垄断竞争分析框架为基础,借助新贸易理论和新增长理论的核心假定——收益递增思想,建立了描述产业集聚的"中心—外围"模型(Core-Periphmy)[①]。该模型的基本假定为:一个国家,两种产品(农产品和制造品)。农产品是同质的,其生产是规模报酬不变的,密集使用的生产要素是不可移动的土地,因此农产品的空间分布很大程度上由外生的土地分布情况决定;制造业包括许多有差异的产品,其生产具有规模经济和收益递增的特征,很少使用土地。而正是由于规模经济的存在,每种制造品的生产将只在为数不多的地区进行,从而实现了产业的集聚。

克鲁格曼首先将空间的观念引入了规范的经济学研究中,他认为决定产业集聚的三大基石是:收益递增、不完全竞争模型、运输成本。详细来说就是,规模报酬递增的累积效应导致了产业集聚的自我强化,市场的不完全竞争性进一步强化了产业集聚,运输成本的最小化进一步推动产业集聚。

第三节　产业集聚的测度

产业集聚的测度是指通过一些区域的产业的产值或者就业人数,通过相关理论公式计算来得出相关区域某产业的集聚程度。其中相关的指数有:绝对集中指数——区位熵、空间基尼系数、Herfindahl指数、Ellison-Glaeser指数、Maurel-Sedillot指数、Duranton-Overman

---

① Krugman P., "Increasing Returns and Economic Geography", *Journal of Political Economy*, Vol. 99, No. 3, 1991, pp. 483–499.

指数等。

一 绝对集中度指数——区位熵[1]

区位熵（Location Quotient，LQ），又称区域专业化率，或者产业集聚指数，是区域科学研究中经常采用的一种分析方法，由哈盖特（P. Haggett）首次提出并运用到区位分析中[2]，最初用来反映某一地区的特定产业部门相对于全国该产业部门的专业化水平，由此可以发现这一地区具有优势的产业部[3]。

区位熵是城市经济中某一行业的产出中用于城市在城外出口部分所占的比例。如果使用收入（产出）指标，则：

$$LQ = \frac{城市某一行业产出总量}{行业产出中于城市内部的消费的量}$$

LQ 的计算也可以使用就业量指标间接计算得出，公式是：

$$LQ = \frac{\frac{城市中某一行业就业量}{城市总就业量}}{\frac{全国该行业总就业量}{全国总就业量}}$$

但是区位熵有效性是具有条件的，因为其计算乘数隐含一些严格的假定，包括：

（1）区位熵假定全国范围内居民的消费行为是一致的，即各城市的居民对 i 行业产品的需求是相同的，因为只有如此，全国范围内 i 行业就业量占总就业量的比例才能代表城市区域内对 i 行业的需求比例。但是此假设与现实差距较远，因为全国的消费倾向、收入水平与偏好相同的可能性非常低。

（2）区位熵假定国家对 i 行业产品的需求全为由国内的产品生产满足，即各国的经济是字给自足。

（3）区位熵假定行业只生产同质性的单一产品，但各城市同一行业的产品多不同质。

---

[1] 参见高洪深《城市经济学》，中国人民大学出版社 2011 年版。
[2] 王耀德、易魁：《基于区位熵视角的湘鄂赣服务业资源集聚与整合》，《当代财经》2015 年第 11 期。
[3] 肖泽磊、李帮义、胡灿伟：《基于综合区位熵指数的中国高技术产业科技资源布局研究》，《科学学与科学技术管理》2010 年第 31 卷第 10 期。

因此，如果一个城市有进出口，则会降低 LQ 指标的有效性；而当一个城市的居民消费需求高于全国水平，则 LQ 会高估 i 行业用于出口的就业量比例。整体而言，LQ 指标的计算在多数情况下会低估城市经济用于出口的基础部门比例。

二 空间基尼系数

空间基尼系数是衡量产业空间集聚程度指标的一种，基尼[①]提出基尼系数以来，基尼系数就一直成为衡量经济不平等的重要指标。也是 1943 年美国经济学家赫希曼根据劳伦斯曲线所定义的判断收入分配公平程度的指标。基尼系数是比例数值，在 0 和 1 之间，是国际上用来综合考察居民内部收入分配差异状况的一个重要分析指标。同时也是常用来衡量产业集聚程度。基尼系数计算公式为：

$$G_i = \frac{1}{2n^2\mu} \sum_{k=1}^{n} \sum_{j=1}^{n} |S_{ij} - S_{ik}|$$

式中，S_{ij} 和 S_{ik} 代表产业 i 地区 j 与 k 的比重，μ 代表产业在各个地区的平均比重，n 代表地区个数。

克鲁格曼在 1991 年时提出新的简化后的，当时用于测算美国制造业行业的集聚程度，该方法应用较为广泛。表达为：

$$G = \sum_{i=1}^{n} (S_i - X_i)^2$$

式中，S_i 是 i 地区某产业就业人数（产值）占该产业就业人数（产值）的份额，X_i 是 i 地区就业人数（产值）占经济体总就业人数（产值）的份额。

三 Herfindahl 指数

Herfindahl 指数的公式为：

$$H = \sum_{j=1}^{N} z_j^2 = \sum_{j=1}^{N} \left(\frac{X_j}{X}\right)^2$$

$$X = \sum_{j=1}^{N} X_j$$

[①] Gini, C., "Measurement of inequality of incomes", *The Economic Journal*, Vol. 31, 1921, pp. 124 – 126.

式中，X 为某产业的总产出或总就业人口，X_j 表示 j 地区的某产出或就业人口，Z_j 为 x_i/X，是 J 地区某产业的产出或就业人数的比值，N 表示地区数。若 H = 1，则表示经济活动集中于某一地区；反之则表示经济活动分布在 N 个地区。

Herschamn 提出改进的计算方式，Herfindahl-Herschamn Index（HHI）公式为：

$$HHI_j = \sum_{j=1}^{N} \left(\frac{X_{ij}}{X_j} - \frac{X_j}{X} \right)$$

$$X = \sum_{j=1}^{N} X_j , \quad X_j = \sum_{i}^{N} X_{ij}$$

四　Ellision-Glaeser 指数

Ellision-Glaeser 是 Ellision 和 Glaeser 在 1997 年提出的指数（EGI），其公式为：

$$EGI = \gamma = \frac{\sum_{i=1}^{M} (S_i - X_i)^2 - (1 - \sum_{i=1}^{M} X_i^2) H}{(1 - \sum_{i=1}^{M} X_i^2)(1 - H)}$$

式中，H 为 Herfindahl 指数，Z_j 为 x_i/X，是第 j 企业的市场占有率。N 为某产业有 N 企业，且这些企业分别在 M 个区域（N 个企业分布在 M 个地区），S_i 表示 i 区域某产值站上一集区域该产业总产值的比值，X_i 表示 i 区域全部工业总产值占上一级区域工业总产值的比值。EGI 指数越大表示集聚程度越高，反之则越低。

Ellision 和 Glaeser[①] 同年亦提出产业共同集聚指数（Co-agglomeration index），其公式为：

---

① Ellision , G. and Glaeser, E. L. , "Geographic concentration in U. S. manufacturing industries: A darboard approach", *Journal of political economy*, Vol. 105, 1997, pp. 889 – 927.

$$c = \frac{\left[\dfrac{\sum_i (S_i - X_i)^2}{1 - \sum_i X_i^2}\right] - H^c - \sum_{j=1}^{R} \widehat{W}_j^2 (1 - H_j)}{1 - \sum_{j=1}^{r} W_j^2}$$

式中，S_i 是地区 i 在 r 产业群的就业人数比值，H^c 是产业总的 Herfindahl 指数，W_j 是第 j 个产业就业人数占整个 r 产业群的比值，H_j 是第 j 个产业的 Herfindahl 指数，r 是第 j 个产业的 E-G 指数。

五 Maurel-Sedillot 指数

Maurel-Sedillot[①] 指数是基于 E-G 指数进行修改，其公式为：

$$MS_i = \frac{\left(\dfrac{\sum_{i=1}^{N} S_i^2 - \sum_{i=1}^{N} X_i^2}{1 - \sum_{i=1}^{N} X_i^2}\right) - H}{1 - H_i}$$

其公式的定义与 E-G 相同。

六 Duranton-Overman 指数

Duranton-Overman[②] 指数是根据同一产业的成对业的地理距离分布进行企业的随机对照，其公式为：

$$K(d) = \frac{1}{N(N-1)h} \sum_{j_1=1}^{N-1} \sum_{j_1=1}^{N} f\left(\frac{d - d_{j_1, j_2}}{d}\right)$$

式中，$K(d)$ 是企业之间距离的密度，N 是产业内企业的数量，d_{j_1, j_2} 是企业 j_1, j_2 之间的距离，h 是带宽参数，f 是高斯核函数。

七 多样化指数

历史上，由于交通不发达，贸易成本高，使大多数的城市都是

---

① Mantel F., Sedillot B., "A measure of the geographic concentration in French manufacturing industries", *Regional Science and Urban Economies*, Vol. 29, 1999, pp. 575–604.

② Duranton, D. and Overman, H., "Testing for Location Using Micro-geographic Data", *Review of Economic Studies*, Vol. 72, 2005, pp. 1077–1106.

小规模且多样化地发展，而今日部分城市则为减少工人的通勤成本、原物料与产品的运输成本，以专业化作为发展模型。然而，Glodstein 和 Gronberg[1] 指出，如果一个城市的最终产品不是像 Henderson 所描述的具有弹性，则同一产业的增长在一定程度后，因为无利可图而会使这些产业扩展到中间产业，特别是不能贸易的中间产品与服务，以提高每个产业的生产力。Abdel 和藤田[2]指出多样化产业城市因为共同居为增加城市的工人数量而增加了通勤时间，最终导致企业需要支付更高的工资，因此多样化城市的贸易经济效益与高通勤成本等的挤出效应权衡特别重要。

多样化城市有其优势，包括可用于抵御单个城市产业的冲击，道理与多样化投资可以降低风险类似。此外，雅各布[3]指出城市多样性有助于创新，因为观察与借镜其他产业部门，有助于新的创意的产生。Charlot 和 Duranton[4]发现在大城市，教育水平越高、交流越频繁、收入越高。Bacolod、Blum、Strange[5] 发现技术工人在多样化大城市的产出所得比其他人高。

多样化的计算公式如下：

$$D = 1 - H = 1 - \sum_{j=1}^{N} \left(\frac{X_j}{\sum_{j=1}^{N} X_j} \right)^2$$

式中，H 为 Herfindahl 指数。如果 D 趋近为 1，则城市的行业多，各城市所占的比重较小；如果 D 趋近 0，则一个城市的行业较少。

---

[1] Glodstein, G. S. and Gronberg, T. J., "Economies of Scope and economies of agglomeration", *Journal of Urban Economics*, Vol. 16, No. 1, 1984, pp. 91 – 104.

[2] Abdel Rahman, H. M. and M. Fujita, "Specialization and diversification in a system of Cities", *Journal of Urban Economics*, Vol. 33, No. 2, 1993, pp. 189 – 222.

[3] Jacobs J., "The economy of cities", New York: Vinage, 1969.

[4] Charlot, S. and Duranton, G., "Communication externalities in Cities", *Journal of Urban Economics*, Vol. 56, No. 3, 2004, pp. 581 – 613.

[5] Bacolod, M., Blum, B. S. and Strange W. C., "Skills in the City", *Journal of Urban Economics*, Vol. 65, No. 2, 2009, pp. 136 – 153.

另一个 Duranton 和 Puga[1] 提出较简单的计算方式为：

$$Diversity = \frac{1}{\sum_i |S_{ir} - S_{in}|}$$

式中，S_{ir} 为 r 地区 i 产业比例，S_{in} 表示 i 产业在整个国家所占比例。

八 专业化指数

专业化指数是与多样化指数对应的指数。Blair[2] 提出的计算公式如下：

$$Specialization = \sum_i a\left[\frac{E_{ir}}{E_i} - \frac{E_{in}}{E_n}\right]$$

式中，E_{ir} 为 r 地区 i 产业的产值或就业，E_r 是 r 地区的总产值或就业，E_{in} 是整个国家 i 产业的产值或就业，E_n 是整个国家的产值或就业。

九 集聚效率

Ciccone 和 Hal[3] 以美国为例，建立的密度经济模型，其公式如下：

$$\frac{Q}{A} = K\left(\frac{N}{A}\right)^{1+\theta}$$

式中，Q/A 为地区的经济密度，Q 为地区的总产出，A 为地区的面积，N 为劳动力，k 为资本，θ 定义如下：

$$\theta = \frac{\lambda - \rho}{\alpha(1-\rho) - \lambda - \rho}$$

式中，$\lambda > 0$ 表示生产具有外部性，$\rho < 1$ 表示拥挤效应系数，$\theta > 0$ 表示产出随投入的增加而上升，报酬递增。而一个地区的投入密

---

[1] Duranton, G. and Puga, D., "Diversity and Specialisation in Cities: Why, Where and When Does it Matter?" *Urban studies*, Vol. 37, No. 3, 2000, pp. 533 – 555.

[2] Blair J. P., "Local Economic Development: Analysis and Prautice", Sage, London, 1995.

[3] Ciccone, A. and Hall, R. E., "Productivity and the density of economic activity", *American Economic Review*, Vol. 86, 1996, pp. 54 – 70.

度大，则表示其产出和生产效率高。

第四节　城市经济增长与发展模式

一　城市的集聚与扩散效应

在人类社会发展进程中，城市以其特有的集聚效应，使人口与生产力要素向其集中。城市是生产力发展、社会分工细化和生产关系变革的结果，是社会经济发展到一定历史阶段的必然产物。城市是一定区域内的政治、经济和文化教育等方面的中心，是先进生产力、生产关系及先进文化相对集中的地方，具有较强的集聚能力和扩散带动作用，在区域经济社会发展中居于主导地位。城市的产生与发展过程，实际上是集聚经济的产生与演变过程。

（一）城市的集聚效应

1. 集聚经济的含义

所谓集聚经济（Agglomeration Economics）又称集聚经济利益、集聚经济效益，一般是指因企业、劳动力的空间集中而带来的经济利益或成本节约。在已有的文献中，不同学者对其有不同解释。以前比较典型的解释是，它是指"一批厂商因彼此位于附近，而可能产生的经济效果或费用减少"[①]。这一概念最初是由韦伯明确提出的，其侧重点在于说明企业的空间集聚所带来的经济效果。按照韦伯的解释，这种集聚经济本质上是由于厂商或工业集中而造成的规模经济，这种规模经济通常是外在的，但也可能是内在的，尤其是当以某一特大企业为主而形成城市集聚时，集聚利益更多表现为内在经济（Internal Economies）。此外，属于集中于某一特定城市同一工业部门许多独立企业的集聚经济利益，对每个个别企业来说是外在的，但对于这一工业部门整体而言又是内在的，即产业的内部规模经济。类似地，由于生产经营中具有互补性（Complementary）的不同类型企业的集结而形成的集聚利益，实际上也是由于分工与规

[①] ［英］艾伦·W. 埃文斯：《城市经济学》，甘世杰、唐雄俊译，上海远东出版社1992年版，第46页。

模利益而形成的地区性规模经济。

后来的城市经济学研究者发展了韦伯的理论，将城市集聚经济的受益者推广到居民和消费者。如埃文斯（A. W. Evans）认为消费者或居民的空间集中同样会产生种种经济利益，节约生产成本。例如，人口的集聚显然扩大了市场需求规模，从而不仅使企业在生产规模扩张中受益，而且也降低了诸如运输、储存等方面的销售费用。再如，居民的集聚所引起的文化交流与相互促进而形成的人力资本的提高，自然也会使企业受益。

城市集聚的经济利益，除了上述各种类型的规模经济以外，还包含其他方面的生产利益。例如，当许多厂商雇用相似技能的工人时，便出现了所谓的熟练"工人库"，从而使厂商在选用所需工人时更为便利，节约了工人培训成本。再如，"在一个具有大批厂商和大量场地的城市地区，一家渴望开业的公司，在这里要比在一个较小的城镇中更有可能找到可用的场地"，从而节约了搜寻成本。

此外，城市中企业和劳动力集聚所带来的经济利益，并不只是生产方面的，也有生活和消费方面的。换句话说，它不仅使企业受益，而且也使家庭受益。毫无疑问，多样化的产品供给为消费者提供了挑选的便利，厂商的大量集聚则为居民创造了众多的择业机会。

在整个城市的宏观层次上，空间集聚则为城市成长带来了经济利益。由于企业、居民空间选址的接近而导致的经济利益和成本节约，使得整个城市经济也具有"集聚经济效果"。从投入—产出的角度看它不仅改变了通常意义上的技术约束和经济约束，而且也改变了经济活动的市场约束，即它对生产函数、成本函数和需求函数同时产生巨大影响，城市经济的生产函数具有典型的"非线性非齐次性"特征。

2. 集聚经济的成因

新古典经济学认为，规模经济和外部经济利益是城市集聚经济的主要源泉。产生规模经济的原因有很多方面：首先，最为重要的是，根据任何一本主流的微观经济学教材的解释，因规模扩大而形成的生产、销售、管理等方面效率的提高。随着生产规模的扩大，劳动分工的专业化、生产线的一贯作业将随之加强,个人技术积累也随之提高,为适应产品需求及原料供应的随机变动所需产品与原料的库存也因之降低,从而企业的生产力得以提高。其次,企业规模的扩大,广告宣传、产品运输和储藏等销售活动也形成了规模经济,单位产品所分摊的销售费用也随之降低。而且,随着企业规模的扩大,管理的专业化和管理功能的规范化也增强,管理技能和管理水平随之提高。所有这一切均会导致规模经济的产生。

传统经济学为了把上述企业的规模经济理论和城市规模经济效应结合起来,指出企业规模经济的实现还必须有相应的市场需求,而城市社会经济的集中,为企业扩大规模提供了充分的社会经济技术和市场条件同类与不同类企业的合作与竞争,为企业大规模专业化生产提供了大量熟练劳动力,为企业规模的扩大提供了必需的劳动力市场,众多而偏好各异的城市居民则为其提供了必需的市场需求,等等。

传统经济学还将外部性经济利益作为城市集聚经济的重要来源之一。他们指出,在城市中,由于社会经济活动的集中,产生的外部型经济利益有如下几个方面。

第一,联系效应与中间产品的规模经济。在现代经济中,不同产业的经营活动是紧密联系的。一个企业的产出可能是另一个企业的投入,两者之中任何一个企业的建立都会给另一个企业的经营带来有利的影响,即存在联系效应。在城市中的某一个区位上,生产中间投入品企业的建立,必然吸引该中间投入品需求企业的集聚。区位上的靠近与集聚,不仅节约了运输成本,而且为大规模生产提供了条件。尤其是对中间投入品的生产来说,若无足够的市场需求,则很难形成专业化的生产,从而生产成本较高。对需求方而言,若无有效的中间投入品供给,也难以实现大规模生产。关联企业的空间集中显然有助于中间投入品规模经济的实现。

第二,劳动力市场经济。人口的空间集中为城市经济的发展提供了足够的劳动力资源。通过城市劳动力市场的作用,供求双方均获得了集聚经济的利益。首先,人口集聚为厂商提供了丰富的劳动力资源。特别的，城市中"熟练工人库"的存在，更为厂商提供了众多的便利。"这种熟练工人库可使那些准备开业或者扩充业务的厂商，便于招聘到他们所需的熟练工人，或者说，便于填补任何空缺。"同时，这种工人库的存在，也促使厂商的工资费用因工人的相互竞争而可能降低。此外，熟练工人库的存在显然也节省了厂商的工人培训费用。其次，人口在城市的空间集聚也为居民本身提供了大量的经济利益。一方面，空间集聚节省了大量的就业信息搜寻费用；另一方面，空间上的接近也使居民求职、工作中的交通费用大为降低。

第三，信息经济。城市集聚的信息经济利益非常明显。各类社会经济活动在城市地区的空间集中大大便利了信息的交换和技术扩散。这种状态，一方面提高了市场机制的有效性，使得交易成本大为降低。厂商因此降低了存货，并及时调整生产决策，提高了适应能力。居民则因之获得了择业的便利。另一方面，与城市集聚相联系的信息交换与技术扩散，不仅有利于新技术的采用，而且有助于激发技术发明和革新，从而为城市经济发展提供更为有效的技术手段。

（二）城市的扩散效应

1. 扩散的含义

扩散是城市的另一个显著特性。主观上，城市作为一个确定的利益主体，总会不断地以自己所具有的实力拓展自己的腹地空间，为自己的产品、服务寻求足够大的市场；客观上，城市以其技术、资金、管理、观念、生产体系等优势提高和带动腹地的经济发展，从而进一步确立对腹地的主导性作用。一方面，城市在集聚的同时总是在不断地进行扩散辐射。不难理解，就像贸易中出口和进口的关系一样，扩散是为了更好地集聚。另一方面，扩散是对集聚的一种有效保护。

2. 扩散的成因

首先，从单纯的经济活动看，城市的集聚是为了获得规模效益，然而，规模效益并不是要求城市经济规模无限扩大。过分的城市集聚往往会导致集聚不经济，如资源短缺、环境恶化和诸多的社会政治问题。正统的新古典经济学认为,城市集聚不经济(或集聚成本)(Agglomeration Diseconomies)主要表现在以下四个方面。

第一,土地或场地费用增加。由于空间集聚,城市地域内的土地费用因居民、企业的相互竞争而变得昂贵。为追求集聚地域的经济利益,厂商和居民必须以高于农业地租很多的价格获得土地。集聚程度越高,土地越稀缺,地价就越高,居民或厂商支付的土地费用也就越高。在城市中,即使在边缘地区,土地价格也高于农业地价。随着向城市中心区的靠近,地价以递增方式增加。在集聚程度最高的中心区,地价往往最高。城市集聚规模越大,"发生这种地价增加的距离就越长,从而农业用地和城市中心地价之间的差异也越大"。

第二,工资费用增加。随着社会经济活动在城市中集聚规模的扩大,诸如土地费用、交通费用等方面的支出变得昂贵,因而居民在选择居住区位时,必须以其支付能力为前提。所以,集聚程度较高的地区,居民的工资水平也就较高,从而企业的劳动力要素成本支出也就越大。例如,美国学者霍奇发现,平均来讲,城市人口每增加一倍,工资水平上升9%。工资费用随集聚规模的扩大而增加的趋势极为明显。

第三,拥挤成本。拥挤成本是集聚不经济的基本内容之一。当集聚规模增加时,这种拥挤成本不可避免。例如,使用某条道路的车辆数增加时,必然降低车流速度,延长在途时间,出现交通拥挤成本;或者设址于某一地理位置社会经济活动的增多,也有可能降低该地区这些活动的效率。

第四,社会成本。随着城市空间集聚规模的扩大,也会出现诸如环境污染、生态破坏、犯罪率增高等方面的社会成本。这方面的集聚成本是构成集聚不经济的又一重要组成部分,在某种意义上,现代城市所面临的各种城市病的加剧,都与这些集聚不经济现象直接相关。

传统的新古典经济学认为,上述各类集聚成本可能在一定条件下相互作用、相互影响,如后两者通过一定的市场作用可能会对前两者产生影响。但无论如何，它们共同构成了空间集聚的不经济，制约着城市集聚规模的扩大，也就是制约着城市规模的扩张。

其次，在市场经济条件下，城市经济系统受利润和价值规律的支配，本质上有一种与其他经济系统在技术上、经济上、组织上以及再生产过程中相互渗透、融合的趋势。这种趋势包含了四个方面：其一，工业内部各行业的渗透；其二，产业间的相互渗透；其三，城乡之间的相互渗透；其四，城市与区域之间的相互渗透。它们共同组合形成城市的扩散效益。这种扩散趋势的存在保证了集聚在一个合适的度内进行，从而保证了集聚的效益。另外，扩散是为了进一步增强集聚的能力。城市的产品与服务最终必须在市场上才能实现，但城市本身的市场是有限的，因此，城市必须向农村、向其他城市扩散。通过这个扩散过程，城市的实力进一步增强，集聚力进一步增加。城市的扩散功能主要源于中心城市自身结构的优化，科技进步的推动，也由于规模效益的消失，土地价格的上涨，生活费用的攀升。当经济发展到一定阶段，中心城市的扩散是不以人的意志为转移的客观规律。其扩散形式主要有周边式扩散、等级式扩散、跳跃式扩散、点轴式扩散等。虽然事实上经济中心城市的扩散并不单纯采取一种形式，往往呈现为混合式扩散，但近年来特别引人注目的是点轴式扩散形式，即由中心城市沿主要交通干道串珠状向外延伸，从而形成若干扩散轴线或产业密集轴带，反映出交通干道往往是产业经济向外扩散的基本传递手段，它们在形成合理的经济布局、促进经济增长中发挥着极其重要的作用。

（三）新经济地理学中的集聚力与扩散力[1]

克鲁格曼[2]最早建立了核心—边缘模型（Core-Periphery 模型，简称 CP 模型），将"冰山"贸易成本与垄断竞争以及规模报酬递增

---

[1] 参见皮亚彬《集聚、扩散与城市体系——基于新经济地理学视角的分析》，南开大学出版社 2014 年版。

[2] Krugman P., "Increasing returns and economic geography", *Journal of political Economy*, Vol. 99, No. 3, 1991, pp. 483 – 499.

纳入同一框架中,从而开创了新经济地理学,空间因素从此正式纳入主流经济学,新经济地理学也得到了广泛的关注。他考察了一个对称的两地区的经济系统,两地区的初始禀赋相同,系统内存在垄断竞争的工业部门和完全竞争的农业部门。工业部门使用可在地区间自由流动的熟练劳动力,农业部门使用的非熟练劳动力在区域间不能自由流动。经济系统在均衡时,产业的分布状况由集聚力和分散力的相对大小决定。集聚理论包括本地市场效应和价格指数效应。本地市场效应是指企业倾向于布局在市场规模大的地区,市场规模较大的地区将吸引超过本地需求的厂商数量,即本地市场放大效应。价格指数效应是指,位于企业较多地区的消费者,可以节省商品的运输费用,从而面临较低的总体价格指数,在名义收入不变的情形下,提高消费者的实际效用水平。分散力是指市场拥挤效应,一方面,企业较多的地区市场竞争更加激烈;另一方面,由于区域间贸易成本的市场保护作用,使得企业较少的市场更具吸引力。

贸易自由度是贸易成本的函数($\phi = \tau^{1-\sigma}$),其变化趋势与区际贸易成本负相关。ϕ的取值范围为0—1之间。当贸易自由度ϕ的取值为0时,表明贸易成本τ为无限大;当贸易自由度为1时,表示地区之间不存在贸易成本。根据Baldwin等[①]的分析,经济系统产生的集聚力包括本地市场效应和价格指数效应,分散力主要是企业间的竞争效应。当运输成本极大时,经济系统产生的分散力大于集聚力。随着贸易成本的下降,分散力和集聚力都开始减弱,但分散力的减弱速度大于集聚力的减弱速度,则在贸易成本下降到某一临界点以下时,集聚力将超过分散力,经济活动开始发生集聚。

在贸易自由度达到突破点ϕ^B之前,分散力大于集聚力,经济活动在地区间分散布局;在贸易自由度超过临界值ϕ^B之后,随着贸易自由度的进一步提高,位于核心区企业的集聚租金(熟练工人选择在核心区生产与选择在边缘区生产的效用差距)会经历一个先上升

---

① Baldwin, R. E., et al, "Economic Geography and Public Policy", Princeton, Princeton University Press, 2003.

后下降的过程，如图 6—1 所示。当贸易自由度达到突破点之后，随着贸易成本的进一步降低，核心区企业获得的租金逐步升高，但是在贸易成本降低到某一临界值（ϕ^*）后，进一步降低贸易成本，会导致集聚在核心区的企业的收益下降。当贸易自由度提高到 1 时，核心区企业的集聚租金下降到企业在任一地区生产所获得的收益一样。新经济地理学理论表明，运输成本降低时，企业会对区域间微小的差异更敏感，从而区域间资源禀赋条件非常微弱的相对变化都将对经济活动的空间区位产生重大的影响。

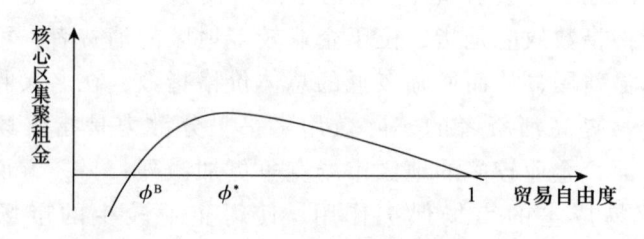

图 6—1　集聚租金随贸易自由度变化趋势

新经济地理学提供了揭示全球化、区域一体化和空间不平衡之间错综复杂关系的有效工具。随着新经济地理学理论的发展，区域经济理论研究越来越关注一体化水平对经济活动区域分布不平衡的影响。企业选择生产区位的决策会受到商品空间流动成本的影响和限制，影响到要素在区域间的流动，进而影响到资本和人口的空间布局。新经济地理学理论基于不完全竞争、规模收益递增、空间成本的假设，建立一般均衡模型，试图解释经济活动的空间分布，尤其是经济活动的空间集中。克鲁格曼分析了影响经济集聚的三种力量：区内市场效应、价格指数效应和企业间的竞争效应。当区域间贸易成本低于某一临界值时，集聚的力量（区内市场效应和价格指数效应）会超过发散的力量（竞争效应）。因而，改善区际基础设施、降低区际贸易成本等一体化措施，会促使经济活动进一步向中心区域集聚，区域发展差距扩大。

在考虑城市内部对不可流动要素（如土地）的竞争，不考虑农村需求时，在贸易成本较高时集聚是稳定的均衡，而在贸易成本较低时经济趋向分散布局。城市人口增加会提高土地等不可流动要素的价格并伴随城市污染等问题。当区域间贸易成本降低时，城市拥挤成本成为影响产业和人口的区位选择的重要因素。当商品运输成本非常低时，企业能够通过分散来避免大城市产生的拥挤成本，同时不会因为迁移到边缘地区而过分减弱与其他企业的前后向关联[1]。

Venalbes[2]建立了垂直联系模型，分析了在不同贸易成本条件下产业的区位分布。当贸易成本处于中间水平时，由于不完全竞争和运输成本存在，上游企业之间存在前向联系和后向联系，这促使企业集中在一个区域。当运输成本很高和运输成本很低时，企业分散布局：当运输成本很高时，企业生产必须接近消费者，产业分布和人口分布一致；当运输成本很低时，要素价格（尤其是土地要素）决定产业区位。因而，降低贸易成本对区域经济收敛的作用是非线性的。当运输成本很高时，降低运输成本会导致集聚以及区域差距扩大；当突破某一临界值后，进一步降低运输成本则会带来区域收敛。此外，许多经济地理学研究者也得出相似的结论[3][4]。例如，Pfluge 和 Sudekum[5]在拟线性新经济地理学模型基础上引入了城市住房市场。当城市人口增加时，城市居民的住房成本增加、人均住房面积减少。由于住房成本的存在，随着贸易成本的变化，经济活动在区域间的分布呈现出"钟"形曲线：当贸易成本非常高或非常低时，产业在地区间分散布局；当贸易成本处于中间水平时，经济系

---

[1] Helpman E., "The Size of regions, in: Topics in Public Economics: Theoretical and Applied Anallysis", Cambridge: Cambridge University Press, 1998.

[2] Venalbes A. J., "Trade Poltcy, Cumulative Causation, and industrial development", *Journal of development economics*, Vol. 49., No. 1, 1996, pp. 179 – 197.

[3] Tabuchi T., "Urban Agglomeration and Dispersion: A synthesis of Alonso and Krllgman", *Journal of Urban Economics*, Vol, 44, No. 3, 1998, pp. 333 – 351.

[4] Alonso-Villar O., "A model of Economic Geogrophy With Demand-Pull and Congestion Costs", *Papers in Regional Science*, Vol. 87, No. 2, 2008, pp. 261 – 276.

[5] Pfluge M., Sudekum J., "Intergration, Agglomeration and welfare", *Journal of Urban Economics*, Vol. 63, No. 2, 2008, pp. 544 – 566.

统产生部分集聚或完全集聚的状态。陈良文和杨开忠[1]将城市内部空间成本，以及城市内部厂商之间的溢出效应同时引入新经济地理学模型中，研究发现城市内部通勤成本和住房成本是促使城市经济活动分散的重要力量，而企业间的马歇尔外部规模经济则是导致经济集聚的重要力量。引入这两种力量后，新经济地理学模型的理论结果对经济现实的解释力更强，他们的分析表明，只要马歇尔外部规模经济效应足够强，即使地区间的贸易自由度趋于 1 时，经济也可能发生集聚。

这意味着，即使区域间贸易成本不断下降，经济活动也未必会从核心区域向边缘地区扩散。高波等[2]认为城市相对房价的变化，是东中西部地区产业梯度转移和产业升级的重要原因。东部沿海地区城市地价和房价上涨，会导致企业生产成本和劳动力生活成本压力增加，进而引起沿海地区处于产业价值链中低端的产业转移到房价和劳动力成本较低的中西部地区，而产业转移又可以为东部发达地区高端产业发展腾出空间，并且由于产业升级使企业承担高房价的能力增加。

Venables[3]的结论在某种程度上与美国经济学家库兹涅茨的论断具有相似之处。库兹涅茨（1955）在其题为"经济增长与收入水平等"的论文中，依据推测和经验提出了经济发展与收入差距变化关系的倒 U 形曲线假说。库兹涅茨对经济增长与收入不平等的关系的分析是基于从传统的农业产业向现代工业产业转变过程进行的，他认为工业化和城市化的过程就是经济增长的过程，在这个过程中分配差距会发生趋势性的变化，随着工业化和城市化的推进，收入差距会呈现先扩大后缩小的趋势。

---

[1] 陈良文、杨开忠：《集聚与分散：新经济地理学模型与城市四部空间结构、外部规模经济效应的整合经济》，《经济学》（季刊）第 7 卷第 1 期。

[2] 高波、陈健、邹琳华：《区域房价差异、劳动力流动与产业升级》，《经济研究》2012 年第 47 卷第 1 期。

[3] Venables A. J. , "Trade Policy, Cumulative causation and industrial development", *Journal of Development economics*, Vol. 49, No. 1, 1996, pp. 179 – 197.

二 城市经济增长

城市经济增长（urban economic growth）是城市经济的动态演化过程。经济增长的思维源于亚当·斯密（1776）的《国民财富的性质和原因的研究》，他指出只要有合适的市场规模和资本累积，通过劳动分工提高劳动生产率和利润率，且开辟新的生产和扩大对外贸易就可加强且持续经济增长。

20世纪初，以马歇尔为代表的剑桥经济理论为基础的罗得—多马模型、索洛模型、新剑桥模型，及凯恩斯的经济乘数理论等形成新古典经济学的经济增长模型。而熊彼特的技术创新学说、缪尔达（Myrdal）的累积因果效应理论、罗默的内生增长理论、杨小凯的分工专业化均衡理论等，都是不同于古典经济学对经济增长现象的全新解释，对城市经济增长有重大的影响。

城市经济增长从文献与现代城市发展演化与国民经济增长的范畴有以下三点的差异。

（1）城市经济增长有经济规模报酬递增的特性，因为城市经济增长是集聚经济，由于产业规模经济和城市规模经济等方面的外部经济现象，所以分析城市规模报酬递增的发展机制和过程是研究城市经济增长的特色。

（2）城市经济增长需考虑空间因素，是国民经济增长理论所忽略的。空间因素包括土地资源的利用和基础设施的建设，使公共产品、生产规模和人口规模能均衡发展；使城市土地资源能有效利用城市在国民经济体系中的区位因素、经济增长极的空间范围与扩散及城市体系中的交错影响。

（3）城市经济增长的动态规律与国民经济增长规律不同，后者相对遵守一般规律，而前者因为地理位置、天然资源、文化历史与基础建设等，使即使在国民经济快速增长时期，也会有衰退城市，而在经济衰退期，也会有居增长极的繁荣城市。

综上所述，城市经济增长更多是一种技术经济分析，需考虑制度、政治、政策等在空间区位的异同，是一个复杂的系统，如图6—2。

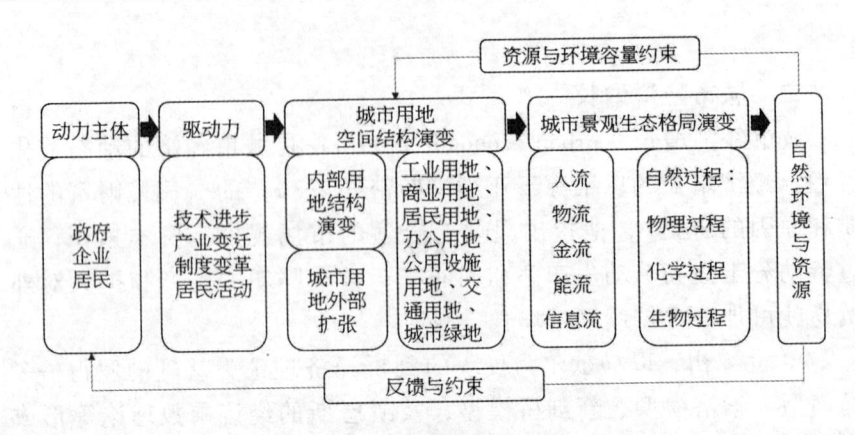

图 6—2　城市空间结构演变的动能机制

资料来源：袁丽丽、黄绿筠：《城市土地空间结构演变及其区动机制分析》，《城市发展研究》2005 年第 1 期。

三　城市化的发展模式

城市化是指人口向城市或城市地带集中的现象或过程。城市化是人类文明的集中体现，是经济发展到一定阶段必然产生的规律性现象。城市化的本质，是生产要素和资源应经济发展的要求在地理空间集聚的过程，它伴随着人口就业结构与产业空间结构的重大转变，因此它的发展阶段必然要与经济发展的阶段保持一致。一般来说，城市化发展主要伴随着如下现象的发生：第一，城市人口所占比重的提高，城市吸纳农业人口的能力逐渐增强；第二，城市规模不断扩大，城市发展的区域影响力不断增强，城乡差距不断缩小；第三，城市经济关系和生活方式的普及与扩大，并从需求角度为经济发展提供创新与发展的动力。但是，在不同的时代、体制与国情背景下，不同国家之间的城市化又不尽相同。对城市化模式的分析，有助于我们认清城市化与经济发展之间的关系，从城市化的角度对经济发展质量做出正确的评估。

而城市化模式，是指社会、经济结构转换过程中的城市化发展状况及其动力机制特征的总和。根据城市化与工业化发展水平之间的关系，可以将城市化模式区分为以下四种。

（一）同步城市化（synchro-urbanization）

同步城市化指的是城市化与工业化进程和经济发展水平趋于一

致的城市化模式。值得一提的是,"同步"一词并不一定意味着城市化水平与工业化水平之间保持完全一致的发展趋势,而主要是指城市化与经济发展呈现显著的正相关关系,城市化率与工业化率(工业劳动力占总劳动力的比重或工业总产值占国民生产总值的比重)互相协调,城市人口增长与人均国民收入增长相对一致,农村人口城市化数量与经济发展提供的城市就业数量大致平衡,城市化发展与农业提供的剩余农产品基本适应。这是一种经济发展推动型的城市化道路,它能够实现城市化与工业化和社会经济的同步发展。

(二)过度城市化(over-urbanization)

过度城市化又称超前城市化,是指城市化水平明显超过工业化和经济发展水平的城市化模式。此时的城市化速度大大超过了工业化的发展速度,城市化主要依靠传统的第三产业(包括生活性、商业性服务)来推动,大量农村人口涌入少数大中城市,城市人口出现过度增长的现象,城市建设的步伐却赶不上人口城市化的速度,导致城市无法为居民提供足够的就业机会和必要的生活条件。这是一种以牺牲农业发展为代价且不利于经济和社会健康发展的畸形城市化。

(三)滞后城市化(under-urbanization)

滞后城市化是指城市化水平落后于工业化和经济发展水平的城市化模式。滞后城市化产生的主要原因是政府为了避免城乡对立的发生,采取种种措施限制城市化的发展,结果不仅使城市的集聚效益和规模效益不能很好地发挥,严重地影响了工业化和农业现代化的进程,而且还引发了小城镇发展无序、生态环境恶化等各种病态现象。因此,人为地阻碍城市化和造成城市化的滞后,是一种违背工业化和现代化发展的城市化模式。改革开放以前的中国城市化就是这种城市化的典型代表。滞后的城市化,既不利于工业现代化,也不利于农业现代化和居民生活的现代化。

(四)逆城市化(counter-urbanization)

逆城市化是指城市市区人口尤其是大城市市区人口郊区化、大城市外围卫星城镇布局分散化的城市化模式。所谓"逆",并不是指城市重新回复到农村的状态，而是指城市化发展出现了市区人口向郊区迁移、大城市人口向卫星城迁移的倾向。逆城市化的倾向主要发生在20世纪50年代到70年代城市化水平很高的发达国家。比如，英国在1961—1971年，城市市区人口从2625.3万下降到2552.4万，郊区及卫星城镇人口从1463.5万增加到1714.7万。实际上，逆城市化现象的出现，标志着城市化发生了由人口集中在大城市的集中型城市化转变为人口向郊外和卫星城迁移的分散型城市化的城市化类型转换过程。因此，可以将逆城市化视为城市化发展的一个新的阶段。

第七章

产业集群、劳动异质性与城市体系扩张

　　从经济学视角研究城市化主要是借鉴发展经济学、区域经济学与新经济增长三个理论。发展经济学以结构变动模型、托达罗模型来解释经济结构变化引起的城乡人口迁移规律；区域经济学则是基于区域经济发展理论分析城市化与区域经济增长的互动机制；新经济增长理论解释了人力资本累积、知识与技术溢出在城市化过程中对经济集聚与扩散的作用。三个理论共同解释空间经济增长随与核心城市的距离呈收益递减规律。

　　20世纪80年代以来，人工智能、机器人、物联网、自动驾驶汽车、3D打印等信息技术推动第四次工业革命，为产业发展提供新机遇。在发展经济学框架下的城市发展模型提出，文化、制度、资源和技术等四大要素在城市空间里相互作用，形成以产业为核心的资金流、信息流、人流与物流。产业链的延伸与产业网络的扩大产生集聚效应、乘数效应和循环累积效应等，推动城市不断壮大并升级为城市群。城市群内部不同城市之间重新进行产业分工的趋势日益明显，分工促使城市群内部产生大都市圈，且推动人口与产业向外疏解，核心城市周边的新城（卫星城市）逐渐发展，城市群内部的产业和社会分工产生对专业营运商的需求，以推动产业新城的产生。本章从产业集群与劳动异质性分析、劳动异质性与城市体系扩张到城市群定义、理论与测量。

第一节 产业集聚的含义与国际案例

一 产业集聚的含义

产业集群指的是属于某种特定产业及其相关支撑产业或属于不同类型的产业部门由于种种原因在一定区域范围内出现的经济活动的地理集中（geog raphical pro ximity），这些不同规模等级的、不同类型的关联企业和其发展有关的各种机构、组织等行为主体通过纵横交错的网络关系紧密联系在一起而形成一种空间集聚体，它代表着介于市场和企业等级制之间的一种新的空间经济组织形式。产业集群是现实生活中非常普遍的经济地理现象。例如，美国的硅谷与 128 号公路电子产业集群、底特律汽车工业区、芝加哥皮革工业区，以及日本的筑波与关西、印度的提若普尔、中国台湾的新竹与北京中关村等高科技产业创新型集群或云南的烟叶、福建的运动鞋等传统产业集群，今天世界各地的经济增长无一不闪烁着产业集群的耀眼光芒。

以克鲁格曼[1]为代表的新经济地理学，则通过构建数理模型详细分析了劳动力流动对产业集聚的作用机制。廖泉文、宋培林[2]提出异质型人力资本是具有报酬递增性质的人力资本，此类人力资本具有综合协调能力、判断决策能力、学习创新能力和承担风险等"独特能力"。赵伟和李芬[3]将劳动力分为高低技能，认为高技能劳动力流动产生的地区集聚力量远大于低技能劳动力，高技能劳动力流动倾向于扩大地区收入差距。李中、周勤[4]在 FE 模型中引入普通劳动力，得出普通劳动力流动的地理集中加剧了收入差距，劳动力异质性偏好对普

---

[1] Krugman P., "Inereasing returns and econornic geography", *Journal of Political Economy*, Vol. 99, No. 3, 1991, pp. 483 – 499.
[2] 廖泉文、宋培林：《论异质型人力资本的形成机理》，《中国人才》2002 年第 3 期。
[3] 赵伟、李芬：《异质性劳动力流动与区域收入差距：新经济地理学模型的扩展分析》，《中国人口科学》2007 年第 1 期。
[4] 李中、周勤：《劳动地理集中与地区收入差距——基于自由企业家模型的扩展分析》，《中国经济问题》2012 年第 5 期。

通劳动力地理集中导致地区收入差距变化具有负向作用。陈建军、杨飞[1]通过对前沿文献的梳理，认为人力资本水平决定了技术进步路径；决定了产业结构转换能力，人力资本类型、结构与产业结构的匹配状况决定着产业结构优化的效果。

二 产业集聚的国际案例

目前，发达国家经济体的各城市间分工协作关系十分紧密，尤其在城市群内出现劳动深度分工与不同产业空间集聚现象，如美国东北部大西洋沿岸城市群、东京城市群就可为例证。

（一）美国东北部大西洋沿岸以纽约为中心的城市群

该城市群成形最早，地处美国东北部大西洋沿岸平原。从波士顿向南，经过纽约、费城、巴尔的摩、华盛顿等10座城市（指10万人以上的城市）以及它们附近的一些卫星城镇，连绵不断，构成大都市带。该城市群面积13.8万平方公里，占美国面积的1.5%。该区人口6500万，占美国总人口的20%，城市化水平达到90%以上，是美国经济的核心地带。

美国东北部大西洋沿岸城市群经济特征：制造业产值占全国的30%，是美国最大的生产基地，美国最大的商业贸易中心和世界最大的国际金融中心。同时，带内的每个主要城市都有自己特殊的功能，都有占优势的产业部门。若孤立地看待每个城市，其功能大多为单一的，但整体性功能远远大于单个城市功能的叠加（见表7—1）。

表7—1　美国以纽约为中心的城市群城市产业分工集聚情况

城市	地位	产业分工
纽约	核心	世界金融中心、企业总部
费城	第二大城市	重化工业发达，2/5从事制造业
波士顿	文化城市	大学园区，高科技产业园
华盛顿	仅以政府行政职能为主的政治中心	1/2是受联邦政府雇用的官员和服务人员

---

[1] 陈建军、杨飞：《人力资本异质性与区域产业升级：基于前沿文献的讨论》，《浙江大学学报》（人文社会科学版）2014年第44卷第5期。

从表7—1可见，该城市群每个主要城市都有自己特殊的职能，都有占优势的产业部门，而且在发展的过程中，彼此间又紧紧地联系在一起。在共同市场的基础上，各种生产要素在城市群中流动，形成了城市群巨大的整体效应。世界城市纽约在产业结构调整中起着先导创新作用。通过合理的调整，既成功地加强了中心城市的实力和地位，又使周围地区获得了发展的契机。如纽约作为一个老工业中心，在20世纪初的就业人口中，制造业占35%，到1950年下降为29.5%，但制造业绝对就业人数仍缓慢增长。50年代以后，随着金融、服务职能的增强，制造业就业人数无论绝对量还是相对量都呈直线下降，1980年仅占17.4%，而同期第三产业却从54.7%上升到81.8%。又如，这一城市群多港口，早先各城市的发展都以港口为基础，而现在各港口之间也有合理的分工：纽约港是美国东部最大的商港，重点发展集装箱运输；费城港主要从事近海货运；巴尔的摩作为矿石、煤和谷物的转运港；而波士顿则是以转运地方产品为主的商港，同时兼具渔港的性质。

（二）日本太平洋沿岸以东京为中心的城市群

日本是较早形成发达城市群经济区域的典型国家，也是亚洲城市群发展程度最高的国家。高度紧张的国土资源空间、狭窄复杂的地形特征、外向型经济发展模式以及政府主导的工业化历史，促使日本的城市、人口、经济增长带高度集中在东京附近的关东平原、名古屋附近的浓尾平原和京都、大阪附近的畿内平原。

该城市群也称东海道大都市连绵带，通常是指从东京到北九州的太平洋沿岸带状地域，从东京湾的鹿岛开始经千叶、东京、横滨、静冈、名古屋、岐阜，到京都、大阪及神户的城市化程度很高的连续地域，共包括14个都府县，大中小城市达310个，由东京、京阪神（京都、大阪、神户）、名古屋三大都市圈组成。全日本11座人口在100万以上的大城市中有10座分布在大都市带内。这个带状城市群长约600公里，宽约100公里。占地面积10万平方公里，约占日本国土面积的26%。人口将近7000万，占日本总人口的63.3%，同时集聚了日本工业企业和工业就业人数的2/3、工业产值的3/4和80%的经济总量，是日本政治、经济、文化活动的中枢地带。

　　日本太平洋沿岸城市群经济特征：日本经济最发达的地带，分布着日本80%以上的金融、教育、出版、信息和研究开发机构。带内的三大都市圈以及各主要城市也各有特色，发挥着各自不同的功能。不同的是，作为东京都市圈的中心城市，东京的城市功能是综合性的。

　　东京地区：东京的城市职能是综合性的，它是全国最大的金融、工业、商业、政治、文化中心，被认为是"纽约+华盛顿+硅谷+底特律"型的集多种功能于一身的世界大城市。主要有以下五大功能：一是全国的金融、管理中心。全日本30%以上的银行总部、50%销售额超过100亿日元的大公司总部设在东京。二是全国最大的工业中心。该地区制造业销售额占全国的1/4。三是全国最大的商业中心。30余万家大小商店，销售额占全国的29.7%，批发销售额占全国的35.3%。四是全国最大的政治文化中心。东京是首都，有著名的早稻田大学、东京大学、庆应大学等几十所高等学府。五是全国最大的交通中心。东京湾港口群是国内最大的港口群体，以东京和成田两大国际机场为核心，组成了联系国内外的航空基地。京滨地区的港口分工明确：千叶为原料输入港，横滨专攻对外贸易，东京主营内贸，川崎为企业输送原材料和制成品。

　　大阪地区：是日本关西地区的经济中枢。它包括3个大城市：大阪、神户和京都。大阪是日本第二大经济中心，一向以商业资本雄厚著称；京都曾为古都，有"西京"之称；神户是西日本的交通门户，大阪的外港，1993年港口吞吐量达1.69亿吨，集装箱吞吐量为3985万吨，均居全日本首位。以大阪和神户为核心构成的阪神工业区是仅次于京滨（东京、横滨）工业区的日本第二大工业地带，轻重工业都很发达。京都作为古都，是日本著名的文化城市。

　　名古屋地区：位于东西日本的交接地带。汽车工业是其突出的专业化产业，占本区产值的40%和全国的35%；其次为机械、钢铁、石化等。区内形成许多专业化城市，如丰田汽车城、濑户陶都、炼油中心四日市等。名古屋是日本第四大港，年货物吞吐量超亿吨，年集装箱吞吐量超过2000万吨。

在战后经济高速发展的过程中，各城市在加强原有特色的基础上，扬长避短，强化地域职能分工与合作。东京承担着全国经济中枢与国际金融中心的职能。大阪地区是日本第二大中心地域，历史上商业发达，其下三大城市各有特色，有机地结合在一起，为城市地域的发展注入了活力。名古屋地区中小城市较多，由多个专业化的工业城市组成了相互联系的集聚体，外缘地区农林产业发达。

第二节 劳动异质分工与产业专业集聚的关系

异质性的劳动分工与城市产业集聚之间相辅相成、相互促进。异质性劳动分工可看作是产业集聚的微观动力和内在逻辑，而产业集聚可看作是异质劳动分工的宏观表现形式。

一 劳动异质分工促进产业专业集聚

劳动异质分工能够显著促进企业专业化程度，增强企业间的协调、分化与整合，从而实现产业高度专业集聚。主要有以下几个原因。

一是劳动分工能够通过增加企业生产专业化程度，提高企业的竞争力水平。在复杂的生产体系中，劳动分工的深化带来的重要结果就是生产链条不断延长和生产迂回化程度提高的过程中，价值链条上将不断派生出一些新的生产单元，它们以生产工序的增加和新兴企业的出现，提高整个经济系统的专业化程度，不断提高产业集群的竞争力水平。

二是企业在劳动分工过程中通过获取网络分工效应，增强企业间的协调。企业网络分工是在专业化分工发展的促进下迅速发展起来的一种分工形式，是以大企业为核心，一批子公司为骨干，中小企业为基础的企业分工协作体系，核心企业主要从事关键技术开发，而将生产配件承包给中小企业进行生产，核心企业和中小企业之间既有分工，又有协作。专业分工的不断深化，势必使得企业网络分工形式更加复杂，而发展的企业网络分工又将提高企业间的协调水平，进而增强区域产业集群系统协调水平，推动产业集聚的发展。

三是劳动分工能够加速经济组织的分化与整合，增强区域经济发展活力。分工的演化与经济组织发展相伴而生，专业化分工水平不断提高是决定经济组织变化的重要因素。分工水平的提高，能够打破经济系统的均衡状态，加速区域产业组织、企业组织的分化与整合。通过它们的分化与整合，适宜于分工发展水平的企业组织和产业组织将在生产系统中被接纳，经济发展获得新的发展动力，产业集聚获得充足动力支持。

四是劳动分工能够通过规模报酬递增效应，提高产业集群的吸引力。分工另一种积极作用在于它可以不断增强企业与企业、产业与产业间的协调程度，在极大减少它们之间协调成本的同时，也有利于企业内、企业间在生产过程中获取规模经济和范围经济，进一步降低企业生产成本，这些对于提高产业集聚力都有着积极的作用。

二 产业集聚推动劳动分工深化

专业化分工在促进产业集聚发展的同时，产业集聚也可以通过自身的发展来推动劳动分工的持续深化，主要有以下三种。

一是产业集聚能够加速企业规模的变化，促进劳动分工不断深化。小企业变成大企业之后，内部保留核心竞争力，将不具有比较优势的部分，分化到社会中去，这是推力作用的结果；而小企业发展具有核心竞争力的专业化生产，将大企业不再具有比较成本优势的部分吸纳过来，这是拉力作用的结果。专业化分工正是在企业规模推力和拉力共同作用下不断深入。

二是产业集聚能够降低交易费用，诱使企业在企业之外寻求业务配置，推动劳动分工持续深化。企业在特定区域集聚可以降低企业之间、产业之间的交易成本，使它们在连续的交易过程中节约大量交易费用，享受分工演化带来的好处，进而刺激它们投入更多的创新活动，不断推动分工的深化。企业在局部空间上集聚可以发挥"彼此了解"的优势，增加市场交易主体交易的透明度，有效遏制机会主义行为，促进技术标准、商业惯例的形成，同时也可以利用空间优势节约运输成本。

三是产业集聚能够通过提高企业间协作创新，增加企业收益，减少企业成本负担，促进企业业务的细化，延长企业业务链条，加速劳动分工分化速度，伴随产业集群的成长，集群内企业的竞争愈加激烈，合作的关系也更加紧密。企业之间的合作、思想交流与企业间生产和营销网络在空间上彼此接近，有利于营造良好的创新环境，以积累的先进经验、技巧和知识的外溢促进分工进一步深化。

第三节 劳动异质性与城市体系扩张

一 劳动异质性空间分工与城市空间组织演变

基于劳动空间分工的社会分工不断细化是社会—空间系统结构与功能高度分化演进的原动力，而其系统内部各子系统间的空间组织过程实质上又体现为异质性组织要素的优化配置与协同作用。由此可知，劳动空间分工与社会—空间系统内在联系的客观存在必然使得劳动空间分工成为高度复杂分化的现代城市系统的主要组织形式。[①]

（一）相关概念界定

1. 异质性劳动力

异质性是劳动力的本质属性，劳动者由于先天体力和智力上的差异其劳动能力各不相同。随着后天知识水平、信息积累程度以及拥有社会关系资源的差异，劳动力的异质性程度在后天表现得更为明显。因此，劳动的异质性是普遍存在的。异质性劳动力的范畴可以包含一般劳动、知识技能和社会资源等方面，其中信息技术的发展是异质性劳动力分层演进的历史条件，社会资源的积累是其后天差异化的具体内容。异质性劳动力的内涵和外延共同决定了所有具有劳动能力的劳动者均可以归为异质性劳动力。异质性劳动力同时

---

① 参见范存换《基于异质性劳动分工的城市群空间组织演变特征研究》，博士学位论文，浙江财经大学，2015年。

考虑了劳动力的先天能力差异和后天社会能力差异，后者主要表现在技能分层、社会分层、效用多元三个方面的差异。

2. 劳动空间分工

劳动空间分工（Spatial Division of Labor）是英国人文地理学教授 Massey 首先提出，是介于地理学和经济学的一个中间概念。劳动空间分工的形成基础在于劳动过程在空间上的集中和分离，是劳动过程属性的外在空间表征。[①] 也有学者从企业的微观层面上阐释劳动空间分工的基础，认为劳动空间分工是企业对劳动过程的空间形式和组织形式选择的结果。按照劳动过程的阶段性特征和分工体系的差异性，将劳动空间分工分为两个层次：部门空间分工和产品内空间分工。前者是狭义上的较为传统的空间分工形式，而后者是战后在分工的进一步深化演进中较为学术界所接受的主要的劳动空间分工形式。产品内空间分工与部门空间分工的最主要的区别在于后者的可分解性较高，可以从流通环节、市场环境、生产环节和公司组织四个方面来分析城市空间组织由集聚转向分离的演进特征。在劳动空间分工过程中，空间不再仅仅是社会生产的物质载体或者经济活动的地理投影，而是一种极为重要的社会生产要素。[②]

3. 城市群空间组织演进

目前，对城市群空间组织的概念界定不一。塔菲（1997）曾经指出空间组织思想的最大贡献在于强调了不同区域间的空间相互作用与空间依赖性，认为城市群空间组织是一个动态而非静态的过程。刘天东认为城市群空间组织是通过一定的自组织法则和人类干预对城市内以及城市间各要素的组合和布局。[③] 其既包含城市群区域内部各城市空间要素的静态布局形态，也考虑各城市相互作用过程中的要素的动态流动和重新组合。结合上述概念分析，不难推断出城市群空间组织所涉及的具体内容，即城市群空间组织内生地包

[①] Massey D., "In what Sense a Regional Problem?", *Regional studies*, Vol. 13, No. 2, 1979, pp. 233 – 243.

[②] Walker R., "The Geographical Organization of Production-Systems", *Environment and Planning D: Society and Space*, Vol. 6, No. 4, 1998, pp. 377 – 408.

[③] 参见刘天东《城际交通引导下的城市群空间组织研究》，博士学位论文，中南大学，2007年。

含着城市群的空间规模分布、结构特征以及功能联系。

(二) 异质性劳动空间分工的新经济地理学解释

空间不平衡是无意识的大量个体决策的结果,这些决策是由厂商和劳动力做出的。在贸易成本足够低时,将出现制造业部门的空间集中。这种结果违背了一般的看法,即贸易成本的下降将导致区位选择上的更大灵活性,因而边缘区有可能得到发展。实际上,相反的情形也存在,即传统区位因素在逐步消失而新的区位因素逐渐占据主导地位,从而使得厂商集聚在没有先天比较优势的区域。换言之,尽管厂商是自由的,然而一旦与规模收益递增有关的新的集聚力发挥作用,则厂商将逐渐失去其灵活性。开始起步时,一些区域的发展水平是相同的,但后来形成了相当大的区际差异。新古典国际贸易理论假定,劳动力是同质的且可以在部门之间流动,但不能在国家之间流动。而克鲁格曼的经济地理学模型假定,劳动力严格分为两种类型,一是区际不可流动的劳动力,二是区际可以流动的劳动力。克鲁格曼并没有强调标准贸易理论所预期的要素价格的均等化现象,而是为大量且持久存在的区域差异提供了支持。由经济活动集聚导致的空间不均衡现象,呈现出技能劳动力向有限地区集中的形式。Bailey 考虑了横向异质化的劳动力,因这种异质性,厂商在区域劳动力市场上具有市场力量。[1] Henson 的假定与此相反,他假定技能劳动力是垂直异质化的。[2] 其研究表明,可能会出现一种新型的均衡,即技能劳动力的人口在空间上是分割的,技能水平最高的劳动力在一个区域,技能水平最低的劳动力在另一个区域。而藤田和蒂斯 (2003) 把核心—边缘模型和格罗斯曼—赫尔普曼—罗默的内生增长模型结合起来,并在此基础上提出了增长与集聚的共生同步性。其福利分析的观点认为位于边缘区的劳动力的境况可能比在分散模式下的劳动力的境况要好。

---

[1] Bailey M. J., "More power to the pill: the impact of contraceptive freedom on women's life cycle labor supply", *The Quarterly Journal of Economics*, Vol. 121, No. 1, 2006, pp. 289–320.

[2] Hanson G. H., "The economic consequences of the international migration of labor", *Annu. Rev. Econ.*, Vol. 1, No. 1, 2009, pp. 179–208.

而根据克鲁格曼模型推出的相关结果可以发现，因为集聚的累积性特性，经济活动的集聚具有较强的抗拒外部冲击的性质。实际上，当技能劳动力向某一区域集聚时，他们可以从集聚租金中获益。该租金为正，表明集聚只受到强烈的外部冲击的影响。因此边缘区的技能劳动力不会导致（至少在某一临界值内）目标劳动者区位的改变，也不会改变原有的集聚格局。根据相同的效应，鲍德温和克鲁格曼（2004）强调指出，财政协调能够保证核心区长期保持其优势以阻止边缘区出现吸引厂商的可能性。这些作用在可流动的资本模型中不存在。相对于本地市场效应，核心—边缘模型更多的是阐释了资本的流动性与劳动的流动性之间的差异，除此以外两个模型基本相同。在资本是可流动的情况下，如果两个区域拥有相同规模的市场，则资本总是均匀地分布在两个区域之间。无论贸易成本是何种水平，任何微小的扰动都会形成促使经济系统回到对称模式机制。但在劳动力流动的情形下，只要贸易成本足够低，任何微小的扰动，都足以形成一种累积性机制，直到所有的技能劳动力都集中在一个区域才会停下来。相反，如果两个区域的生产规模不同，若不考虑贸易成本，则在资本可以自由流动的情况下这一差距会进一步扩大。另外，异质性劳动力是可以流动的，且贸易成本足够高，则这一差距会缩小。

（三）城市发展过程中的劳动空间分工演变过程

城市发展的早期阶段，其规模扩张主要以经济、人口的空间集中为主导，随后经过生产力的高速发展，逐渐形成了以经济、劳动力等生产要素的空间持续集中和分散共存为主导的核心—外围发展模式。通过人文地理学中劳动分工的相关理论可以发现，微观经济主体的生产、贸易等活动的区位最优选择是认识和理解城市以及城市群空间组织演变的根本出发点。工业化发展过程中，尤其是初期，受到地租、劳动力成本、原材料运输成本的因素制约，传统高劳动密集型制造业大多以企业集群的模块化形式存在和发展，最终形成了规模较为庞大的产业集聚区。这种空间发展模式一方面受益于经过产业内部分工深化和劳动力专业化水平提升所带来的规模经济和范围经济优势，而另一方面生产资料的日益增大使得有限的空间资源变得稀缺昂贵。专业化经济的快速发展和空间成本的逐步提高，使得多数企业在权衡二者所带来经济效益之后，倾向于从核心区域向外围地区转移。借助于生产技术和运输工具性能的飞速发展，使得产业垂直分工所导致的企业各部门空间分离变得具有实际操作性，即企业劳动过程的研发创新、生产制造和运营管理等多个部门环节的区位选择和再选择，从而有利于劳动空间分工的高级阶段产品内分工的逐步深化。

在城市发展初期，各类企业往往偏好于将管理控制类部门设置在核心区位，而将生产制造、创新研发等部门设置在城市外围区域。这种差异化的区位安排从根本上来说是企业边际成本和边际收益权衡的结果，尤其是劳动力边际效益和空间边际成本的高低评估，熟练劳动力和非熟练劳动力的异质性最终决定了相应部门的空间区位选择。差异化部门的空间存在并不是稳定不变的，不同属性部门由于自身特性所决定的空间集聚和扩散的程度不同，使得部门内部和部门之间的空间关联和溢出效应迥异。例如，管理控制类活动的核心集聚主要得益于多样化产业间持续性的高质量知识溢出，研发创新类活动则主要受益于城市外围的廉价地租和周边同类部门间的知识技术共享，而生产制造类活动受益于廉价地租，但更主要的是劳动力市场的本地共享和知识的隐性溢出。这种部门内部、部门之间以及产业内部和产业之间的知识溢出持续存在，使得城市空间组织呈现某种动态演变特征，而且这种演变特征随着相互间作用的强度不同而不同。随着各部门活动的进一步增强，不同区域内部和区域之间劳动过程的再分工和部门区位的再选择更加灵活和频繁，逐步使得城市规模更加庞大，结构更加复杂。异质性劳动空间分工的核心部分即劳动过程，一般认为可以划分为劳动密集型和资本密集型两大类：劳动密集型劳动过程主要倾向于分布在城市外围区域，而资本密集型劳动过程往往集中在城市核心或者次级核心区域。同时，随着资本密集型劳动过程的逐步复杂和进步，大量先进性生产技术的出现使得资本对一般劳动力的边际替代率大幅度提升，而依靠资本要素的各类部门企业便开始偏好于向边际成本较低的外围边缘地区转移。

异质性劳动空间分工的逐步深化使得区域空间分化现象更加明显，无论是传统制造业还是发达的生产性服务业其空间发展方向和模式不尽相同，呈现出非均衡分布特征。企业部门对边际成本和边际收益的动态权衡，从本质上决定了不同部门之间空间区位的差异性以及相同部门和产业扩散后再次集聚的倾向。因为企业考虑到远离核心区域后如果单纯地空间均匀分布，虽然减少了核心区域高昂的地租成本，但是仍然应该考虑在边缘地区减少成本的各种方式。这时，各类部门或者产业又开始逐步集聚以享受知识溢出带来的区位效益。经过长时间的持续性集聚和动态扩散，一个新的次级核心区域便应运而生，而且不同的次级中心往往表现出不同的功能性指向。伴随着异质性劳动空间分工的持续性演进，整个城市便逐步由原来单一的核心、轴线等低级结构向多中心化结构转变，多中心化结构又推动着周边城市向着更大范围、更加复杂的城市群演进。

二 城市间人力资本的分化

（一）人力资本相关理论研究

20世纪50年代末、60年代初，美国西北大学舒尔茨教授对人力资本问题进行了深入研究，提出了现代人力资本理论，经过明赛尔、贝克尔、罗默、卢卡斯、加尔布雷斯、斯图尔特、埃德文森和沙利文等人的发展和完善，人力资本理论已经形成了比较完善的理论体系。到目前为止，人力资本理论越来越成为研究一个国家或地区国民素质、教育与健康投资、经济增长和竞争优势的重要基础理论。

古典政治经济学家威廉·配第提出了"土地是财富之母，劳动是财富之父"的著名观点，被称为人力资本理论研究的萌芽；亚当·斯密提出的"劳动力是经济进步的主要力量"以及人力资本的投资及其收益问题等观点，是后来人力资本理论形成的直接源泉。

现代人力资本理论的集大成者是舒尔茨。舒尔茨的主要观点有：第一，系统阐述了人力资本的概念和性质；第二，具体论述人力资本的内容和形成途径；第三，对教育在一国经济增长的贡献以及对教育投资的收益率进行了部分定量分析。①② 明赛尔在人力资本理论方面的主要观点是将受教育年限作为衡量人力资本投资的重要标准，计量了劳动者增加一年教育而增加的个人收入，即明赛尔收益率。③ 同时，他将人力资本理论研究由宏观社会扩展到微观组织、家庭和个人。贝克尔在人力资本理论方面的主要观点是从家庭生产时间价值及分配的角度系统阐述了人力资本生产、人力资本收益分配规律以及职业选择等问题，从而极大地丰富了人力资本理论。④ 20世纪80年代中期以来，罗默和卢卡斯以内生技术增长为中心，构建技术内生化增长模型，一方面将人力资本纳入增长模型，突出人力资本对经济增长的贡献；另一方面从增长模型中阐述了人力资本理论，特别强调了"专业化人力资本的作用"。现代人力资本理论的研究突破了古典经济学派、庸俗经济学派和新古典经济学派关于人力资本理论的一般性研究，具体、深入的研究已取得丰硕成果。

（二）人力资本外部性与教育回报的相关性

中国改革开放40年的发展印证了教育回报的不断上升。计划经济时代所有人的工作都是由国家统一安排，教育回报率被严重地低估。从改革开放起，教育回报率逐年上升。研究发现1年教育水平的提高会提高工资水平13.2%。私人教育回报的持续上升体现出教育的确在创造价值。一种直观的理解是，教育回报上升的原因是计划经济时期对教育回报的压制在市场经济下得到纠正。另一种容易想到的解释是，随着时间的推移，教育质量得到了改善。但这两种解释都还不够，都没有解释教育回报不断提高背后隐藏的现代经济增长的核心秘密。陆铭最近的研究发现，人力资本外部性在提高教

---

① 参见［美］西奥马·W. 舒尔茨《论人力资本投资》，吴珠华等译，北京经济学院出版社1990年版。
② 参见［美］西奥马·W. 舒尔茨《教育的经济价值》，吉林人民出版社1982年版。
③ Mincer J., "Investment in human capital and personal income distribution", *Journal of political economy*, Vol. 66, No. 4, 1958, pp. 281-302.
④ ［美］加里·S. 贝克尔：《人力资本：特别是关于教育的理论与经验分析》，北京大学出版社1987年版。

育回报方面的作用被严重地忽视了。

人力资本外部性的含义是,一个人的教育水平提高不仅提高了自己的私人收入,还在与其他人的社会互动中产生知识的外溢性,从而在加总的意义上产生社会回报,即一个人能够从其他人的教育水平提高中获得收益,包括收入提高、犯罪率下降和人民生活质量改善。如果人力资本外部性很大,那么劳动力从农村流动到城市或者从教育水平低的城市流动到教育水平高的城市,就可以获得收入的提高。美国的实证研究发现,工资和地租在平均人力资本水平更高的城市更高[1]。类似地,Moretti发现,城市的大学毕业生比例每增加1个百分点,企业的劳动生产率会上升0.6%—0.7%。[2] Moretti同样说明了知识溢出效应的存在,他发现,城市的大学毕业生比例每增加1个百分点,工资水平平均上升0.6%—1.2%。[3]

陆铭和Glaeser的研究发现,通过使用CHIPS 2002和CHIP 2007的数据,一个城市的平均受教育年限增加1年,这个城市的居民平均收入将提高大约21.9%。[4] 如果换用2005年1%的人口小普查数据,一个城市的平均受教育年限增加1年,这个城市的居民平均收入将提升19.6%—22.7%。不同的数据估计出来的结果非常接近。这意味着,及时给定教育水平和所有其他个人特征,只需要将一个人的居住地的人均受教育年限增加1年,他的收入就可以同步提高大约20%。另外,由于存在人力资本的外部性,原先教育的私人回报就被高估了,这其中包括了教育的社会回报。

(三) 高技能的集聚使得低技能者受益

一是劳动力分工。当市场容量增加的时候,会促进劳动力分工

---

[1] Ranch J. E., "Productivity Gains from Geographic Concentration of Human Capital: Evidence from the Cities", *Journal of Urban Economics*, Vol. 34, No. 3, 1993, pp. 380–400.

[2] Moretti E, "Estimating the Social return to Higher Education: Evidence from Longitudinal and Repeated Cross-Sectional Data", *Journal of Econometrics*, Vol. 121, No. 1, 2004, pp. 175–212.

[3] Moretti E, "Workers' Education, Spillovers, and Productivity: Evidence from Plant-level Production Functions", *The American Economic Review*, Vol. 94, No. 3, 2004, pp. 658–690.

[4] Glaeser, E. L. and M. Lu, "Human Capital Externalities in China", *Harvard University and Shanghai Jiaotong University Working Paper*, 2014.

更为细化,劳动力彼此之间的联系更为紧密,不同技能的人在生产过程中位于不同的岗位,相互分工,从而产生互补性。其实,这就是市场规模促进分工的"斯密定理"。

二是人力资本外部性。人力资本外部性的存在会提升高技能劳动力的生产力。

结合以上两点可以说明存在劳动力分工时,不同技能的人会从事符合各自比较优势的职业,存在外部性的情况下,高技能者的增加会提高其自身劳动生产率,同时也会促进低技能者劳动生产率的提高。因此,大城市会促进低技能互补。

三是消费外部性。就业工资的上涨会增加人们从业家务的机会成本。对于高技能劳动力而言,从事家务的高机会成本会促使其将家务活动外包给从事家政、餐饮等消费型服务的低技能劳动力。同时,收入水平的提高还会增加其他诸如医疗、艺术、法律等的服务需求,而它们的从业人员主要是高技能劳动力。大城市会通过外部性、分享和匹配等机制提升高技能劳动力的工资,促进高技能劳动力将更多家务活动外包,同时增加对消费型服务业的需求,进而会增加消费型服务业的就业量。据估计,城市中每增加1个高技能岗位,就会增加5个消费型服务业的岗位,其中2个是医疗、艺术、法律等高技能劳动力从事的岗位,3个是餐饮、收银员等低技能劳动力从事的岗位。[①]

三 高技能劳动力促进城市发展

城市的发展离不开高技能劳动力的集聚。高技能劳动力促进城市发展的原因,主要体现为以下两点。

(一)高技能劳动力本身具有更高的生产率

若以学历来衡量技能水平,则高技能劳动力更高的生产率可体现在私人的教育回报率上。私人教育回报率会因国家、地区和经济发展阶段等因素而不同。在中国,计划经济时代所有人的工作都是由国家统一安排,教育回报率可能是被低估的,而自改革

---

① Moretti E., *The new Geography of Jobs*, Houghton Miffl in Harcourt, 2012.

开放以来，教育回报率逐步上升。教育回报率在 1978 年仅为 -0.642%，到了 1987 年则上升为 3.707%[1]；在整个 20 世纪 90 年代，从 1990 年的 2.43% 上升到 1999 年的 8.1%[2]；2000 年之后，从 2001 年的 6.78% 上升到 2010 年的 8.6%[3]。梁文泉和陆铭用 2005 年 1% 人口普查的微观数据，在控制了年龄、年龄平方、性别、民族和婚姻状况后，发现一年教育水平的提高平均会提高工资水平 13.2%。[4] 总而言之，高技能劳动力具有更高的生产率。

（二）高技能劳动力的集聚会产生外部性

高技能比例的增加提升城市居民的平均工资，不仅是因为高技能劳动力获得了更高的教育私人回报率，更是因为高技能劳动力的集聚产生了教育社会回报率。城市内，高技能劳动力的集聚会产生人力资本外部性，这是高技能劳动力促进城市发展的更为重要的原因。另外，高技能劳动力产生的正外部性也体现在其他方面，比如犯罪率。高技能劳动力数量的增加，可能会促进城市犯罪率减少，并形成模范效应，带来城市总体犯罪率下降，提高城市的吸引力。人力资本外部性主要是通过人与人之间面对面的交流产生的，于是人力资本外部性的存在只局限于很小的地理范围之内，这会导致更多的高技能劳动力集聚在城市（特别是大城市）以享受人力资本外部性。因此，我们可以看到，高技能比例越高的城市在后续的发展中会集聚越多的高技能劳动力，从而出现城市间人力资本水平的分化。

高技能劳动力促进城市间人力资本分化的作用机制，其中一个很重要的是企业家精神。首先，城市的人力资本水平会促进企业家

---

[1] Fleisher B. M., Wang X., "Returns to Schooling in China under Planning and Reform", *Journal of Comparative Economics*, Vol. 33, No. 2, 2005, pp. 265 - 277.

[2] 李实、丁赛:《中国城镇教育收益率的长期变动趋势》，《中国社会科学》2003 年第 6 期。

[3] Gao W., Smyth R., "Returns to Schooling in urban China, 2001 - 2010: Evidence from Three Waves of the China Urban Labor Survey", *Monash University, Department of Economics, Discussion Paper*, No. 12, 2012, p. 50

[4] 梁文泉、陆铭:《城市人力资本的分化：探索不同技能劳动者的互补和空间集聚》，《经济社会体制比较》2015 年第 3 期。

精神的形成；[1] 其次，高学历的企业家和管理者倾向于雇用更多的高技能员工。[2] 初步认为，在中国，高学历的企业家和管理者管理的企业雇用更多的高技能力可能不是促使中国城市间人力资本分化的原因，具体的情况还需要进一步的研究。总而言之，高技能劳动力会促进城市工资提升、人口增加，是城市发展的引擎。

四 劳动异质性与分工互补

既然高技能劳动力是城市发展的引擎，那为什么低技能劳动力也会共存于城市呢？其背后的原因在于，高低技能劳动力之间存在技能互补。技能互补体现的是不同技能劳动力之间的关系。假设城市内存在高低技能劳动力两种劳动力。从生产率来看，若高低技能劳动力能够互相促进对方生产率的增加，则说明高低技能劳动力之间存在互补性。从就业情况来看，若高低技能劳动力能够互相促进对方就业量的增加，则说明高低技能劳动力之间存在互补性。

首先，从生产率的角度来考察高低技能互补。梁文泉和陆铭（2015）用2005年的人口普查微观数据考察城市高技能比例对不同技能劳动力工资的影响。结果表明，当城市高技能比例增加1个百分点时，高技能的小时工资会增加6.11个百分点，而低技能劳动力的工资会增加7.17个百分点，增幅略大于对高技能者的影响。另外，如果将低技能劳动力细分为具有高中学历和大专学历的中等技能者和具有初中及以下学历的低技能者，同样发现，城市高技能比例对低技能劳动力工资的增幅最大，和其他的文献类似。[3][4] 因此，可以认为，在城市内高低技能劳动力之间存在互补性。

---

[1] Glaeser E. L., Kerr W. R., Ponzetto G. A. M., "Clusters of Entrepreneurship", *Journal of Urban Economics*, Vol. 67, No. 1, 2010, pp. 150 – 168.

[2] Berry C. R., Glaeser E. L., "The divergence of Human Capital Levels Across Cities", *Papers in Regional Science*, Vol. 84, No. 3, 2005, pp. 407 – 444.

[3] Glaeser, E. L. and M. Lu, "Human Capital Externalitiesin China", *Harvard University and Shanghai Jiaotong University Working Paper*, 2014.

[4] Moretti E., "Estimating the External Return to Higher Education: Evidence from Cross-Sectional and Longitudinal Data", *Journal of Econometrics*, Vol. 120, No. 1 – 2, 2004, pp. 175 – 212.

其次，从就业量变化来考察高低技能互补。如果初期高技能劳动力比例的增加，不仅会促进下一期高技能劳动力的增加，同时也会促进低技能劳动力比例的增加，则说明高低技能存在互补。我们利用2000年和2010年的人口普查数据来考察具体情况，结果发现，2000年高技能比例增加1个百分点，则在2000年到2010年，高技能比例显著增加1.129个百分点；中等技能劳动力显著减少1.479个百分点；低技能劳动力则会增加0.351个百分点，但不显著，不过系数的t值已经大于1。因此可以认为，在城市内高低技能劳动力之间存在互补性。类似情况在美国也出现过，1970年到2000年，城市的初期高技能劳动力比例导致后续10年内高技能劳动力比例增加的同时，低技能劳动力比例也在增加[1]（Berry & Glaeser，2005）。

在企业层面同样可以看到技能互补现象。技能互补会影响企业的雇用决策。面对异质性的劳动力，企业在雇用决策时就必须考虑异质性劳动力之间是否存在互补性。异质性的劳动力之间的交流会产生外部性，同时也会存在沟通成本，只有当正外部性大于沟通成本时，即只有当异质性员工之间存在互补时，企业主才会增加员工的多样性。一般而言，不同教育程度的员工产生的正外部性大于沟通成本，会提高企业的生产率，而年龄、种族等异质性的影响则相反。[2] 梁文泉和陆铭利用2008年经济普查数据研究发现，当企业规模大到一定程度时，企业内就会出现高低技能互补。[3]

技能互补的存在就可以解释为何高低技能劳动力会共存于城市中。反过来，城市的发展会如何影响技能互补呢？大城市中，具有更多的高技能劳动力，具有更强的人力资本外部性，这必然会促进高技能劳动力之间的互补。与此同时，大城市也可能影响高低技能之间的互补性。大城市具有更高比例的高技能劳动力，但平均技能

---

[1] Berry C. R., Glaeser E. L., "The divergence of human capital levels across cities", papers in Regional Science, Vol. 84, No. 3, 2005. pp. 407–444.

[2] Rycx F., Garnero A., Kampelmann S., *Minimum Wages in Europe: Does the Diversity of Systems Lead to a Diversity of Outcomes*, ULB-Universite Libre de Bruxelles, 2013.

[3] Liang, W. and M. Lu, "Skill Complementarities within Firms", *Fudan University, Shanghai Jiaotong University Working Paper*, 2014.

水平和小城市却相差无几,① 而且大城市间的技能水平具有更大的方差。② 埃克霍特首次从城市经济学角度来考察技能互补,并利用美国数据分析大、小城市的技能分布,发现在大城市具有更高比例的高技能劳动力和低技能劳动力,而中等技能劳动力的比例则更低,③ 这充分说明大城市会促进技能互补。

---

① Bacolod M., Blum B. S., Strange W. C., "Skills in the city", *Journal of Urban Economics*, Vol. 65, No. 2, 2009, pp. 136 – 153.

② Gautier, A. P. and C. N. Teulings, "Search and the City", *Regional Science and Urban Economics*, Vol. 39, No. 3, 2009, pp. 251 – 265.

③ Eeckhout J., Pinheiro R., Schmidheiny K., "Spatial Sorting", *Journal of Political Economy*, Vol. 122, No. 3, 2014, pp. 554 – 620.

第八章

城市群的概念、理论与测度

第一节 城市群的定义

戈特曼在1957年提出大城市带（Megalopois）是城市发育的最高层次，发育成熟的都市区为其基本单元。由各具特色的都市区形成组合体，都市区间的自然、社会、经济、政策与文化等多方面具有内部紧密的联系和分工合作，如都市区间的非农化用地主要作为城市居民休闲场所、都市区间的产业具有密切的水平产业链或垂直产业链。之后的研究者根据分析的视角、时期、地域的不同，城市群的概念与内涵皆有些许差异。

姚士谋与陈振光[①]指出城市的形式和发展是社会劳动生产力高度集聚和高度发达不断推动的，亦是人类社会高度社会化、协同化的显著特征与人类反应的具体体现。当代城市是人类集聚的主要场所，也是社会经济活动最具生命力的地方。随着社会经济的不断发展，现代科学技术又不断集聚在超大或特大城市，特别是省会以上的超大城市，城市人口规模大于500万人，甚至达到一两千万人，这些具有国际城市功能的超大城市，其人口规模、用地规模愈来愈大，集聚的人才、资本、信息及其技术产业以及综合性的交通运输体系，相互构成了城市群发育的基础和动力。我国改革开放后农民工进城务工，成了我国多个城镇二、三产业主要职工人员的来源，

---

① 姚士谋、陈振光、吴松、王波：《我国城市群区战略规划的关键部问题》，《经济地理》2008年第4期。

特别是沿海的三大城市群，暂住人口越来越多是我国城镇化的开始。城市群是在一个区域空间内由自然环境要素和社会经济等级组成的有机体，是一个大系统中具有较强活力的子系统，无论在区域层次上，还是在相互联系的空间上，均具有网络型的基本特征，是一个区域经济发展的基本实体。胡序威与应厘清指出从地域空间考虑，城市群是一个特定区域内相对独立的有机体，也是一个处于动态发展过程中的开放性有机系统，其生产联系生物巨大流动性，社会生活的稳定性与综合性又表明它是一个充满着不断变化的有生命的物质世界和文化精神活跃的世界。①

从区域空间布局的角度分析，通过区域中的每一个城市的形成过程及其相互联系，可以看到区域优势点集中，有发达的交通干线沟通各个城市区域，形成一个或两个以上的核心城市，由这些城市共同组成一个区域城市群体。因此，城市群（Urban Agglomerations）的基本概念可以概括为：在特定的地域范围内具有相当数量的不同性质、类型和等级规模的城市，依托一定的自然环境条件，以一个或两个特大或大城市作为地区经济的核心，借助于综合运输网的通达性，发生与发展着城市个体之间的内在联系，共同构成一个相对完整的城市"集合体"。② 也有人认为，"所谓城市群体是由若干个中心城市在各自基础设施的基础和具有个性的经济结构方面，发挥特有的经济社会功能，而形成一个社会、经济、技术一体化的具有亲和力的有机网络"。

一 城市群的基本概念

自人类社会由农业时代进入工业时代后，商品交换与人类文化活动又促进了二、三产业的长足发展，最近半个世纪以来，又进入了一个空前繁荣的城市化时代。城市是社会生产力和科技文化发展到一定水平、社会劳动地域分工达到一定程度（尤其是商品经济活

---

① 胡序威、应厘清：《与城镇化有关的各种地域空间概念》，《城市发展研究》2014年第11期。

② 参见姚士谋、许学强《中国城市群》，中国科技大学出版社1992年版。

动发展）的产物。① 由此可见，城市的形成和发展是社会劳动生产力高度集聚和高度发达不断推动的，亦是人类社会高度社会化、协同化的显著特征与人类反应的具体体现。当代城市是人类集聚的主要场所，也是社会经济活动最具生命力的地方。

二　城市群的新趋势和特点

"城市群"是在指称上具有多元性和综合性的概念。在理论研究中，厘清"城市群"研究的发展脉络并追踪其最新研究进展，必须明确早期学者们曾使用过哪些名称。比如城市规划学者的"城市密集地区"，城市地理学者的"都市连绵区"和"（大）都市带"，经济学者及地理学者的"都市圈"和"城市群"，等等。其中有两点值得注意：一是早期城市群的研究具有非常明显的学科特性，学者们分别从各自的学科专业视角出发，用特定学科的概念体系去界定城市群，用本学科的方法体系去研究城市群；二是这些多元性的概念有指称上的区别，每一种指称都有其侧重点和特点，每一种指称都代表这一发展形态的某个阶段或者是某种形态，但在指向"城市群"的意义上各方并不冲突。

在城市群的相关研究中，目前还出现了四个新的趋势和特点。

（一）基本概念的再认知

在城市群发展不断深入的背景下，有学者提出应重新思考城市群的基本概念，认为城市群的范围界定以及内部各大中小城市功能如何定位和协调等方面还有待深入研究，地方政府各行其是是行不通的，应根据不同类型的城市群进行科学合理的分析论证。

（二）分层次差别化的地方或区域城市群研究

在城市群研究的早期，大多数研究较为笼统，对于各个地方城市群没有针对性的深入分析，提出的战略或对策研究缺乏现实的指导意义。近年来随着地方政策的出台和公共领域对于城市群的关注日渐增加，学界对于地方城市群进行了分层次差别化的研究，如京津冀城市群、长三角城市群、长江中游城市群、中原城市群、成渝

---

① 参见姚士谋、陈振光、朱英明等《中国城市群》（第4版），中国科技大学出版社2016年版。

城市群、长株潭城市群、绍兴城市群、江南城市群、丝绸之路城市群等。

（三）城市群的均衡组织模式

关于中国城市群发展的模式研究，有学者认为中国城市群应该科学培育和分级建设，不同发育程度的城市群存在着不同的问题和不同的发展模式，如京津冀城市群的协同发展优化模式、长江三角洲城市群的扩围模式、珠江三角洲城市群的"两条腿"并行模式、辽中南城市群的空间整合模式、哈长城市群的"井"字形空间组织模式、中原城市群的战略整合模式、关中城市群的均衡组织模式等。此外，还有学者提出成渝城市群的"双核+三带"发展模式。

（四）城市群发展过程中社会、环境与文化的变迁

推动城市群的可持续发展，这类研究具有多学科的性质，打破学科和地域的限制，并且结合新的研究方法和手段。如有学者提出的"文化型城市群"，认为应培育具有鲜明层级体系和积极协调作用的城市群文化机制，推进以工业化、现代交通建设为主导的"经济型城市群发展方式转变"；同时在社会主义文化强国总体框架下重建和复兴不同区域的"小传统文化"，使之在城市群层级体系建设和区域一体化与协调发展中发挥更大作用。认真梳理和分析城市群概念与理论的演化和进展，可以为我国城市群研究、规划和建设提供更为科学的理论依据和科学指导。

第二节　城市群空间范围的识别标准

城市群空间识别标准，早在20多年前我国城市地理界姚士谋教授在他的《中国城市群》[①]一书中就提出来了，后来方创琳教授等比较系统地做了分析研究，并在逐步完善之中。城市群是一个复杂、开放的巨系统，具有边界模糊性和城市辐射范围的阶段性与模糊性等典型特征，因此，对于城市群空间范围的识别和界定研究工

---

① 参见姚士谋、许学强《中国城市群》，中国科技大学出版社1992年版。

作也显得十分困难。尽管如此，法国地理学家戈特曼早在1957年就提出了城市群空间范围识别的五大标准，国内学者在研究过程中也提出了界定标准，如周一星提出五大标准，姚士谋提出十大标准等。[1]

综合分析国内外专家有关都市区、都市圈、城市群、都市连绵区等的判断指标和标准，在吸收各家相关权威指标和标准的基础上，充分考虑中国所处的城市化发展阶段、中国城市化在经济全球化时代的重要地位和国际地位，以及中国城市群形成发育中政府主导的国家特色，[2] 方创琳教授（2010）提出中国城市群空间范围识别的七大标准如下：

（1）城市群内都市圈或大城市数量不少于3个，其中作为核心城市的城镇人口大于100万人的特大或超大城市至少有一个。

（2）城市群内人口规模不低于2000万人，其中城镇人口不少于1000万人，区域城镇化水平大于50%。

（3）城市群人均GDP超过3000美元，工业化程度较高，一般处于工业化中后期。

（4）城市群经济密度大于500万元/平方公里，经济外向度大于30%。

（5）城市群铁路网络密度为250—350公里/万平方公里，公路网密度为2000—2500公里/万平方公里，基本形成高度发达的综合运输通道；能够形成半小时、1小时和2小时经济圈。核心城市到紧密圈外围的时间不到半小时，发车频率在10分钟左右，视为半小时经济圈；到中间圈外围的时间不到1小时，发车频率在20分钟左右，视为1小时经济圈；到外围圈的时间不超过2小时，发车频率在30分钟左右，视为两小时经济圈。

（6）城市群非农产业产值比重超过70%。

（7）城市群内核心城市GDP的中心度大于45%，具有跨省级的城市功能。

---

[1] 参见方创琳、姚士谋、刘盛和等《中国城市群发展报告》，北京科学出版社2010年版。
[2] 参见陆大道、姚士谋、刘慧《中国区域发展报告》，北京商务印书馆2007年版。

总体来看，对城市群这类特殊的动态变化地域进行空间范围识别是一个很复杂的问题，无论采用何种识别标准和方法得出的城市群空间范围都是相对的。从严格意义上讲，由于城市群的空间辐射范围一直处于动态变化之中，不可能划出绝对明确的界限。尽管如此，对于空间范围识别的研究还是十分必要的，因为确定相对比较明确的范围对于制定城市群经济社会发展战略和城市群区域规划具有十分重要的现实意义。

王丽[1]在2015年根据戈特曼[2]、麦吉（Mcgee）[3]、周一星[4]、姚士谋与方创琳[5]等学者的研究，归纳出城市群识别有四个主要条件，包括基础条件、相互联系、首位城市备注与城市体系等，将城市群的空间范围识别标准分类。基础条件是指城市群发育内部与外部条件，包括城市群所处区域具有发达的经济水平（如高经济密度、高人均GDP等）、优良的交通条件、较高的人口规模、较好的城市化水平等。相互联系是指城市群内城市与腹地、城市与城市间的相互交流合作，是城市群存在的本质，如通勤率、货物运输量等。首位城市是指城市群起主导作用的核心城市，具有规模大、级别高与经济特别发达且具影响力等特性。首位度由Jefferson于1939年提出，可以反映城市体系的发育情况，也可以体现地区人口或经济的集聚情况。首位度是指规模最大城市的城市人口或GDP与第二城市的人口或GDP之比，其公式为：

$$S = \frac{P_1}{P_2}$$

首位度亦可定义为最大城市占整个地区的比重，其公式为：

---

[1] 参见王丽《中国城市群的理论、模型与实证》，科学出版社2015年版。
[2] Gottman J., "Megalopolis or the urbanization of the northeastern Seaboard", *Economic Geography*, Vol. 33, No. 3, 1957, pp. 189–220.
[3] Mcgee T. G., *Urbanization or Kotadesasi?*, The emergence of new regions of economic interaction in Aisa Honoulu: East–West Environment and policy Institute, 1987.
[4] 周一星：《关于明确我国城镇概念和城镇人口统计口径的建议》，《城市规划》1986年第3期。
[5] 方创琳：《城市群空间范围识别标准的研究进展与基本判断》，《城市规划学刊》2009年第171卷第3期。

$$S = \frac{P_1}{\sum_{i=1}^{n} P_i}$$

城市体系则是指以规模等级的形式衡量城市群，包括城市数量与各城市的规模等级等。基础条件是城市群形成的前提、相互联系是城市群存在的本质、首位城市和城市体系的结构，也是相互联系交流的载体。

此外，顾朝林[1][2]在1992年提出非描述性的城市群识别方法，是国内首次以定量的方式识别城市群。该方法假定城市呈现随机分布，划定一定的地域范围，统计该地域面积 A 和城市数目 n，计算出各点之间理想的最邻近距离 D_e，实测出各邻近点之间的距离平均数 $\bar{D}$，相比得到区域内点的集聚程度 R，其计算公式为：

$$R = \frac{\bar{D}}{D_e}, \quad D = \frac{1}{2}\sqrt{\frac{A}{n}}$$

该方法以几何点的平面统计计算城市间的集聚程度，其中 R 为城市体系去空间结构的识别指标，R 大于1表示城市呈现分散状，R 小于1表示城市呈现集聚状态。作者以该方法选定125公里、250公里、375公里、500公里识别出中国在1985年有7条城市密集区和11个大城市群。

第三节　城市群的相关理论与实证模型

城市群起源于区域的相互作用力，理论背景与实证分析方法除了前面章节介绍过的古典地租与土地利用理论、区域几何学的中心地理论、单中心城市的 AMM 模型、集聚与扩散理论、新经济地理的中心—外围理论等，尚有以集聚扩散理论为基础的增长极理论、循环累积因果理论、极化—涓滴理论、核心—边缘理论等；以界定

---

[1]　参见顾朝林《中国城镇体系——历史、现状、展望》，商务印书馆1992年版。
[2]　顾朝林、庞海峰：《基于重力模型的中国城市体系空间联系与层域划分》，《地理研究》2008年第27卷第1期。

城市影响范围为研究目的的社会物理学的传统引力模型与熵最大模型等；还有以新经济地理为基础，引入运输成本的的冰山理论。以下分别介绍。

一 集聚扩散理论

（一）增长极理论

法国经济学家弗朗索瓦·佩鲁（Francois Perous）以增长极的概念分析产业经济发展模式，指出经济增长点并非存在所有的经济部门，而是在部分具有创新能力的产业，这些产业具有高速发展、大规模扩张、通过各种方式与其他产业产生关联，并带动经济的整体发展等特性。在区域中，增长极在各城市（群）具有核心作用，可通过集聚与扩散作用带动周围区域的经济发展。

（二）循环累积因果理论

瑞典经济学家冈纳·缪尔达尔（Gunnar Myrdal）发现社会经济制度演进是一个循环累积的过程，最初的社会因素会引发另一个相关因素发生变化，类似马太效应使各种因素的变化具有因果累积性。只是，当到达一定程度后，因果累积可通过扩散效应与虹吸效应产生反向的影响力。在区域经济研究中，如果一个区域受到某种扰动或本身具有优势，则受到循环累积作用会使扰动或优势不断强化，直到一定程度后产生反作用力。

（三）极化—涓滴效应理论

美国经济学家艾伯特·赫希曼（Albort Hischman）假设有相对发达地区与相对不发达地区，在区域联系发展过程中，首先由经济发展程度高的地区吸引人口、技术、资金等向该地集聚，使发达地区更为发达，而不发达地区更加落后，此为区域发展的极化效应。而涓滴效应的意涵在于由于北方吸收南方的人口，使南方抒解就业压力，随着北方经济发展，透过集聚与扩散作用，北方的先进技术、科学管理方法、思想文化等最终也可流入南方，最终促进南北地区双方的经济交流与发展。

（四）核心—边缘理论

弗里德曼（Friedmann）结合罗斯托（Rostow）的发展阶段理

论，建立核心—边缘理论，将空间结构演变过程划分为四个阶段。第一阶段为前工业化时期，具有生产力水平低下、区域经济社会联系较少与农业社会自给自足发展特征，各居住处较为分散、对周围的影响较弱。第二阶段为工业化发展初期，其特征为以少数城市为中心、周围初步集聚大量的人、财、物，经济快速发展，并将此少数城市的其他城市的发展程度拉大，直到第二产业占 GPD 比重明显超过第一产业占 GDP 比重。第三阶段为工业发展成熟期，即少数城市发展成熟并逐步辐射到周围地区，并强化城市间的区域经济与社会联系。第四阶段为后工业化时期，随区域经济与社会发展的紧密联系，各种要素逐渐可以在城市群内自由流动、合理配置，形成大中心城市协同发展的城市体系、城市间内部发展差距逐渐缩小、经济一体化深化发展。

二 城市影响范围

（一）城市影响范围概念

城市影响范围是由中心地理论发展而来，用于识别同一空间中，某一中心的交互依存关系胜于其他中心，其分析出中心所影响的腹地范围，有利于厘清城市间、城市与区域的相互作用，可作为奠定城市组团的规划研究基础，帮助了解城市群体系结构，并促进区域经济社会协调发展。[1][2][3][4][5][6]

---

[1] Brown L. A. and Holmes J., "The delimitation of functional regions, nodal regions and hierarchies by functional distance approaches", *Journal of regional science*, 1971, Vol. 11, No. 1, 1971, pp. 57 – 72.

[2] Taafffe E. J., "The urban hierarchy: an air passenger definition", *Economic Geography*, Vol. 38, No. 1, pp. 1 – 14.

[3] Berry B. J. L. and Lamb R. F., "The delineation of urban spheres of influence: evaluation of an interaction model", *Regional Syudies*, Vol. 8, No. 2, 1974, pp. 185 – 190.

[4] Wang F. H., "Regional density functions and growth patterns in major plains of China 1982 – 1990", *Papers in Regional Science*, Vol. 80, No. 2, 2001, pp. 231 – 240.

[5] Du G. Q., "Using GIS for analysis of urban system", *GeoJournal*, Vol. 52, No. 3, 2001, pp. 213 – 221.

[6] Liang S. M., "Research on the urban influence domains in China", *International Journal of Geographical Information Science*, 2008, Vol, No. 1, pp. 1 – 13.

(二) 城市影响范围实证方法

城市影响范围实证方法主要借用社会物理学、数学与统计学理论，以下介绍引力模型与其相关模型。

1. 传统引力模型

城市经济学家借用物理学中的牛顿万有引力模型（Newtonian Gravity Model），用以解释城市间的联系强度与两地人口成正比、与距离的平方成反比，反映地理空间的相互作用。引力模型可以根据研究所需，以传统引力模型为基础，透过变量选择或参数设定进行补充完善。传统引力模型公式如下：

$$F_{ij} = G \frac{P_i P_j}{r_{ij}^2}$$

式中，F_{ij} 表示 I、j 两地的相互引力，G 为引力常数，P_i、P_j 为人口规模或城市规模，r_{ij} 为两地的距离。根据传统引力模型的变形有潜力模型与场模型，分别适用于单中心城市群与多中心城市群的分析。

2. 市场潜力模型（Market Potential Market）

Harris（1954）根据物理场的概念提出市场潜力模型（Market Potential Model），以对城市群的所有城市作用程度进行分析。其定义为某地的潜力为各城市的规模比上该市距离某特定城市的距离，并求其和，其公式为：

$$P_k = \sum_i M_i f(d_{ik})$$

式中，k 为任意地点，i 为所在城市，M 为城市规模，f 为距离衰变函数，d_{ik} 为 i、k 的两地距离。潜力模型是城市群内所有城市的作用强度之和的度量，能够体现出各城市群的发育条件，属于宏观尺度，适用于研究多中心城市群或多城市群研究。而根据研究内容，各参数也会相映调整。例如，城市规模可用销售额表示[1]、地

---

[1] Harris C. D., "The market as a factor in the locationization of industry in the United States", *Annuals of the Association of Amercian Geographers*, Vol. 44, No. 4, 1954. pp. 315–348.

区收入[1]、地区生产总值[2][3]、地区购买力[4]、城市非农人口[5]等。然而，城市是一个综合体，人口规模、集聚经济效益、投入产出前后向关联等都可能成为城市规模的参数，而采用合理的城市规模变量有助于分析城市间的作用程度[6][7][8]。而关于城市间的距离衡量，除了传统的行车时间[9]、直线交通距离[10]、运输成本[11]，亦可采用经济差距进行城市间的距离衡量参数。

3. 场模型（Field Model）

相对于潜力模型，场模型是核心城市具有较强的吸引力与辐射力，且核心城市具有较明显的辐射范围，其公式为：

$$P_k = \sum_i M_j f(d_{jo}), P_k > T$$

---

[1] Hanson G. H. "Market potential, increasing returns and geographic concentration", *Journal of international economics*, Vol. 67, No. 1, 2005, pp. 1–24.

[2] Brulhart M., *The fading attraction of central regions: an empirical rate note on core periphery*, 2006; Brakman S., Garretsen H. Marrewijk C. et al., "Empirical research in geographical economics", In Brakman S., Heijdra B., The monopolistic competition revolution in retrospect, Ambridge: Cambridge University Press, 2004.

[3] Brakman S., Garretsen H. Schramm M., "The spatial distribution of wages: estimating the helpman – hanson model for Germany", *Journal of Regional Science*, Vol. 44, No. 3, 2004, pp. 437–466.

[4] Wolf N., "Endowments v. s. market potential: what explains the relocation of industry after the polish reunification in 1918?", *Exploration in Economic History*, Vol. 44, 2007, pp. 22–42.

[5] Liang S. M., "Research on the urban influence domains in China", *International Journal of Geographical Information Science*, Vol. 1, No. 1, 2008, pp. 1–13.

[6] Clark C., Wilson F., Bradley J., "Industrial location and economic potential in Western Europe", *Regional Studies*, Vol. 3, No. 2, pp. 197–212.

[7] Smith D. M., *Industrial location: An Economic Geographical Analysis*, New York: Wiley, 1971.

[8] Rich D. C., "Population potential", *Potential Transportation Cost and Industrial Location Area*, Vol. 10, No. 3, 1978, pp. 222–226.

[9] Bederman S. H. and Adams, J. S., "Job accessibility and unemployment", *Annuals of the Association of American Geographers*, Vol. 64, No. 3, 1974, pp. 378–386.

[10] Carrothers G. A., "Population Projection by Means of income potential models", *Papers in Regional Science*, Vol. 4, No. 1, 1958, pp. 121–152.

[11] Harrics C., "The Market as a Factor in the Localization of Industry in the United States", *Annals of the Association of American Geographers*, Vol. 44, No. 4, 1954, pp. 315–348.

式中，k 为任意地点，j 为所在城市，M 为城市规模，f 为距离衰变函数，d_{jo} 为 j、o 的两地距离，T 为核心城市辐射范围临界值。场模型是潜力模型的简化，较适用单中心城市影响范围的研究。

4. 距离衰减模型（Distance decay model）

在引力模型中，距离衰减模型的距离参数与距离可全面反映空间作用随距离变化不同的衰减速率[1]，距离函数是对数变化后利用回归方式求得，不同研究对象、不同研究内容都会对距离曲线产生不同程度的影响。距离衰减模型研究的重要性在于相应空间交互作用，其曲线的形式亦隐含作用范围和强度差异。例如，Taylor 对瑞典的迁移数据进行研究是平方根指数曲线最优。[2]

5. 区域经济作用模型

姚士谋等（2016）基于空间在经济上的相互作用与距离衰减定律，将区域间相互作用以经济联系强度作为衡量变量。公式如下：

$$Y_{ij} = \frac{\sqrt{P_i G_i} * \sqrt{P_j G_j}}{E_{ij}^2}$$

式中，Y_{ij} 为城市兼经济联系强度，P_i 和 P_j 分别为城市 i 和城市 j 的 GDP，G_i 和 G_j 分别为城市 i 和城市 j 的市区人口，E_{ij}^2 为城市 i 和城市 j 的空间距离平方。

6. 断裂点理论模型

断裂点理论模型考虑城市群的引力与扩散力，对城市的相互吸引作用及其引力场大小进行分析计算[3]。公式如下：

$$D_A = \frac{D_{AB}}{1 + \sqrt{\frac{P_B}{P_A}}}$$

式中，D_A 为从断裂点到城市 A 的距离、D_{AB} 为 A 与 B 两个城市间

---

[1] Itoh, S., *Geographical studies on the distance parameter of spatical interaction model: a review article*, Bulletin of the Faculty Location and Planning in the United Kingdom, London: Methuen, 1987.

[2] Taylor P. J., *Concepts and techniques in modern geography 2: distance decay in spatial interactions*, Norwich: Geo Abstracts, University of East Anglia, 1975.

[3] 参见姚士谋、陈振光、朱英明《中国城市群》（第4版），中国科技大学出版社2016年版。

的距离、P_A 为 A 城市的人口、P_B 为 B 城市的人口。

三 新经济地理学的冰山理论

新经济地理学是腾田与克鲁格曼[①][②]基于区位理论、社会物理学与集聚扩散理论,结合世界贸易、新经济增长理论,透过数学模型与参数所建构的空间区位理论,在自由贸易与全球化的 21 世纪,将规模报酬递增、不完全竞争、市场外部性、固定比率的运输成本、过程的演进性与动态模拟等方法引入模型。例如,以"中心—外围模型"分析个体生产者的规模经济、集聚经济、运输成本和要素流动的互动中演绎城市的集聚;以"城市体系模型"分析随人口增长到临界值、产业从大城市流入小城市,由于不同产业的替代弹性与运输成本不同,而产生不同规模的城市体系;而"贸易模型"将运输成本引入模型,使区位因素在区域与国际贸易模型中发挥关键作用,并用以探究国际贸易对产业集聚、城市与城市体系在形成与发展过程中的影响。

萨缪尔森简化的一般均衡模型,并为保持迪克西特-斯蒂格利滋(Dixit - Striglitz)的需求弹性不便假设,萨缪尔森(Samuelson)[③]引入的固定比率运输成本假设,建立冰山理论(Iceberg Model)(Samuelson,1954,1983)。[④]其公式为:

$$z_{ij} = y\, e^{-r d_{ij}}$$

式中,i 为生产地 M,j 为其他任意两点,z_{ij} 为到达 j 地的产品数量,y 为产品的起运数量,r 为运输成本,d_{ij} 为 i 与 j 两地的距离。然而冰山理论随距离变化仍有其模型缺陷,如克鲁格曼(2000)针对运输成本与距离关系表述进行改进,以产品的市场价格随运输距离

[①] Fujita M., Krugman P., Venables A. J., *The spatial economy: cities, regions, and international trade*, Cambridge: MIT Press, 1999.

[②] Krugman P., Increasing returns and economic geography, *The Journal of Political Economy*, Vol. 99, No. 3, 2000, pp. 483 - 499.

[③] Samuelson P. A., "Thunen at two hundred", *Journal of economic literature*, Vol. 21, No. 4, 1983, pp. 1468 - 1488.

[④] Samuelson P. A., "The transfer problem and transport cost, II: analysis of effects of trade impediments", *Economic Journal*, Vol. 64, No. 254, 1954, pp. 264 - 289.

的增加而递增比例增加。

关于中心—外围理论与 D‑S 模型可参考本书第五章。

四 城市群 Gini 指数

Gini 指数是基尼于 1912 年提出[①]，初期用以衡量区域的均衡发展，以洛伦兹曲线为例，横轴为累积人口、纵轴为累积收入，若 10% 的人口占 10% 的收入、20% 的人口占 20% 的收入，则称为理想状态，可用以衡量城市群协同程度。其公式为：

$$G = 1 - \frac{1}{n} \sum_{i=1}^{n} (\gamma_i + \gamma_{i-1})$$

Gini 指数为 1 时表示不均衡程度最高，最小值为 0，国际上以 0.4 最为警戒线。

第四节 大城市为核心的层级体系：齐普夫法则

一 齐普夫法则

对城市系统中城市规模分布问题的研究，最早可以追溯到 20 世纪初期的德国经济学家奥尔巴克。奥尔巴克提出关于城市规模分布的一个基本理论问题，即是否存在着城市规模的基本分布模式？如果存在，那么它会是何种模式？奥尔巴克虽然提出了这个问题，但他只是做了很粗略的讨论，却未能在理论上加以阐明。他提出的这个问题，甚至在很长时间里也没有引起经济学者的足够重视。直到 1936 年，辛格的一篇论文重提奥尔巴克早先提出的问题。辛格对奥尔巴克提出的关于城市规模分布的基本理论问题做了肯定的回答，认为城市规模分布的基本分布模式是存在的，而且它属于帕累托分布模式。为此，辛格提出了一个基本方程，用以描述城市规模的帕累托分布。这个基本方程可以写成：

---

① Gini, C., "Measurement of inequality of incomes", *The Economic Journal*, Vol. 31, 1921, pp. 124‑126.

$$y = Ax^{-\alpha}$$

或者以对数形式写成：

$$\log y = \log A - \alpha \log x$$

式中，x 是特定城市的人口规模，y 是人口规模超过 x 的城市的数量，A 和 α 均为常数。

遗憾的是，辛格的上述方程乃基于对城市人口数据的极其简单的统计模拟，在模拟的基础上猜测性构筑出上述方程所描述的特定统计关系。辛格并没有对上述方程的经济理论含义做出进一步阐明，甚至也没有从上述特定统计关系式中领悟出城市规模分布的规模—排序原则。

城市规模分布的规模—排序原则[①]是由齐普夫完成的。齐普夫的主要贡献在于，他把城市系统中的城市规模分布与各城市的规模排序在数量上联系起来，并构建出一个异常简洁的统计模型。这个模型所揭示的城市规模分布与城市的规模排序之间的统计关系，就是著名的"齐普夫法则"。这一统计关系可以用下列方程来加以概括：

$$P_i = P_1 / R_i$$

式中，R_i 是第 i 个城市的排序位次，P_i 是指在一个特定区域的城市系统中按人口规模排序中第 i 个城市的人口总数，P_1 是这一城市系统中按人口规模排序居第 1 位的城市（系统中的最大城市）的人口总数。如果我们对上述方程两边取对数，同时略去对数符号，那么，方程就转化为下列对数线性方程形式：

$$p_i = p_1 - r_i$$

如果再进一步把方程转化为一个在统计意义上可操作的线性回归方程式，那么就会得到：

$$p_i = p_1 - \beta r_i$$

在式中，p_1 乃作为一个常数，它表示一个特定区域的城市系统中预期的第一大城市的人口规模，β 是一个系数。显然，这个方程所描述的，是城市人口规模与城市排序之间的统计关系，也就是齐

---

① 田建春：《城市规模分布的齐普夫法则评述》，《科技和产业》2010 年第 7 期。

普夫所要表达的思想。齐普夫认为，城市规模分布不仅可以用帕累托分布来描述，而且当 $\beta=1$ 时，城市规模的帕累托分布表现出一种特殊的情形，此时 p_1 就完全等于城市系统中最大城市（系统中规模排序居第一位的城市）的人口规模。在这种情形下，上述方程在平面上所绘出的是一条斜率为 -1 的直线。后来，人们把这样一条直线称为"齐普夫曲线"（the Zipf's curve），β 被称为"齐普夫指数"（the Zipf's exponent），而这条曲线所描述的统计关系则被称为"齐普夫法则"。

二 基于经济理论对齐普夫定律的解释[①]

从不同的经济理论角度出发，对城市规模分布的齐普夫定律进行了理论诠释。目前，主要的经济解释理论分为以下几种。

（一）城市系统理论

城市系统理论（The Urban System Theory）解释的是各城市的经济发展如何形成特定的城市规模分布及城市职能分布，其中城市规模分布易受外来冲击的影响。城市系统理论主要分成两类[②]：一类是源于"中心地理论"的城市体系空间模型（The Spatial Models of Urban Hierarchy），另外一类是由亨德森[③]提出的城市体系非空间模型（The Aspatial Urban System Model）。

最具代表性的城市体系空间模型是藤田等[④] et al.，1999）提出的模型。其受中心地理论的启发，指出制成品的特征差异将使得不同种类、规模的城市形成明确分工的城市等级体系。作者根据数据模拟分析了产业的溢出从而解释了城市等级体系，在单级经济体中（经济系统具有唯一的最高等级城市，它能生产所有制造业产品），

[①] 沈体雁、劳昕：《国外城市规模分布研究进展及理论前瞻——基于齐普夫定律的分析》，《世界经济文汇》2012 年第 5 期。

[②] Krugman P., "Urban Concentrantion: The role of increasing returns and transport costs", International Regional Science Review, Vol. 19, No. 1 - 2, 1996, pp. 5 - 30.

[③] Henderson J. V., "The Size and Types of Cities", American Economic Review, Vol. 64, No. 4, 1974, pp. 640 - 656.

[④] Fujita M., Krugman P. and Mori T., "On the Evolution of Hierarchical Urban Systems", European Economic Review, Vol. 43, No. 2, 1999, pp. 209 - 251.

等级较低的产业（一般为具有较高替代弹性或者较高运输成本的产业）临界人口规模最小。因此，随着人口规模的扩大，该产业的市场潜能函数值最先在临界距离处达到1，低等级城市出现。为了保持整个空间系统的稳定均衡，随着人口规模的增大，每一个侧翼城市都要不断向外移动，直到它获得足够大的锁定效应为止。人口规模进一步增大，新的产业不断溢出来，新的侧翼城市不断产生，这些新旧侧翼城市之间、产业之间经过一系列动态调整，最终形成城市等级体系，满足中心地理论的等级原则，其中高等级城市包含了所有低等级城市的产品生产。城市等级体系表现出工业品贸易的空间模式。

而更早之前的亨德森[1]提出的城市体系非空间模型则阐释了外部经济和外部不经济（假设取决于生产技术、通信技术和交通技术等因素）之间的合力导致城市规模分布的产生。亨德森认为，外部经济主要体现在城市内特定产业的空间集聚，而外部不经济则主要取决于城市的规模。这种不对称导致两种结果：首先，外部经济性在不同产业之间存在很大的差异（例如，纺织工业城市没有理由再建大型钢铁厂，而金融城市包揽全国的金融业务却是有效率的）。所以，城市的最优规模取决于它的功能。其次，由于城市规模造成不经济，那么就应该把相互间没有溢出效应的产业（如钢铁生产业和出版业）放置在不同城市，以避免交通拥挤和地租的攀升。因此，亨德森认为城市应该专业化（至少在出口产业上）生产一种或几种能够产生外部经济的产业。该模型指出，城市的规模分布并不是一种自然事件，它是与产出和生产条件的区域组合直接联系在一起的，从而将各城市规模作为受城市功能影响所产生的经济变量。由于该模型所推导出的城市规模分布是由外部规模经济和城市拥挤不经济之间的权衡形成的，所以城市规模分布应当随时间的推移而改变，幂律指数无法获得稳定值1。

城市系统理论虽然可以较好地解释现实城市等级体系的形成，但没法解释为何城市规模分布服从齐普夫定律，然而其为齐普夫定

---

[1] Henderson J. V., "The Size and Types of Cities", *American Economic Review*, Vol. 64, No. 4, 1974, pp. 640–656.

律的其他解释理论提供了一定的理论基础。

(二) 中心地理论

本书前面提过,中心地理论(Central-Place Theory)是由克里斯塔勒在 1933 年提出的,由廖什在 1940 年进一步发展,其主要用来解释区域内的城市数量、规模和范围。中心地理论的基础是市场区分析,认为城市的规模取决于城市所提供的商品或服务的规模经济程度。由于不同产业的规模经济和人均需求不同,市场区规模也不同,因此不同产业有不同的区位模式。中心地理论解释了这些不同产业的区位模式是如何形成区域城市体系的问题。

基于中心地理论的分析可得出:中心地的首要功能是为周围市场提供商品和服务。中心地提供的商品和服务越多,其市场区规模越大、等级越高、数量越小,在越大的范围内提供商品和服务。中心地理论指出:不同规模城市的存在,产生城市的等级系统;城市越大,它所提供的产品和服务的类别越多;每个城市从等级较高的城市进口产品,向等级较低的城市出口产品。然而,它无法解释何种机制促使中心地系统出现进而形成今天我们所观察到的城市规模分布模式的问题。

值得一提的是,Hsu(2008)在一个空间模型中用中心地理论解释了齐普夫定律,该空间模型中不同规模的城市在整个经济体中发挥不同的职能,即服从中心地理论。由于中心地理论反映的是相邻两个城市等级的市场区面积比为 2 的城市等级均衡状态,因此该模型提出了与城市等级特性相一致的一系列均衡状态。根据中心地理论,商品的规模经济程度与市场规模相关,大城市提供小城市提供的所有商品,从而产生了城市规模偏态分布曲线。在固定成本的分布函数呈对数形式时,城市规模分布的齐普夫定律成立,其中城市规模分布呈轻微的凹性,企业分布的齐普夫定律在同样的条件下也成立。该模型将中心地理论与齐普夫定律有效联系在一起,当由两个邻近城市等级产生的商品数增量几乎相等,且城市等级数足够多的情况下,齐普夫定律成立。

虽然中心地理论尚存在不足之处,如中心地理论只能解释零售业、服务业等的空间分布,而不能对工业主导城市的规模分布给出完全的解释；但其显著的优点是为实际的城市规模分布提供了充分理论解释，比城市系统理论更具说服力，其提出的预测可被实证研究所验证[①]（Berry，1967），而城市系统理论只能独立存在。正是由于其存在缺陷，才驱使学者做进一步探究并在以下理论中对齐普夫定律做出新的解释。

（三）城市内生形成理论与自组织理论

城市内生形成理论（Endogenous City Formation Theory）假定城市形成与消失是由内生因素所决定的，由Lucas[②]和Romer[③]的城市内生增长理论发展而来，注重规模效应的影响[④]（，1999）。Axtell和Florida（2001）在前人研究基础上进一步构建了一个城市体系混合理论模型，以在均衡状态下预测齐普夫定律。他们试图调和离心力与向心力之间的相互作用（这两个力在微观层次上决定了城市的规模），并且试图在宏观层次上运用假定规模收益不变的动态过程（the as-if-constant-returns dynamics）来解释这一问题。他们基于企业选址理论，提出了由企业形成导致城市形成的模型。企业的增长率服从拉普拉斯分布，根据幂次定律，它们的方差随着企业规模的增加而降低，工资随着企业规模的增加而增加，在总体上满足规模报酬不变，从而城市规模分布服从齐普夫定律。此外，Black[⑤]和Henderson（1999）构建了城市经济内生增长模型，强调地方知识溢出及人力资源积累推动城市经济内生增长和经济集聚，同时促进城市规模增长。

迪朗东（Duranton）为城市内生形成理论做出了重要贡献，提

[①] Berry B. J. L.，"Geography of Market Centers and Retail Distribution"，*Prentice-Hall, Englewood Cliffs*，1967.

[②] Lucas, Robert E.，"On the Mechanics of Economil Development"，*Jouornal of Monetary Economics*，Vol. 11，No. 1，1988，pp. 3 – 42.

[③] Romer P. M.，"Endogenous Technological Change"，*Journal of Political Economy*，Vol. 98，No. 5，1990，pp. S71 – S102.

[④] Jones C. I.，"Growth: With or Without Scale Effects?"，*American Economic Review*，Vol. 89，No. 2，1999，pp. 139 – 144.

[⑤] Black D.，Henderson V.，"A Theory of Urban grow"，*Journal of Political Economy*，Vol. 107，No. 2，1999，pp. 252 – 284.

出一个简单的机制来解释城市的增长和衰退。Duranton[1][2]（2002，2006）在城市框架中引入了 Grossman 和 Helpman[3]的质量阶梯增长模型，可用于拟合观测到的城市规模分布，模型的均衡状态符合齐普夫定律。该模型为城市规模变动性提供了较合理的解释，指出在产业和城市层面的创新驱动冲击会引起城市的增长（或衰退），并从企业发展的经济决策出发来描述城市规模分布，模型中产品多样性的创新及本地知识溢出（生产地靠近研发地）共同作用的结果可以作为随机增长模型的理论基础。其随后的研究[4]以城市间的产业"频动"（churning）为理论基础，重现三种主要的城市演化特征：快速城市演化（城市间产业频动）、缓慢城市演化（城市变动性）、静止城市演化（齐普夫定律）。通过模拟，它可以有效地拟合法国和美国不同时刻的城市规模分布情况，根据自然效率准则，该模型要优于齐普夫定律，可揭示实际齐普夫曲线的不规则特征。迪朗东模型中观测到的城市规模分布规律与城市经济学的基本理论板块相一致，都认为集聚经济、拥挤成本等的存在会对城市规模分布产生影响。

和城市内生形成理论类似，自组织理论（The Self-Organization Model）认为城市是一个复杂的自组织系统，城市体系会按照一定的机制自发地形成符合齐普夫定律的城市规模分布。尽管克鲁格曼[5]认为城市体系的基本特征应该用自组织模型来研究，直到近年来才有人用这种较新的理论进行城市体系的相关研究，如 Brakman

---

[1] Duranton G., "City Size Distributions as a consequence of the Growth Process", CEPR Discussion Paper, Vol. 1, No. 6, 2002, pp. 477–501.

[2] Duranton G., "Some foundations for Zipf's Law: Product Proliferation and Local Spillovers", Regional Science and Urban Economics, Vol. 36, No. 4, 2006, pp. 542–563.

[3] Grossman G. M., Helpman E., "Quality Ladders in the Theory of Growth", Review of Economic Studies, Vol. 58, No. 1, 1991, pp. 43–61.

[4] Duranton G. "Urban Evolutions: The Fast, the Slow, and the Still", American Economic Review, Vol. 97, No. 1, 2007, pp. 197–221.

[5] Krugman P. R., "The Self-organizing econormy", Cambridge MA: Blackwell Publishers, 1996.

et al.[①]。其中 Brakman et al.[②] 运用新经济地理理论,在经济地理学和对外贸易的模型中引进了负反馈/负外部性(拥挤成本),为城市体系演化提供了扩散力,从而构建起包含集聚力和扩散力在内的一般均衡选址模型,为齐普夫定律存在的理论基础提供了必要条件——各城市的规模是大小不等的,且模拟出的结果接近于齐普夫定律。然而幂律指数接近于1只有在一定的参数值条件下才能实现,即在"工业化"情形下,具体表现在运输成本大幅下降,且规模报酬递增的松脚型工业变得日渐重要。而与前工业化和后工业化情形相联系的幂律指数均超过1。

城市内生形成理论与自组织理论模型往往较具确定性,无法一一解释现实中各种不同情况下的城市规模分布演化,且忽视了潜在的外在驱动力对城市规模分布的影响。

[①] Brakman S., Garretsen H., Marrewijk C. V., Berg MVD, "The Return of Zipf: Towards a Further Understanding of the Rank-Size Distribution", Journal of Regional Science, Vol. 39, No. 1, 1999, pp. 182 – 213.

[②] Brakman S. et al., "The New Introduction to Geogralphical Economics: Agglomeration and International Business", General Information, Vol. 102, No. 39, 2001, pp. 13861 – 13866.

第三篇

中国城市化走向大城市群

第九章

中国城市群概述

第一节 中国主要城市群[①]

自2006年《国家"十一五"规划纲要》首次提出"把城市群作为推进城镇化的主体形态",至今已经12年,城市群在我国城镇化进程中逐渐明确、作用日益凸显。目前,我国较成熟的城市群包括珠三角、长三角、京津冀,已基本建成的城市群包括山东半岛、辽中南半岛、长江中游、中原、成渝、关中、海峡西岸,正在建设的城市群包括武汉城市群、长株潭城市群、江淮城市群、太原城市群、环鄱阳湖城市群等。

由光明日报城乡调查研究中心、上海交通大学城市科学研究院主持编撰的《中国城市群发展报告2016》从人口、经济、社会、文化和均衡性5个方面,对长三角、珠三角、京津冀、山东半岛、中原经济区、成渝经济区、武汉城市圈、长株潭、环鄱阳湖9个城市群进行了综合考量和客观评价。上海交通大学城市科学研究院院长、光明日报城乡调查研究中心副主任刘士林认为,京津冀、长三角和港澳在优质人口集聚、居民生活质量和文化发展水平上走在前列,位居第一阵营。山东半岛凭借优越的地理位置和良好的经济基础,位居第二阵营。中原经济区、成渝经济区以及长株潭经济基础薄弱,城市一体化程度较低,位居第三阵营。武汉城市圈和环鄱阳

[①] 尔东尘:《2016中国城市群的发展现状与趋势》,《中国建设信息化》2016年第9期。

湖资源挖掘和利用程度不够，发展理念和政策水平有限，与其他城市群的发展水平差距较大，位居第四阵营。这既反映出我国城市群发展的分层化趋势十分明显，也是"十三五"时期我国新型城镇化建设要关注和解决的重点问题。

首先，京津冀、长三角和珠三角代表着中国城市群发展的最高水平和发展方向。京津冀是中国的"首都圈"，包括北京市、天津市以及河北省的保定、唐山、廊坊、秦皇岛、张家口、承德、石家庄、沧州、邯郸、邢台、衡水等11个地级市。其中北京、天津、保定、廊坊为中部核心功能区，京津保地区将率先联动。土地面积21.8万平方公里，常住人口约为1.1亿人，其中外来人口为1750万。2016年地区生产总值约为6.65万亿元。以汽车工业、电子工业、机械工业、钢铁工业为主，是全国主要的高新技术和重工业基地，也是中国政治中心、文化中心、国际交往中心、科技创新中心所在地。京津冀地区古为幽燕、燕赵，本为一家，历元明清三朝800余年，元属中书省、明为北直隶、清为直隶省。民国初北京为京兆，天津属直隶省。民国定都南京后，北京改为北平，与天津同属河北省。京津冀地缘相接、人缘相亲，地域一体、文化一脉，历史渊源深厚、交往半径相宜，完全能够相互融合、协同发展。京津冀位于东北亚中国地区环渤海心脏地带，是中国北方经济规模最大、最具活力的地区，越来越引起中国乃至整个世界的瞩目。2017年3月21日，环境保护部部长陈吉宁主持召开专题会议，分析研判京津冀及周边区域近期大气污染防治形势，并对下一阶段工作做出部署。经中国环境监测总站会同京津冀及周边省级环境监测中心预报，2017年3月21—30日，京津冀及周边区域大部以良至轻度污染为主。

长江三角洲城市群（简称长三角城市群）位于长江入海之前的冲积平原。根据2016年5月国务院批准的《长江三角洲城市群发展规划》，长三角城市群包括：上海，江苏省的南京、无锡、常州、苏州、南通、盐城、扬州、镇江、泰州，浙江省的杭州、宁波、嘉兴、湖州、绍兴、金华、舟山、台州，安徽省的合肥、芜湖、马鞍山、铜陵、安庆、滁州、池州、宣城等26市，国土面积21.17万平方公里，2014年地区生产总值12.67万亿元，总人口1.5亿人，分别约占全国的2.2%、18.5%、11.0%。长三角城市群是"一带一路"与长江经济带的重要交会地带，在中国国家现代化建设大局和全方位开放格局中具有举足轻重的战略地位。是中国参与国际竞争的重要平台、经济社会发展的重要引擎，是长江经济带的引领发展区，是中国城镇化基础最好的地区之一。长三角城市群经济腹地广阔，拥有现代化江海港口群和机场群，高速公路网比较健全，公铁交通干线密度全国领先，立体综合交通网络基本形成。《长江三角洲城市群发展规划》指明，长三角城市群要建设面向全球、辐射亚太、引领全国的世界级城市群。建成最具经济活力的资源配置中心、具有全球影响力的科技创新高地、全球重要的现代服务业和先进制造业中心、亚太地区重要国际门户、全国新一轮改革开放排头兵、美丽中国建设示范区。

珠江三角洲位于广东省中南部，珠江入海口与东南亚地区隔海相望，包括广州、深圳、佛山、中山、惠州、东莞、珠海、江门、肇庆以，大珠三角包括香港特别行政区、澳门特别行政区共11个地区，被称为中国的"南大门"。它是有全球影响力的先进制造业基地和现代服务业基地，南方地区对外开放的门户，我国参与经济全球化的主体区域，全国科技创新与技术研发基地，全国经济发展的重要引擎，辐射带动华南、华中和西南地区发展的龙头，是我国人口集聚最多、创新能力最强、综合实力最强的三大区域之一（另外两个是长三角、环渤海），有"南海明珠"之称。2015年1月26日，世界银行发布的报告显示，珠江三角洲超越日本东京，成为世界人口和面积最大的城市群。2016年8月28日，中国国家林业局正式批复珠三角地区为"国家森林城市群建设示范区"。原珠三角9市携手香港、澳门打造"粤港澳大湾区"，是继美国纽约湾区、美国旧金山湾区、日本东京湾区之后世界第四大湾区，建成世界级城市群。

成渝经济区范围包括重庆市的万州、涪陵、渝中、大渡口、江北、沙坪坝、九龙坡、南岸、北碚、万盛、渝北、巴南、长寿、江津、合川、永川、南川、双桥、綦江、潼南、铜梁、大足、荣昌、璧山、梁平、丰都、垫江、忠县、开州、云阳、石柱31个区县，四川省的成都、德阳、绵阳、眉山、资阳、遂宁、乐山、雅安、自贡、泸州、内江、南充、宜宾、达州。2011年5月30日，根据国务院批复，国家发展改革委"发改地区〔2011〕1124号"文件印发《成渝经济区区域规划》。文件指出：成渝经济区自然禀赋优良，产业基础较好，城镇分布密集，交通体系完整，人力资源丰富，是我国重要的人口、城镇、产业集聚区，是引领西部地区加快发展、提升内陆开放水平、增强国家综合实力的重要支撑，在我国经济社会发展中具有重要的战略地位。努力把成渝经济区建设成为西部地区重要的经济中心、全国重要的现代产业基地、深化内陆开放的试验区、统筹城乡发展的示范区和长江上游生态安全的保障区，在带动西部地区发展和促进全国区域协调发展中发挥更重要的作用。

2014年以来，对中国城市群总体格局影响最大的长江中游城市群的正式出场。2014年4月，国务院总理李克强在重庆主持召开长江经济带沿线11省市政府负责人座谈会，9月25日国务院正式公布《关于依托黄金水道推动长江经济带发展的指导意见》，明确了长江经济带涉及长江黄金水道流经的11省市，包括上海、江苏、浙江、安徽、江西、湖北、湖南、重庆、四川、云南和贵州等，并提出将长江经济带建成具有全球影响力的内河经济带、东中西互动合作的协调发展带、沿海沿江沿边全面推进的对内对外开放带以及生态文明建设的先行示范带的战略目标。2015年3月26日，国务院批复的《长江中游城市群发展规划》，将该地区已有的三个城市群，即武汉城市圈、长株潭城市群、环鄱阳湖城市群正式纳入长江中游城市群的范围，成为一个特大型城市群。

武汉城市圈（Wuhan Metropolitan Area），又称武汉"1+8"城市圈，是指以中部最大城市武汉为圆心，覆盖黄石、鄂州、黄冈、孝感、咸宁、仙桃、潜江、天门等周边8个大中型城市所组成的城市群。武汉为城市圈中心城市，黄石为城市圈副中心城市。武汉城市圈的建设，涉及工业、交通、教育、金融、旅游等诸多领域。面积不到湖北省1/3的武汉城市圈，集中了全省一半以上的人口、六成以上的GDP总量，是中国中部最大的城市组团之一。它不仅是湖北经济发展的核心区域,也是中部崛起的重要战略支点,是武汉重返国家中心城市的重要举措。截至2011年,武汉城市圈总面积超过12.5万平方公里,总人口约为5100万。

长株潭城市群总面积9.96万平方公里,人口4000多万,GDP占全省79%。城市群以长沙、株洲、湘潭为中心,外围分别发展岳阳、衡阳、益阳、常德、娄底5个次级城市圈(带)。其中,长株潭都市区的区域范围除长沙、株洲、湘潭主城区外,望城区、长沙县、浏阳市、宁乡县及益阳市赫山区均被纳入其中。在湖南省第九次党代会上,湖南省委借鉴国内外城市群建设的经验,根据湖南的发展实际,提出加快"3+5"城市群建设,即加快以长株潭3个城市为中心,以一个半小时通勤为半径,包括岳阳、常德、益阳、娄底、衡阳5个城市在内的"3+5"城市群建设,同时重视大湘西开发和湘南开放。以"3+5"城市群为主体形态,带动湖南省区域经济的协调发展,加快形成以特大城市为依托、大中小城市和小城镇协调发展的新型城市体系。2011年出台的"十二五"规划纲要(草案)出现了一个新名词——"长株潭城市群",而之前叫长株潭"3+5"城市群。湖南省长株潭两型办副主任陈晓红表示:长株潭城市群和长株潭"3+5"城市群是一回事,不过这个概念好记,是比较通用的概念,范围并没有变。区域经济专家、湖南师大教授朱翔介绍,"十二五"期间湖南省新型城市化进一步加快,国家旨在培育长江中上游地区(中部地区)的经济增长极,包括:武汉城市圈、长株潭城市群、江西环鄱阳湖生态经济区等,而将来沪昆高铁开通后将和武广高铁在长沙交会,长沙将成为中部地区重要交通枢纽,这将大大提高长株潭在全国区域经济格局中的地位。至于产业,长株潭也提出了战略性新兴产业,除了传统产业外,特别强调了文化产业,比如电视、出版传媒、旅游业等。

环鄱阳湖城市群,是以中国第一大淡水湖——鄱阳湖为核心,由环绕鄱阳湖的城市组成。包括南昌、九江、上饶、抚州、景德镇、萍乡、新余、鹰潭、宜春等城市。环鄱阳湖城市群是中国经济最有活力、城市化率最高的地区之一,是全国城市群建设的先行者，致力于打造成为中部崛起的核心增长极。自国家实施"中部崛起"战略以来，中部几个省份不约而同地将发展的目光瞄准了城市群，谋求以城市群的发展带动全省经济的迅猛提升，进而在中部地区实现率先崛起。湖北的"武汉城市圈"、河南的"中原城市群"、湖南的"长株潭城市群"、安徽的"皖江城市带"犹如四颗熠熠生辉的明珠，扮亮了中部地区崛起的蓝图，广袤的中部大地也因此显得生机勃发。在中部四大城市群纷纷确立自己的发展目标与思路的大背景下，江西省不失时机地提出了国家战略——环鄱阳湖城市群的发展战略，希望通过逐步建立高度完善的城市网络体系，形成人流、物流、信息流的通道，对外发挥连接东西、贯通南北（毗邻长三角、珠三角、闽东南经济发达地区）、连接内陆地区的巨大作用，打造世界级都会圈，将江西省经济更好地融入世界经济之中；对内促进区域经济分工，有效整合资源，带动全省经济繁荣。特大中心城市是江西崛起的脊梁，江西省在构建城市群的战略中把做大做强中心城市摆到突出位置，以中心城市的崛起带动全省崛起。为此，江西将大力支持省会南昌加快发展，全面提高产业、人口、资源的集聚和辐射能力，强化核心增长极的作用，建成世界级重要的先进制造业基地和区域物流商贸中心、金融中心。九江、赣州、上饶、抚州要发挥独特的区位优势，加快产业发展，加大建设力度，分别建成对接珠三角、长三角、闽东南三角区的"桥头堡"和具有较强辐射带动功能的区域中心城市。景德镇、萍乡、新余、鹰潭、宜春、吉安要充分发挥自身优势，明确城市定位，加快人口和生产要素集聚，力争用5年左右的时间，使大多数设区市城区人口达到或超过50万，形成以更多中心城市为核心的增长板块。

此外，东部地区发展水平较高的有山东半岛城市群，中部地区体量较大的有中原经济区，西部有依托直辖市重庆的成渝经济区，这三个城市群的发展水平尽管小于上述三大城市群，但在空间、经济和文化的分布上也极具代表性。

山东半岛城市群是山东省发展的重点区域，是我国北方重要的城市密集区之一，是黄河中下游广大腹地的出海口，是11个国家级城市群之一。同时又是距离韩国、日本地理位置最近的省份，地处我国环渤海区域，位于我国参与东北亚区域合作的前沿阵地。经济发展水平较高，产业基础雄厚，城镇体系较为完善，综合交通网络发达，半岛城市群规划呼之欲出，济南、青岛将成为区域双中心。

中原经济区（PER，Central Plains Economic Region）是以郑州大都市区为核心、中原城市群为支撑、涵盖河南全省延及周边地区的经济区域，地处中国中心地带，全国主体功能区明确的重点开发区域，地理位置重要、交通发达、市场潜力巨大、文化底蕴深厚，在全国改革发展大局中具有重要战略地位。2011年国庆前夕，建设中原经济区上升为国家战略。2012年11月，国务院正式批复《中原经济区规划》，建设中原经济区拥有了纲领性文件。其战略定位为：全国工业化、城镇化、信息化和农业现代化协调发展示范区，全国重要的经济增长板块，全国区域协调发展的战略支点和重要的现代综合交通枢纽，华夏历史文明传承创新区。中原经济区范围包括河南全省及山西、山东、安徽、河北局部地区，总面积约28.9万平方公里，截至2015年底，总人口约1.6亿人，GDP约6万亿元，经济总量仅次于长三角、珠三角及京津冀，为全国经济第四增长极。2016年12月26日，国家发改委印发《促进中部地区崛起"十三五"规划》，正式批复郑州建设国家中心城市，《规划》还提出建设洛阳等国家区域中心城市。2016年12月28日，国务院正式批复《中原城市群发展规划》。2016年12月29日，国家发改委印发《中原城市群发展规划》。《规划》提出进一步加快郑州国家中心城市建设，推进郑州大都市区国际化发展。进一步提升洛阳国家区域中心城市和中原城市群副中心城市地位，支持安阳、商丘、南阳、长治、聊城、蚌埠、阜阳等建设成为国家区域中心城市。

以上九大城市群的面积超过128万平方公里，约占全国的13.3%；人口近6.3亿，约占全国的46.6%；GDP总额达到31万亿元，约占全国的66%。从九大城市群的人口、面积及经济总量看，它们不仅对中国区域与城市发展起着十分关键的作用，从中也可以看出我国新型城镇化的基本结构和发展态势。

第二节 中国城市群的发展过程[①]

一 发展阶段

王朋将中国城市群的演化进程分为起步、发展、推进和成熟四个阶段。

(一) 中国城市群起步阶段 (1986—1995年)

中国城镇化的发展在改革开放之前就已经历两个阶段：一个是"一五"期间，中国城镇化率以每年多于0.5个百分点的增长率发展，主要归因于工业化推动了中国城镇化进程；二是"大跃进"至改革开放之前的阶段，大起大落的局势使中国城镇化的发展长期停滞，甚至城镇化率出现下降的趋势。与城镇化起步阶段不同，作为城镇化发展的阶段产物，中国城市群起步较晚。"七五"期间，国家政策方面强调有重点、有步骤地建设和开发经济特区、沿海开放城市和经济开放地区，加之处于改革开放初期，经济发展刚刚起步，中国城市群的发展也仅仅停留在对国际经验进行总结和中国城市群发展未来预测研究方面，所以，这一时期可以看作中国城市群发展的起步阶段。

(二) 中国城市群发展阶段 (1996—2005年)

1996—2005年，我国改革开放进一步发展，并且国家经济社会结构开始发生转变，中国城市群的发展粗具成果。珠三角、长三角、环渤海地区已经形成工业基础较为雄厚、科技水平较高的城市群，此阶段中部地区依托铁路等交通干线和较为雄厚的机械工业基础，基本形成以郑州为中心的中原城市群和以武汉为中心的武汉城市圈，并逐渐发育和壮大。

从政策层面看，国家"九五"规划提出建设各具特色的跨省区市的经济区和重点产业带的积极政策，"十五"规划也首次提出

[①] 王朋：《中国城市群演化特征及空间发展态势展望》，《经营管理者》2016年第27期。

实施城镇化的重大战略。从城镇化的发展理论来看，城镇化的发展需要动力机制的策动，同样，城市群的发展也需要产业集群、区域分工协作等机制的推动。而这一阶段的中国城市群发展，主要集中在城市群建设方面。发展阶段的城市群建设初步带来了经济和环境问题，主要集中在城市盲目扩建、资源配置不合理以及工业化发展带来环境污染等方面。改革开放推动了中国沿海五个城市群（辽东半岛、京津唐、山东半岛、长三角、珠三角）的建设，但是城市群的发展附带着许多负面问题。以山东半岛城市群为例，城市群的发展存在经济结构不合理问题——第二产业比重过高，农业基础薄弱，服务业发展缓慢；并且，高比重的工业化进程带来大气污染、水污染、可耕地污染等生态环境恶化的问题。

（三）中国城市群推进阶段（2006—2015年）

与"自上而下"的城镇化发展模式相似，中国城市群发展一直以国家和地方的政策为导向。从政策层面分析，无论是两个五年规划（"十一五""十二五"）的内容，还是两个报告（"十七大""十八大"）的精神，城市群都已然成为推进中国城镇化进程的主体形态。政策影响的确具有极大的积极性作用，依托政策，中国城市群以及中国城镇化的进程得以迅速升级和发展。中国城市群的推进以大城市为依托，中小城市为重点，利用城市群集聚和扩散效应推动城乡协调发展。政策导向不仅促进了中国城市群的发展，完善城市群增长极的功能，发育壮大中心城市，也对城市群的形成和发育具有积极的作用。经济全球化、新型工业化、信息化、交通快速化已成为中国城市群发育的新型驱动力，中国城市群的发育壮大也需要从这四个方面发展。推进阶段的中国城市群已取得显著成就。东部地区正逐步打造具有国际竞争力的城市群，如环渤海、长三角和珠三角，而中西部也正在培育和壮大若干城市群，如武汉、成渝、关中等城市群；中国城市群空间结构基本形成"5+6+9"的新格局，中国城市群发展步入加速推进阶段。在取得非凡成就的同时，中国城市群建设也步入矛盾凸显的阶段。

（四）中国城市群持续发展阶段（2016年以后）

目前中国城市群未达到大都市带发展的成熟阶段，能具备向成熟阶段水平发展的城市群，只有东部沿海三大国家级城市群（京津冀、长江三角洲、珠江三角洲），所以向成熟阶段发展，也是中国城市群未来的发展方向。

二 演化特征[①]

我国城市群的演进发展既表现出一些与国外城市群相同的特征，又有一些自身的特点，主要表现在以下四个方面。

（一）良好的区位条件和自然条件是国内城市群演进发展的基础

与世界级城市群一样，我国城市群也主要分布在适于工业、城市发展的区域，这些区域要么处于沿河、沿湖和沿海的区位，即使人多地狭，也能够保证工业生产、城市建设和居民生活等对水资源供给的需求；要么地处内陆，但自然条件优越，适宜人类生产和生活。如我国沿海的四大城镇密集区逐步演化成为我国当前的成熟城市群，而中西部的关中、中原和成渝地带在历史上很早就出现了城市，因而城市群发展具有坚实基础。

（二）世界产业转移为国内城市群发展提供了有利的外部环境

实践表明，一个城市群绝不是在其所属的区域进行"大开发"或在封闭状态下自我发展就可以崛起与成长壮大的。改革开放以来，我国实行非均衡的区域发展政策，这一方面是对中华人民共和国成立以来均衡发展的区域政策带来弊端的纠正，另一方面也正好抓住了世界产业转移的大好机遇，为我国从世界范围内集聚了资金和技术等稀缺要素，这又促进了城市的发展和城市群的成长。目前，我国沿海发达城市群正在实施产业结构转型，而中西部地区更是肩负着产业发展在量和质两方面提升的重任，承接发达国家和地区的产业转移仍是一个重要渠道。

（三）我国城市群的空间结构呈现出更加复杂多样的形式

相对于世界级城市群，我国城市群的空间结构更加复杂多样：一是外部形态有带状、圈层和不规则状。除带状分布外，我国城市群还表现出典型的圈层分布以及不规则形态，这与城市群所处

[①] 参见王娟《中国城市群演进研究》，博士学位论文，西南财经大学，2012年。

的地形和交通发展等状况都有一定关联。二是城市群内部有单核心带动、双核心带动、多核心齐头并进等形式。值得注意的是，双核心带动这一模式在我国比较突出，同时在城市群演化过程中，双核心模式逐步向多核心模式发展，城市群内部的网络化联系在逐步加强。三是城市之间的关系处于不断变化之中。曾在历史上辉煌一时的城市，今天也许只能处于从属地位或者已经销声匿迹；而昔日微不足道的小城镇，今天也可能成为国内外繁华的中心。

（四）政策或历史偶然事件对我国城市群演进具有很深的影响

与国外城市群发展不同的，我国城市、城市群发展受到历史偶然事件和政策的深刻影响，城市群发展的动力来源包括市场机制和政策因素的双重作用，有时候政策的影响要更明显。政策或偶然事件对城市群发展的影响表现在：一是成为现阶段城市、城市群发展的重要因素。例如，改革开放后的沿海经济特区设立、沿海开放城市划定等，都对城市群产生了深刻作用，即只要有政策依据，城市、城市群的发展就可以在原有基础上有很大的改观。二是对城市和城市群未来发展具有路径依赖作用。这可以从正反两方面表现出来：一方面城市群将沿着政策作用带来的好处不断发展壮大，城市经济规模与市场范围交互循环影响；另一方面，城市规模扩大同时也带来了交通不畅、人口拥挤、用地遭遇瓶颈和环境污染严重等负面效应。

第三节　中国城市群的发展与交通基础设施建设的关系

交通基础设施作为区域重要的公共产品，是一个地区经济发展的先决条件之一。正是基于交通基础设施对区域发展的重要性，基础设施与区域发展的关系便成为地理学家、经济学家，尤其是发展经济学家的研究重点。近年来，国外学者对交通基础设施与区域发展的关系进行了大量的研究，其中最为重要的是交通基础设施对区域经济增长的影响研究。

国外大部分的研究结论都表明，交通基础设施对于促进经济增长具有实质性的、重要的作用。但交通基础设施并不是促进区域经济增长的唯一条件，交通基础设施经济效益的发挥还需要其他条件的保证[1]。Banister 以及 Berechma 等[2]提出了交通基础设施促进经济增长的三个保障条件，包括经济外部性、投资因素以及制度、政策形势。当这三个条件同时满足时，交通基础设施才有可能促进区域经济的增长。大量学者从本地、区域和国家三个层面进一步实证研究了交通基础设施对区域经济增长的作用，结果表明交通基础设施对区域经济发展发挥着节约时间、降低成本、增加通行能力以及扩散经济活动等直接的经济效益，而交通基础设施的外部性主要是通过集聚经济、运输网络经济等来促进区域经济的增长。

早期，国内学者钱家骏、毛立本等[3]就认为应将基础设施作为一个独立的研究对象并加强对其的研究。他们分析了基础设施研究没有受到重视的重要原因，认为基础设施对区域经济增长的共享难以量化。后来，国内学者对基础设施，尤其是交通基础设施的研究越来越多，比如高峰等[4]等运用投入产出分析法，分别对全国 1995 年、1997 年和 2000 年的投入产出表进行了计量，比较了交通运输业的发展对中国国民经济各产业及整个国民经济的产出和就业的贡献。他们发现，运输邮电业对机械设备制造业、采掘业、化学工业和炼焦、煤气及石油加工业等的拉动作用最大。另外，交通运输业对中国就业的贡献的绝对数很大，虽然对就业的贡献呈下降的趋势，但对中国民经济的直接贡献很大。

近年来的大部分国内研究同样对交通基础设施对于经济增长的促进作用进行了肯定。张学良和孙海鸣[5]也发现交通基础设施投资

---

[1] 参见世界银行《1994 年世界发展报告：为发展提供基础设施》，中国财政经济出版社 1994 年版。
[2] Banister D., Berechman Y., "Transport Investment and the Promotion of Economic Growth", Journal of Transport Geography, Vol. 9, No. 3, 2001, pp. 209–218.
[3] 钱家骏、毛立本：《要重视国民经济基出结构的研究和改善》，《经济管理》1981 年第 3 期。
[4] 参见高峰《交通基础设施投资与经济增长》，中国财政经济出版社 2005 年版。
[5] 张学良、孙海鸣：《交通基础设、空间聚集与中国经济增长》，《经济经纬》2008 年第 2 期。

与经济增长之间存在着长期稳定的均衡关系，并表现出经济增长促进交通基础设施扩张的单向因果关系。也有学者认为这样的因果关系是双向的。董大朋和陈才[1]运用VRA模型研究，虽然也发现东北地区的交通基础设施与经济增长之间存在着长期稳定的均衡关系，但交通基础设施与经济发展之间存在正向的相互促进作用，也就是说两者之间表现出双向格兰杰因果关系。鞠晴江[2]通过对四川省道路建设进行实证分析，发现道路基础设施和经济增长之间存在着双向因果关系，而且还发现不同质量的等级公路和等外路对经济增长和减缓贫困统计上均具有显著影响。

另外，刘江[3]、李国强等[4]从实证的角度具体地分析了交通基础设施对区域经济发展的影响。刘江通过对成渝高速公路建成一年后对沿路地区社会经济的影响分析，发现交通基础设施的经济效益主要是通过节省运输时间、降低运输成本、减小交通事故、促进思想观念转变、促进产业结构优化等来带动沿线地区建设的全面发展。李国强也对京九铁路建成后京九沿线的经济发展做了分析，进而评价了京九经济带形成的优势条件。谭江蓉（2012）等[5]认为交通基础设施对于区域发展的溢出效应虽然在一定程度上增强了区域空间的可达性、提升了工业产业结构、改善了城市布局，但京九铁路对于中部地区区域经济发展水平的作用还不够显著，交通基础设施的经济效益存在一定的滞后效应，并从整体上肯定了交通基础设施对经济发展的长期带动作用。

交通基础设施对于区域的影响不仅体现在经济上，还体现在区

---

[1] 董大朋、陈才：《交通基础设施与东北老工业基地形成与发展——Var模型的研究》，《经济地理》2009年第29卷第7期。

[2] 鞠晴江：《道路基础设施、经济增长和减贫——基于四川的实证分析》，《软科学》2006年第6期。

[3] 刘江：《成渝高速公路通车一年多社会经济效益显著》，《公路》1997年第2期。

[4] 李国强：《京九沿线将成为我国一条新经济增长带》，《管理世界》1998年第2期。

[5] 谭江蓉、王崇举：《交通基础设对区域经济发展的溢出效应分析——以京九铁路为例》，《特区经济》2012年第8期。

域发展的多方面。杨萌凯、韩增林[①]对交通经济带的基本概念、性质、类型及时空演化机理做了分析。他们认为，交通经济带是以综合运输通道为主轴，以轴上或其吸引区域内的大中城市或城镇为依托，通过沿线经济部门的技术联系和生产协作，由资源、人口、产业、城市、信息和客货流等集聚而形成的辐射带状社会经济有机体和空间经济系统。张学尝（2002）等人认为，交通基础设施体系空间网络的不断发展，增强了地区空间的连通性和可达性，为空间区域集聚与扩散提供了必要条件，交通基础设施空间网络的不断发展，不但促进了交通经济带中心城市的形成与发展，而且刺激了新的经济增长点的增长，推动了空间经济活动的集聚。交通基础设施空间网络的不断发展，增强了大都市的扩散能力，促使其带动周围地区的发展。不过国内关于交通经济带的研究大都是描述性研究，缺少计量分析的证据。

关于交通对城市群的影响研究主要集中在交通基础设施与城市群空间结构的相互影响及交通基础设施对于城市内部空间的影响。刘勇[②]通过对长三角城市群交通设施网络的实证分析，发现交通运输和城市群空间结构演化存在着相互反馈作用，找到了交通设施与城市群空间结构之间冲突—协调—再冲突—再协调的演化轨迹。梁留科、牛智慧[③]对中原城市群的公路网络建设与城市化水平的相关性进行了研究。贺素莲、邓文伟、田朝晖、周盼[④]从紧凑城市的理念出发，分析了长株潭城市群的交通基础设施的布局和整合问题，提出通过发展以公交为导向的交通发展模式来加强城市群交通一体化的建设。李家伟、刘秉镰[⑤]从制度的角度分析了城市群交通基础

[①] 韩增林、杨萌凯、张文尝、尤飞：《交通经济带的基础理论及其生命周期模式研究》，《地理科学》2000 年第 4 期。

[②] 刘勇：《与空间结构演化协同的城市群交通运输发展——以长三角为例》，《世界经济与政治论坛》2009 年第 6 期。

[③] 梁留科、牛智慧：《中原城市群公路网络建设与城市化水平相关研究》，《地域研究与开发》2007 年第 2 期。

[④] 贺素莲、邓文伟、田朝晖、周盼：《紧凑理念下的长株潭城市群交通网络布局》，《企业家天地下半月刊》（理论版）2009 年第 11 期。

[⑤] 李家伟、刘秉镰：《城市群交通基础设施一体化发展的制度途径研究》，《物流技术》2008 年第 4 期。

设施建设一体化过程中所存在的问题。洪世键和张京祥[①]则从城市经济学视角出发,认为城市交通基础设施对城市空间增长表现出显著的推动作用,并提出不同类型的交通基础设施对城市空间增长的影响方式和结果存在很大的区别。

---

① 洪世键、张京祥:《基于动态模型的中国城市空间增长分析》,载中国城市规划学会《城市规划和科学发展——2009中国城市规划年会论文集》,中国城市规划学会2009年版,第10页。

第十章

中国城市化过程中的
产业分布演变

第一节 中国城市化过程中的产业分布与演变

中华人民共和国成立以前,中国的现代化工业布局主要集中在上海、天津、大连、沈阳、青岛、广州等东部沿海地区的大城市,中部地区的武汉和西部地区的重庆有少量的现代化工业。到1949年,西部地区人口占全国的22%,工业总产值仅占全国的9%,其中西南地区为6%,西北地区为3%左右[1]。

中国城市化过程中产业化布局主要分为以下四个阶段。

第一阶段(1949—1979年)。这一时期,工业企业的选址并非出于经济上的考虑,而是政府对潜在军事冲突可能带来的工业破坏的策略性反应,因而多数新工业项目选址内地。尤其是1953—1978年,大工业企业的选址基本上遵从靠山、分散和隐蔽的原则,产业布局主要是追求平衡布局和国防原则[2],导致在改革开放初期,大多数制造业主要位于传统的产业中心,如上海、天津、北京、四川、湖北、吉林、辽宁和黑龙江等地区,工业主要位于东北地区和少数省市。

第二阶段(1980—1990年)。随着开放政策对沿海省份的倾斜,

---

[1] 廖元和:《中国产业布局的历史演进及区域经济变化趋势》,《重庆广播电视大学报》2014年第26卷第1期。

[2] 参见王缉慈《创新的空间:企业集群与区域发展》,北京大学出版社2001年版。

广东、福建、浙江、江苏、山东等省份迅速发展，带来短暂的区域均衡。从行业来看，1980—1990年，全部25个制造业有18个行业的空间基尼系数下降，其中化学纤维制造业和黑色金属冶炼及压延加工业下降的幅度最大，分别为14%和13%[1]。从整体来看，空间基尼系数平均值从1980年的0.533下降到1990年的0.504（王华品，2008）。显然，制造业布局在80年代趋于扩散，沿海产业带发展起来。

第三阶段（1991—2003年）。随着改革开放的深化，市场逐渐成为配置资源的主要方式，沿海地区凭借其优惠的政策和对外贸易的地理优势成为中国经济的增长中心，吸引大量的劳动力、投资、技术和企业，形成产业集聚，产业布局以市场效率为导向发生了重大重组，客观上加速了西部自成体系的工业结构的逐步瓦解[2]。从行业来看，1990—2003年，绝大多数行业的空间基尼系数均有不同程度的上升，其中皮革、毛皮、羽毛（绒）及其制品业和造纸及纸制品业的增幅超过了20%（王华品，2008）。从整体来看，空间基尼系数平均值从1990年的0.504增加到2003年的0.62，显然，制造业布局在90年代以来不断集中，并超过80年代的集中程度（王华品，2008）。从2003年的CR4来看，在25个制造业中，广东上榜次数为21次，江苏20次，浙江17次，山东16次，上海10次，这些省区都位于珠江三角洲、长江三角洲以及环渤海三大地区（王华品，2008）。从细分行业的角度来看，通信设备、计算机及其他电子设备制造、电气机械及器材制造业、家具制造业、纺织业、皮革、毛皮、羽毛（绒）及其制品业等产业在东部沿海地区集聚程度最高，这与它们参与全球化程度较高、拥有大量的外商投资和出口有密切联系（王华品，2008）。

第四阶段（2004年至今）。加入WTO以后，中国产业布局不平衡特征进一步凸显，它在空间分布上主要体现为三个层次[3]：第一，工业主要布局在东南沿海地区，2012年，东部工业总产值占全国的

---

[1] 参见王华品《贸易自由在对中国产业布局影响的研究》，硕士学位论文，浙江工商大学，2008年。

[2] 卢中原：《西部地区产业结构变动趋势、环境变化和调整思路》，《经济研究》2002年第3期。

[3] 廖元和：《中国产业布局的历史演进及区域经济变化趋势》，《重庆广播电视大学学报》2014年第26卷第1期。

65%，而上海、辽宁、山东、江苏、浙江和广东六省市工业总产值占全国的一半以上，达51.27%；整个西部的工业总产值不及江苏一个省多，表明中国工业的地区集中度已非常高。第二，东部沿海的产业布局高度集中于长江三角洲和珠江三角洲及环渤海地区。第三，东部沿海地区的高新技术产业和新的经济增长点主要布局在国家政策扶持的高新技术工业园区。

第二节 长三角的城市化周期与产业分布

一 长三角的城市化演进

从全球城市化进程的实践来看，1760年英国工业革命之前，全球城市化率不足5%；从1760年到2000年，240年的时间内，全球城市化处于加速发展阶段；到2000年，全球城市化率已经达到50%。[1]一般而言，当城市化水平低于30%时，城市化水平增长速度缓慢；当城市化水平超过30%时，城市化水平增长呈现加速状态；当城市化水平大于70%时，城市化水平增长则趋于稳定状态，[2]呈现出典型的"S"形曲线增长规律（见图10—1）。

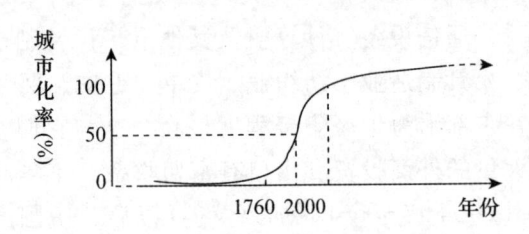

图10—1 全球城市化发展的S形曲线

资料来源：王晓玲：《长三角地区工业化与城市化的协调性研究》，《兰州商学院学报》2010年第26期。

---

[1] 王晓玲：《长三角地区工业化与城市化的协调性研究》，《兰州商学院学报》2010年第26期。

[2] 张乐、李陈：《长三角中心城市城市化水平区域差异及其变动》，《生态经济》2016年第32期。

(一)长三角城市化经历了"加速集中—减速集中—加速集中—减速集中—加速集中"的变化过程

在人口城市化空间路径的理论模型当中，Roxy 指数方法是以区域核心与腹地之间人口增长变化的互动关系，来判断城市群或都市区处于"城市化—郊区化—逆城市化—再城市化"中哪个阶段以及其人口空间集聚和扩散的特征如何。计算 Roxy 指数值的数据为 1982—2010 年历次全国人口普查和抽样调查数据，用人口普查和抽样调查数据进行 Roxy 指数值的分析，可以比较真实、全面地反映区域实有人口的增长变动情况，由此判断区域城市化空间路径的演进过程。分析中，设定上海为长三角城市群的核心，江苏和浙江为腹地。研究表明，20 世纪 80 年代初以来，长三角城市群经历了人口的"加速集中—减速集中—加速集中—减速集中—加速集中"的变化过程，目前大趋势仍处于人口加速集中的过程当中，即处于人口城市化阶段。[①]

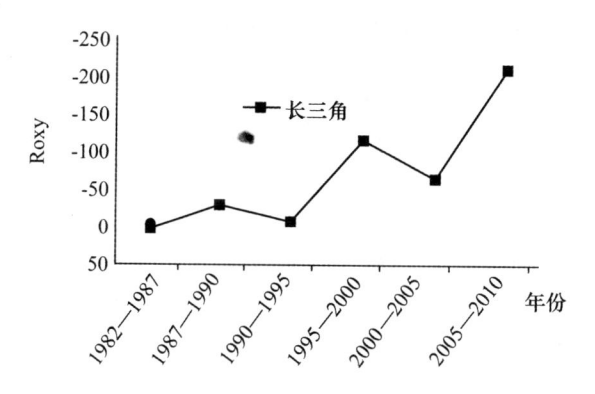

图 10—2　长三角城市群 ROXY 指数值的变化（1982—2010 年）

(二)长三角非农业人口规模持续扩大，城市化水平不断提高

采用非农业人口比重法，计算得到长三角地区的城市化率。通

[①] 毛新雅、王红霞：《城市群区域人口城市化的空间路径——基于长三角和京津冀 ROXY 指数方法的分析》，《人口与经济》2014 年第 4 期。

过数据对比可以看出，长三角地区的城市化水平在不断提高，在 2002 年时，长三角地区的总人口数为 13275.71 万人，其中非农业人口数为 6674.62 万人，当时的城市化率仅 50.28%。当时中国已经加入了世界经贸组织（WTO），和世界主流国家的经济接轨使得中国的发展潜力进一步呈现出来，中国的经济飞速发展。到 2013 年时，长三角地区的总人口数为 14198.72 万人，其中非农业人口数已经上升到了 9466.87 万人左右，城市化率已经达到 66.67%，增长迅速。[①] 到 2015 年，长三角地区的总人口数为 15981.57 万人，其中城镇常住人口[②]已经上升到了 11167.13 万人左右，城市化率已经达到 69.90%（见表 10—1）。

表 10—1　　　　2002—2015 年长三角城市化率　　　　单位：%

年份	城市化率 江苏省	城市化率 浙江省	城市化率 上海市	城市化率 长三角	城市化增长率
2002	44.70	51.71	76.36	50.28	—
2003	46.77	52.96	77.61	51.98	3.39
2004	48.18	54.02	81.86	53.48	2.89
2005	50.50	55.97	84.46	55.77	4.27
2006	51.90	56.53	85.76	56.86	1.96
2007	53.20	57.22	86.81	57.93	1.87
2008	54.30	57.63	87.46	58.76	1.44
2009	55.60	57.92	88.25	59.67	1.55
2010	60.58	61.58	88.86	63.77	6.87
2011	61.90	62.33	89.32	64.81	1.63
2012	63.01	63.11	89.76	65.74	1.44
2013	64.11	63.96	90.03	66.67	1.42
2015	66.50	67.00	87.60	69.90	—

注：除了 2015 年，其他年份的城市化率＝非农业人口数/总人口数。
资料来源：《江苏省统计年鉴》《浙江省统计年鉴》《上海市统计年鉴》。

---

① 参见张思远《长三角地区城市化进程对碳排放的影响研究》，博士学位论文，合肥工业大学，2015 年。
② 上海等地不再统计非农业人口规模，取而代之的是城镇常住人口规模。

（三）长三角城市化水平增长速度参差不齐，江苏省城市化率增长速度最快

从2002年以来长三角地区的城市化率（非农人口/总人口）就一直处于快速增长状态，总体城市化率从2002年的50.28%增长到2015年的69.90%，年均增长2.72%，城市化率平均每年增长1.5个百分点。其中江苏省城市化率增长速度最快，从2002年的44.70%快速增长到2013年的64.11%，年均增长3.62%，12年间总体增长了43.42%。浙江省城市化速度仅次于江苏省，由2002年的51.57%增长到2013年的63.96%，年均增长1.97%，总体增长了12.39%。由于上海市的总体城市化水平很高，在2002年时的城市化率就达到了76.36%，所以增长速度较慢，从2002年至2013年的年均增长速度为1.49%，总体增长了17.91%[①]。从城镇常住人口来看，2015年，上海城镇常住人口数占总人口数比重为87.60%，江苏省为66.50%，浙江省为67.00%。

（四）长三角城市化率远高于全国平均水平，已处于城市化成熟阶段

长三角地区的城市化进程在2002—2013年得到了高速的发展，在2013年，城市化率（非农人口/总人口）已经达到了66.67%，远高于全国平均水平的53.70%。从城镇常住人口来看，2015年，长三角城镇常住人口比重为69.90%，远高于全国的平均水平（56.10%）。按照城市化理论的三阶段论，长三角地区城市化的总体水平已经处于成熟水平。其中上海地区的城市化程度最高，在2013年时的城市化率已经超过了80%大关，高达90.03%，已经进入国际上通常而言的发达阶段（见图10—3、图10—4）。

二　长三角的产业空间分布

（一）经济空间上由高到低梯度转移，地理空间上由中心到外围渐次扩散

一方面，经济空间上产业"从高梯度向低梯度转移"的特征明显。

---

① 参见张思远《长三角地区城市化进程对碳排放的影响研究》，博士学位论文，合肥工业大学，2015年。

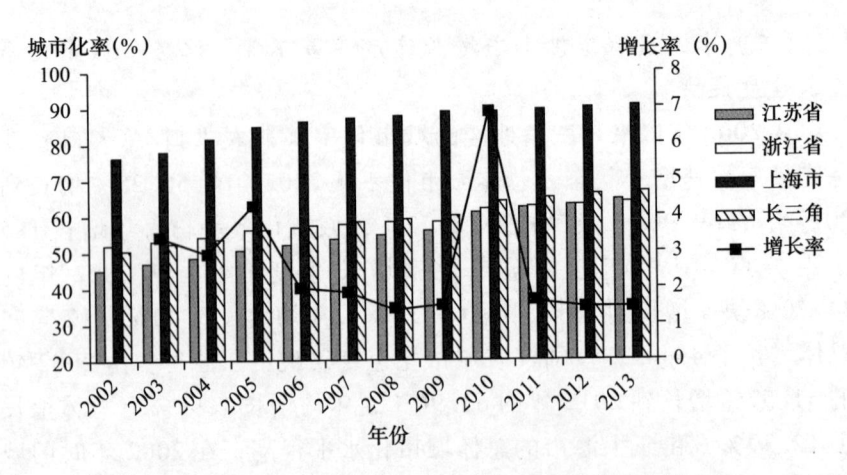

图 10—3 2002—2013 年长三角地区城市化率变化情况

资料来源：张思远：《长三角地区城市化进程对碳排放的影响研究》，博士学位论文，合肥工业大学，2015 年。

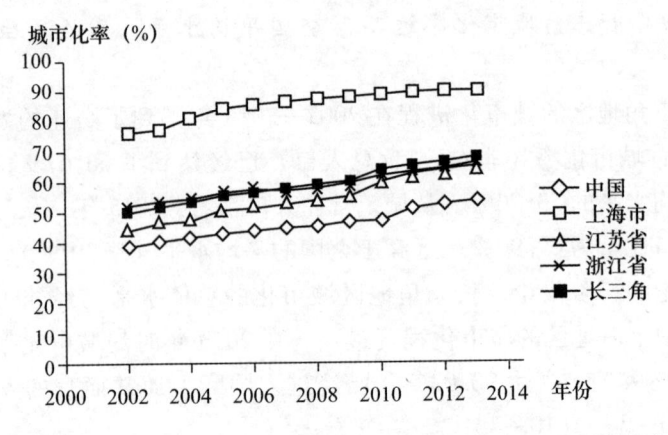

图 10—4 2002—2013 年长三角地区城市化率和全国城市化率的比较

资料来源：张思远：《长三角地区城市化进程对碳排放的影响研究》，博士学位论文，合肥工业大学，2015 年。

例如，通用零部件制造业，从梯度Ⅰ区转移出来的产业，产业Ⅱ区承接量明显多于Ⅲ区；塑料制品业，梯度Ⅰ、Ⅱ区的产业转移量都是负的，只有梯度Ⅲ区转移量是正的，说明处于经济空间的梯度Ⅲ区是梯度Ⅰ、

Ⅱ区中属于边际产业的塑料制品业的主要承接地。另一方面，地理空间上产业转移的"从中心向外围渐次扩散"的特征在长三角与全国的数据对比中凸显出来。受经济可达性影响，长三角地区处于全国经济的相对中心位置，域内的产业转移具有明显的地理上的毗邻性，即域内转移强于域外转移。此外，在方便食品制造业、家用纺织制成品制造业中，长三角域内Ⅱ、Ⅲ区基本吸纳了域内Ⅰ区的转移产业（需要强调的是，除安徽省部分相对后发城市外，长三角地区的大多数城市处于梯度Ⅱ区以上）（见表10—2），这也说明处于同一梯度的域内地区因与产业转移地有更强的经济联系而在区域产业梯度转移中占有更多份额。

表10—2　　　　　　　2010年长三角城市梯度分布

经济区	人均GDP	域内城市分布
域内梯度Ⅰ区	60000元以上	上海、苏州、无锡、杭州、宁波、南京、镇江、嘉兴、绍兴
域内梯度Ⅱ区	30000—60000元	合肥、芜湖、马鞍山、扬州、泰州、南通、金华、台州、温州、铜陵
域内梯度Ⅲ区	30000元以下	徐州、连云港、盐城、淮安、滁州、淮南、丽水、宿迁、巢湖、亳州、阜阳、宿州、蚌埠、六安

资料来源：张明之、谢浩：《跨区梯度转移抑或域内产业深化——基于2003—2013年全国和长三角分区数据的产业转移分析》，《财经论丛》2017年第2期。

（二）劳动密集型产业先于资本—技术密集型产业转移

在表10—3中，产业转移量最大的10个行业大多属于劳动密集型产业，中心或高梯度地区的最大转移幅度接近40%。这类产业往往在早期就已在中心或高梯度地区完成产业成熟期，并于2003—2013年进入最大转移阶段。区域产业梯度转移并非同时发生，有时会呈现错位转移。总体趋势是劳动密集型产业转移较早，资本或技术密集型产业转移较晚。数据显示，2008年前后是区域产业转移的重要节点。为进一步了解产业转移的时序性特征，选取2008年的产业中类截面数据，对2003—2013年长三角地区的产业转移数据进行分割，结果发现大多数产业的转移主要发生在2008年之前，其中的典型代表是长三角的纺织服装制造业，转移较早且其域外转移趋势明显；高梯度地区的农副食品加工和食品制造类产业在2008年之前已转移完毕，产业份额基本稳定在满足本地市场需求水平；以通信设备、计算机及其他电子设备制造业为代表的资本—技术密集型产业2008年之前一直向高梯度地区集中，直至2008年前后才逐渐呈现外移端倪。

（三）逆梯度集聚伴随梯度转移，去工业化与工业化并存

2003—2013年长三角地区产业梯度转移趋势明显，全国范围的边际产业也呈现明显的梯度转移趋势。域内、域外不同梯度之间的这种产业互动的直接结果是边际产业在高梯度地区相对份额缩小，并在低梯度地区实现扩张。此消彼长之间，低梯度地区相继实现工业总产值的绝对增加，并进一步贡献当地的工业化进程和经济增长，高低梯度之间的发展差距呈现不断收窄趋势。同样地，高梯度地区的产业结构也在产业互动中实现了升级。从表10—3中可以看出，随着劳动密集型产业大规模从诸如长三角之类的高梯度地区渐次抽离，高附加值产业在产业转移中呈现"逆梯度集聚"的现象。一方面，这是计算机、通信设备和专用设备制造等资本—技术集中产业在区域内的规模化集聚的结果；另一方面，也可能是低梯度地区的企业逐步将自己的研发中心、营销中心和公司总部转移至中心城市的结果。正是这种逆向转移或集聚主导了高梯度地区产业结构的高级化发展趋势，高梯度地区制造业附加值比重也因此在全球价值链中呈现明显扩大趋势[1]。事实上，上海市的工业产值比重在全国的地位处于不断下降的趋势，而同期江苏省和浙江省工业总产值的比重在全国的地位却仍然上升，这说明在长三角内部第二产业尤其是制造业发生了转移。[2] 自从中国加入世贸组织以后，随着贸易管制的进一步放松，上海带动江苏和浙江两省快速发展使长三角地区成为全球性的金融市场和国际金融中心。[3]

---

[1] 张明之、谢浩：《跨区梯度转移抑或域内产业深化——基于2003—2013年全国和长三角分区数据的产业转移分析》，《财经论丛》2017年第2期。

[2] 参见魏乐霞《长三角地区人口与产业空间布局研究》，博士学位论文，华东师范大学，2008年。

[3] 参见赵清源《长三角地区产业结构与就业结构关系研究》，博士学位论文，东北财经大学，2014年。

表 10—3　　　　2003—2013 年长三角地区与全国产业
　　　　　　　梯度转移情况比较　　　　　　单位：%

行业	长三角地区域内产业梯度转移量			全国产业梯度转移量		
	Ⅰ区	Ⅱ区	Ⅲ区	Ⅰ区	Ⅱ区	Ⅲ区
塑料制品	-28.92	-7.21	2.78	-47.22	-12.11	49.33
金属加工机械制造	-25.42	6.17	4.11	-31.78	12.45	19.33
饮料制造	-24.11	2.27	3.77	-30.21	21.37	8.84
通用零部件制造	-24.03	15.77	5.29	-29.27	9.83	19.44
水泥、石灰和石膏制造	-22.29	-3.21	4.76	-33.21	19.23	13.97
玻璃制品制造	-19.88	4.22	3.95	-29.01	11.22	17.79
烘烤食品制造	-18.91	1.51	5.13	-28.31	-5.71	34.02
调味品、发酵食品制造	-17.87	-3.54	8.66	-27.54	2.01	25.43
方便食品制造	-17.41	9.44	7.29	-28.93	18.37	10.56
家用纺织制成品制造	-16.37	11.22	4.84	-24.33	17.45	6.88
专用仪器仪表制造	4.79	-0.28	-2.94	7.11	2.54	-9.65
电子和电工机械专用设备制造	3.12	1.36	-1.18	6.89	1.03	-5.72
计算机制造	3.07	0.53	-1.07	6.21	1.73	-5.94

资料来源：张明之、谢浩：《跨区梯度转移抑或域内产业深化——基于 2003—2013 年全国和长三角分区数据的产业转移分析》，《财经论丛》2017 年第 2 期。

（四）产业发展以开发区为核心，产业集群日趋国际化

长三角地区发展了大量的开发区，近年来产业发展以开发区为核心已经成为趋势。2003 年，上海市各类工业园区完成工业总产值占全市的 40% 左右，出口交易总额占 63%，实现利润占全市的 30% 以上。长三角地区主要有上海张江高科技园区、漕河泾新技术开发区、上海陆家嘴金融贸易区、浙江杭州经济技术开发区、宁波经济技术开发区、江苏苏州高新技术开发区、苏州工业园区等一批国际知名开发区。长三角地区是我国集群经济最活跃的地区之一，一批具有核心竞争力的国际性产业集群正在逐步形成。在上海，已经初步形成淞江、青浦、张江、漕河泾的微电子，嘉

定的汽车制造，宝山的精品钢材，金山的石油化工等大规模的产业集群。在浙江，环杭州湾的电子信息，杭州、台州、金华、绍兴的现代医药，绍兴、萧山一带的纺织，宁波、杭州、温州的服装，乐清的电工电器，台州的塑料模具和制品，永康的五金机械，义乌的小商品等标志性产业集群正在崛起。在江苏，正在努力形成以苏锡常为核心的电子信息，无锡、南通的纺织服装，苏州、南京、徐州、连云港一带的精密机械等产业集群[1]。

（五）产业空间分工格局逐步形成，制造业重点行业区位熵差异较大

柴攀峰与黄中伟[2]指出在长三角，第一产业具备比较优势的城市主要有南通、泰州、淮安、盐城、镇江、马鞍山、合肥、湖州、绍兴、金华、衢州、台州、舟山；第二产业具备比较优势的城市主要有苏州、无锡、常州、南通、扬州、镇江、嘉兴、湖州、宁波、绍兴、金华；第三产业具备比较优势的城市主要有上海、南京、杭州、合肥、舟山；各城市的产业发展各具特色，规模水平及专门化程度具有一定差异，存在相关互补性。

蔡悦对长三角区域16个核心城市，以2011年规模以上工业企业中的八大重点行业的工业总产值为研究对象，从行业层面剖析各个城市的区位熵分布（见表10—4）。如果 $1 < LQ < 1.5$，说明该地区的该产业比较具有竞争力；如果 $LQ > 1.5$，则说明该地区的该产业非常具有竞争力，可发展成为主导性细分产业。根据每个城市散点的集中程度可以大致将长三角16市基于地区主导性细分产业的产业分工情况划分为以下三类：第一类为均衡发展类，代表城市有上海、南京、杭州、宁波。第二类为主导产业优势突出类，代表城市有苏州、无锡、常州、南通、泰州、湖州、嘉兴、绍兴、舟山。第三类为产业差异分布类，代表城市有扬州、镇江、台州。

---

[1] 参见魏乐霞《长三解地区人口与产业空间布局研究》，博士学位论文，华东师范大学，2008年。

[2] 柴攀峰、黄中伟：《基于协同发展的长三角城市群空间格局研究》，《经济地理》2014年第6期。

表10—4　2016年长三角16城市制造业重点行业的区位熵

地区	计算机、通信和其他电子设备制造业	交通运输设备制造业	通用设备制造业	纺织业	电气机械及器材制造业	化学原料及化学制品制造业	黑色金属冶炼压延加工业	金属制品业
上海	1.36	1.66	1.23	0.19	0.66	0.79	0.82	0.79
南京	1.16	1.27	0.53	0.12	0.56	1.78	1.21	0.77
苏州	2.23	0.28	0.74	0.88	0.71	0.56	1.16	0.54
无锡	0.76	0.72	0.79	0.79	1.29	0.76	2.00	1.32
常州	0.34	0.50	0.79	0.74	1.55	1.32	2.21	0.95
扬州	0.37	1.68	0.87	0.42	1.80	1.39	0.35	0.82
镇江	0.29	1.03	0.89	0.31	1.77	1.91	0.55	1.28
南通	0.33	0.84	1.11	2.24	1.26	1.26	0.26	1.60
泰州	0.21	1.67	0.81	0.49	1.35	1.09	0.79	2.73
杭州	0.50	1.21	1.35	1.58	0.98	1.01	0.66	1.27
宁波	0.59	0.75	1.25	1.21	1.45	1.20	0.78	1.01
湖州	0.19	0.17	1.00	2.78	1.63	0.64	1.65	1.12
嘉兴	0.36	0.23	1.25	3.24	0.75	1.33	0.88	1.08
绍兴	0.09	0.32	1.39	4.75	0.62	1.23	0.22	0.85
舟山	0.01	5.29	0.17	0.30	0.06	1.27	0.00	0.21
台州	0.12	2.56	2.48	0.42	1.15	0.40	0.24	1.36

资料来源：蔡悦:《长三角地区产业分工与协作研究——基于新经济地理学理论框架人才流动视角》，博士学位论文，南京大学，2014年。

陈晓峰[1]对长三角城市群的30个地级市，2005—2014年数据分析生产性服务业与制造业协同发展，空间面板模型结果显示，产业关联、知识溢出，商务成本，中心城市辐射，政府干预、FDI及市场因素都会对城市群协同集聚有显著的影响。

---

[1] 陈晓峰:《长三角城市群生产性服务业与制造业协同集聚研究》，《区域经济评论》2017年第1期。

从城市群的省级层面分析,上海和江苏比浙江具有更多的主导产业,主要集中在计算机通信电子、化学化工、金属冶炼加工、电气机械制造等方面,这也体现出上海和江苏地区,尤其是苏南地区的制造业产业分工较为均衡,已基本形成先进制造业齐头并进的局面;而浙江的制造业相对单薄,主要还是纺织业与交通运输设备制造业为主,其他制造业的产业集聚还有待完善。显然,长江三角洲城市圈内部制造业体系有着不同的技术领域,随着区域内部交通网络设施的完善和生产要素的流动,长江三角洲城市圈正在形成一个合理的制造业分工体系。①

(六)产业发展高度专业化,明显优于京津冀等城市群

研究发现,长三角经济区的相关多样化与无关多样化指数均处于较低水平,而专业化指数明显高于京津冀和西兰银地区,比较而言,产业发展具有高度的专业化集聚特征(见图10—5、图10—6)。

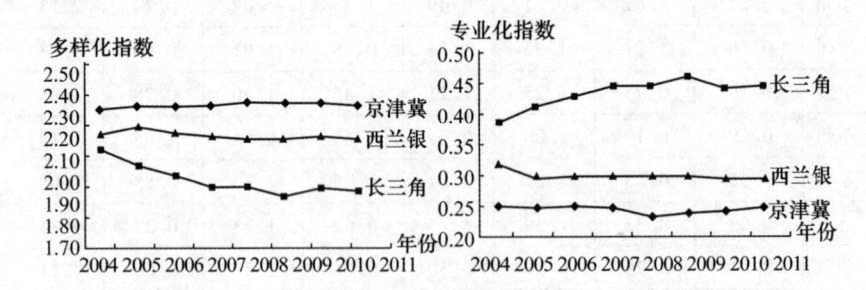

图10—5 三大经济区产业集聚多样化和专业化相关指数

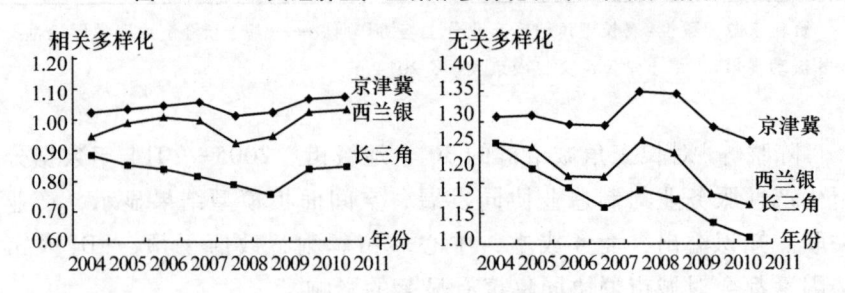

图10—6 三大经济区相关多样化指数和无关多样化指数

---

① 殷醒民:《论长江三角洲城市圈的产业分工模式》,《复旦学报》(社会科学版)2006年第2期。

在早期，长三角产业专业化的形成更多地受到他组织机制①的影响。1978年，国家发布第一个有关工业发展的重要文件《中共中央关于加快工业发展若干问题的决定》，确定了长三角经济圈的制造业在全国经济发展中的重要地位。之后，在诸多宏观政策的驱动下，长三角地区逐步形成具有制造业专业化集聚的经济圈。在后期，长三角产业专业化的形成更多地受到自组织机制的影响。特别是进入21世纪，中国加入世界贸易组织，经济全球化不断深入，长三角地区率先进行市场经济体制改革及浦东开发开放，市场机制相对更为完善，区域内金融、技术、劳动力、商品等要素能够自由流动。在较为完善的市场机制条件下，各城市之间的分工合作趋势日益明显，形成了经济区内部相对完整的产业链条，产业竞争力得以显著提升，进一步强化了制造业专业化集聚的模式。综上，长三角经济区的高度专业化集聚模式是早期的他组织机制和后期的自组织机制共同作用的结果。②

三 城市化与产业升级的关系

（一）长三角城市化水平与产业升级存在相同变化趋势

2000—2015年，长三角城市群城市化率持续上升，从2002年的50.28%，增加到2015年的69.90%。与此同时，长三角城市群产业结构不断升级：第一产业产值比重持续下降，第二产业比重呈现"先上升后下降"的基本趋势，第三产业则持续上升。2015年，长三角城市群已经形成了"三、二、一"的三次产业结构，第一产业比重仅为3.64%，第三产业比重为51.46%（见表10—5）。

表10—5　　　　长三角城市群三次产业结构和城市化率　　　单位：%

年份	第一产业	第二产业	第三产业	城市化率
2000	8.60	50.35	41.05	—
2005	5.35	53.47	41.18	55.77

---

① 一个地区产业体系的形成，既可能是市场机制引发的由下而上的自发过程，也可能是政府调控和战略规划下自上而下的结果。前者属于自组织机制，后者为他组织机制。

② 孙晓华、郭旭、张荣佳：《产业集聚的地域模式及其形成机制》，《财经科学》2015年第3期。

续表

年份	第一产业	第二产业	第三产业	城市化率
2010	4.12	51.35	44.52	63.77
2015	3.64	44.90	51.46	69.90

注：除了 2015 年，其他年份的城市化率 = 非农业人口数/总人口数。

资料来源：根据上海市、江苏省、浙江省统计年鉴计算得到。

根据钱纳里对工业品定义以及对工业化水平定义的综合分析，工业产值包含了制造业和建筑业。[①] 因此，选取第二产业产值占地区生产总值的比重来衡量地区工业化水平较为恰当，记为二产比重（简称工业化水平）。1990—2012 年，上海、江苏和浙江第二产业产值、第三产业值占国内生产总值的比重、城市化率的排序分别如下：2012年，在二产比重方面，江苏领先，浙江和上海随后；在三产比重方面，上海领先，浙江和江苏随后；城市化率方面，与三产比重排序一致。从 1990 年到 2012 年的平均增长率来看，二产比重增长率排序为浙江、江苏和上海；三产比重增长率排序为上海、江苏和浙江；城市化率增长率排序为江苏、浙江和上海。从总趋势来看，除上海的工业产值比重下降外，江苏和浙江的工业产值略为增长，第三产业和城市化都表现出明显的增长趋势（见表 10—6）。[②]

表 10—6　　　长三角第二、第三产业比重与城市化率比较　　　单位：%

城市与产业比重		1990 年	2000 年	2012 年	2015 年区域规划	1990—2012 年均增长率
上海	二产比重	64.7	46.3	39.0		-2.27
	三产比重	30.9	52.1	60.4	53—55	3.09
	城市化率	67.40	74.60	89.3	72—75	1.29

[①] 参见［美］霍利斯·钱纳里、莫伊思·赛尔昆《发展的型式：1950—1970》，李新华、徐公理、迟建平译，经济科学出版社 1988 年版；《工业化与各国经济增长的比较》，上海三联书店 1995 年版。

[②] 姚德文、杨轶伦：《长三角地区城市化现状及工业化的作用——基于 1990—2012 年面板数据的分析》，《管理现代化》2014 年第 1 期。

续表

城市与产业比重		1990年	2000年	2012年	2015年区域规划	1990—2012年均增长率
江苏	二产比重	48.9	51.9	50.2		0.12
	三产比重	26.0	35.9	43.5	53—55	2.37
	城市化率	21.60	41.50	63.00	72—75	4.99
浙江	二产比重	45.12	53.31	49.95		0.46
	三产比重	30.01	36.41	45.24	53—55	1.88
	城市化率	30.50	48.67	63.20	72—75	3.37

资料来源：中国、上海市、浙江省、江苏省2013年统计年鉴。

（二）产业升级是长三角城市化的重要驱动力

有文献选用长三角两省一市所有城市的数据（1984—2002年），计量分析结果认为，改革开放以来，长三角地区人口城市化主要受工业化、工业企业集聚、政策支持和市场开放等作用因素的驱动，人口城市化发展的动力机制及演进历程总体上遵循了图10—7所示路径。在改革开放初期，长江三角洲地区人口城市化的发展主要由工业化所推动；此后，随着改革开放的深入，工业化的作用渐趋弱化，而在市场转轨过程中的企业集聚和政府支持，则成为推动人口城市化发展的主要动力因素，二者的共同作用加速了人口城市化的发展。特别自20世纪末以来，政府对人口城市化发展的推动作用呈明显增强趋势。[1]

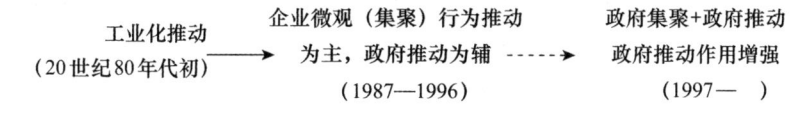

工业化推动　　　企业微观（集聚）行为推动　　　政府集聚+政府推动
（20世纪80年代初）→ 为主，政府推动为辅 ---→ 政府推动作用增强
　　　　　　　　　（1987—1996）　　　　　（1997—　）

图10—7　长三角地区人口城市化发展路径

此外，从长三角的面板数据（1990—2012）来看，第二产业与第三产业的增长均推动了城市化率的提高，而建筑业的推动不太显

---

[1] 王红霞、王桂新：《市场开放进程中的工业企业集聚与人口城市化——长三角地区人口城市化的动因探析（1984—2002）》，《市场与人口分析》2005年第11期。

著。由于第二产业产值在 GDP 中的比重增长比较缓慢,它对城市化的推动作用将下降,而第三产业就业人数就会增长,它对城市化的拉动会大于第二产业。[①]

(三) 城市化推动了长三角产业升级

众多学者对于城市化发展与产业升级的关系进行了研究,认为城市化发展通过集聚经济效应对产业升级发展起到了重要的助推作用。[②] 此外,大量学者从多元角度论证了城市化发展对于产业升级的重要作用:第一,城市化发展为产业升级发展提供了资源供给,比如劳动力、资本、技术和相关服务;第二,城市化发展催生和拓展了市场需求规模,为产业集聚提供了持续动力;第三,城市化发展改善了基础设施,为产业升级提供了外部环境;第四,城市化发展为产业升级提供了良好的制度文化环境。[③]

从长三角城市群来看,在高端要素集聚方面,大城市体现出明显的比较优势,城市规模越大,所集聚的高端要素越多;尤其是中心大城市,无论是专业技术人员、教师、医生、在校大学生等人才要素的存量,还是科研机构、医疗机构、高等院校等组织机构的数量,其集聚规模呈现出绝对的规模优势和比较优势,比如上海,其金融市场年交易总额达到 1300 多万亿元。在基础设施方面,长三角等级较高的大城市的基础设施发展水平很高,以上海为例,地铁里程已经超过伦敦、纽约、巴黎,轨道交通运营里程跃居全球之首,上海成为中国第一、全球第五个亿级航空城市。从长三角各城市的产业发展状况来看,规模等级较高的大城市,其产业结构和产业层次水平相对较高。[④]

[①] 姚德文、杨轶伦:《长三角地区城市化现状及工业化的作用——基于 1990—2012 年面板数据的分析》,《管理现代化》2014 年第 1 期。

[②] 刘志彪:《以城市化推动产业转型升级——兼论"土地财政"在转型时期的历史作用》,《学术月刊》2010 年第 10 期。Michaels G., Rauch F., Redding S., "Urbanisation and Structural Transformation", *The Quarterly Journal of Economics*, Vol. 127, No. 2, 2012. 吴福象、沈浩平:《新型城镇化、基础设施空间溢出与地区产业结构升级——基于长三角城市群 16 个核心城市的实证分析》,《财经科学》2013 年第 7 期。

[③] 马子量、郭志仪:《城市化发展中的产业升级:集聚推动、溢出效应与空间衰减——基于西北地区的空间计量》,《统计与信息论坛》2016 年第 31 期。

[④] 徐竹青:《高端要素、产业升级与城市化发展——基于浙江区域经济转型升级的战略思考》,《中共浙江省委党校学报》2010 年第 3 期。

第三节　粤港澳大湾区与欧美城市化路径比较分析

欧美发达国家城市化过程呈现出"从集聚走向平衡"的特征，而粤港澳大湾区群是全球城市化趋势的又一例证，人口和经济不断向中心都市区集聚，但与发达国家存在两点不同：第一，与欧美发达国家相比，经济发展集聚程度仍然存在较大差距，这很可能是由于政府间的经济增长竞争激烈，引起重复建设、商品和要素市场分割、以邻为壑的地方保护主义，导致经济规模偏向平均化。第二，在"双集聚"的过程中，粤港澳大湾区并没有达到欧美国家的人均平衡，因为人口集聚程度滞后于经济集聚程度，而这很可能是由于存在劳动力人口流动障碍，唯有劳动力自由流动才能最终实现地区间劳动生产率和收入的均等，从而实现区域平衡。这种演化的集聚特征是由经济产业结构决定的，以港深为核心目前初步形成了金融与信息服务业的集聚，与国际都市圈发展呈现相似基本特征，但集聚程度与国际都市圈相比仍然存在差距，还不够高。

一　人口向少数特大城市集聚

在国家间，亮度的差异主要取决于经济发展水平；在国家内部，亮度的差异主要取决于人口密度。大多数照明都来自人类聚居的城镇，因此通过照明的亮度可以判断人口的集聚区域。由图10—8可见，全球人口分布非常不均匀，主要集聚于少数区域——大城市。

从美国看，夜晚照明主要集聚于美国东海岸和西海岸的大都市区，且与2012年相比，中部灯光削弱，人口向东部迁移。得克萨斯州的Odessa市周边是灯光增量最显著的地域。从欧洲2016年的夜晚看，各国也呈现灯光集聚在少数区域的现象。如英国主要集聚在伦敦都市圈，法国主要集聚在巴黎都市圈。与2012年相比，欧洲总体而言呈现灯光削弱趋向。这可能遭到了防止光污染的环保活动影响，也可能与经济体收缩、人口减少有关。新照明则呈现在了

224　城市发展新方向

图 10—8　夜晚的地球

资料来源：美国国家航空航天网站，2016 年。

北欧的芬兰和瑞典，以及土耳其。从亚洲的韩国和日本看，韩国的人口主要集聚于韩国首尔都市圈，而日本的人口则主要集聚于东京都市圈。从全球人口发展的基本情况看，人口向大城市（群）集聚是普遍的国际现象。而从中国的照明灯光看也呈现出该特征。从粤港澳大湾区都市圈来看，人口主要集聚于香港、深圳、广州、东莞、佛山等城市，而且这种集聚趋势一直在持续。

二　经济发展也向特大城市（群）集聚

从全球发达国家来看，经济产出也主要集聚于一些大城市（群）。美国耶鲁大学的诺德豪斯教授（William D. Nordhaus）所领导的研究团队制作了一组各国经济地理地图，锥形的高度表示每单位面积上的 GDP 产出。观察美国经济地理地图，可以看出美国经济高度集聚在少数地区，单位土地面积上的产出，不同地区之间差异巨大。美国的经济高度集聚在芝加哥都市群、洛杉矶都市群、纽约都市群等，尤其是都市群的核心城市单位面积产出最高（见图 10—9）。日本的经济也主要集聚于东京都市圈，其次为大阪都市圈（见图 10—10）。英国的经济也高度集聚于伦敦都市圈（见图 10—11）。而从中国的经济地理地图看，中国的经济集聚程度则比较均匀，相

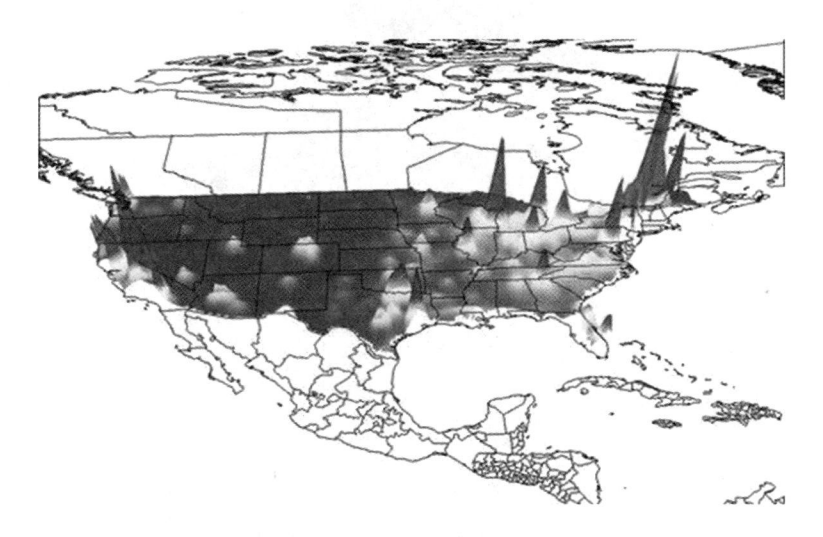

对发达地区仍然不够（见图10—12）。

图 10—9　美国经济地理地图

资料来源：http：//gecon.yale.edu/usa.

图 10—10　日本经济地理地图

资料来源：http：//gecon.yale.edu/japan.

226　城市发展新方向

图 10—11　英国经济地理地图

资料来源：http：//gecon.yale.edu/japan.

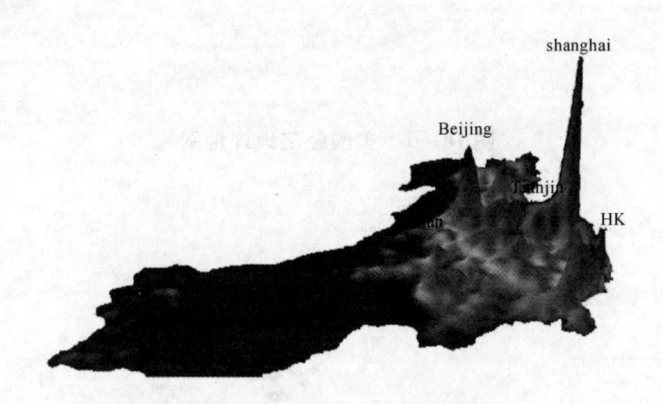

图 10—12　中国经济地理地图

资料来源：http：//gecon.yale.edu/china.

三　人口与经济双集聚实现人均 GDP 平衡

从美国经济的空间分布图上看，深色地区占据了美国 GDP 的 50%，而深色区域很小，即美国经济高度集聚在东海岸、西海岸和南部个别地方，而浅色表示的大面积区域加起来才占有美国 GDP 的 50%（见图 10—13）。

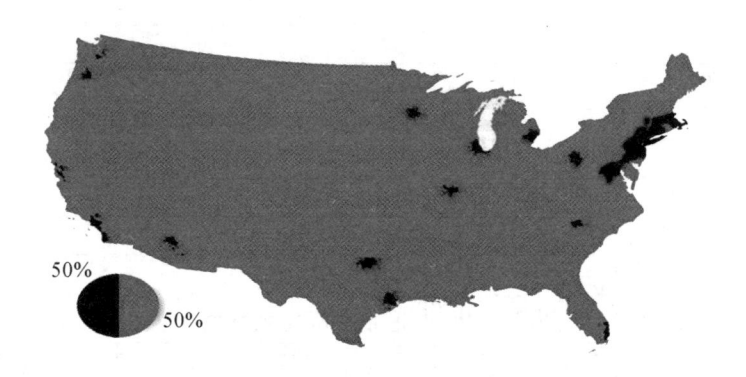

图 10—13　美国 GDP 分布

资料来源：http://gizmodo.com/u-s-economic-activity-split-in-half-and-mapped-1524966661.

以美国各州的人口和 GDP 的比重来看，那些经济总量大的州，它的人口也比较多，人口比较少的那些州其经济总量也比较低，及每个州在 GDP 中所占的份额和它在美国总人口里所占的份额基本一致（见图 10—14）。比如 2010 年加州的 GDP 为美国的 13.34%，而其人口也为美国的 12%；GDP 排名前五的州占全美 GDP 的 38.61%，而人口也占 36.73%，两者只有不到 2 个百分点的差距。这说明了一个非常简单的经济现象：如果承认每个人都是理性的个体，会用脚投票，那么他一定会选择一个最能适合发展、最能赚钱、最适合找工作的地方。

各国夜晚照明亮度表明，各国人口集聚于大都市圈范围（尤其是沿海特大城市），中国却有稍微不同的统计结果，因为将前述情况与中国进行对比，却发现情况与上述国家完全不同。2010 年中国省级 GDP 和人口比重数据显示经济总量排名前五的广东、江苏、山东、浙江和河南所占的 GDP 约为全国的 44%，但是人口只占全国的 32%（见图 10—15）。上海、北京、广东等地在 GDP 中所占的份额远远超过人口份额。美国经济总量前五的州的经济比重和人口比重之间只有 2% 的差距，而中国却有 12% 的差距，这意味着有很多非经济因素在束缚着人口的自由流动。

228　城市发展新方向

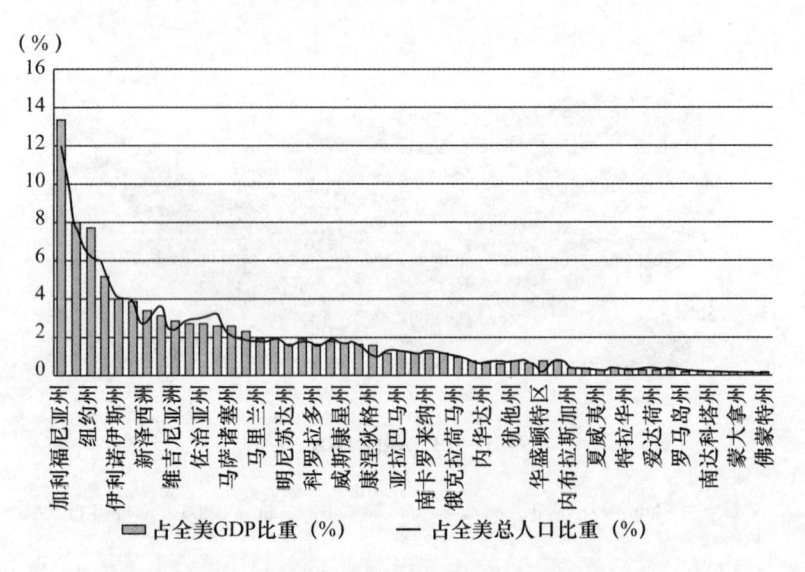

图10—14　2010年美国各州经济总量和人口分布

资料来源：傅蔚冈：《超大型城市不要畏惧人口增加》（http://opinion.caixin.com/2014-06-17/100691560.html）。

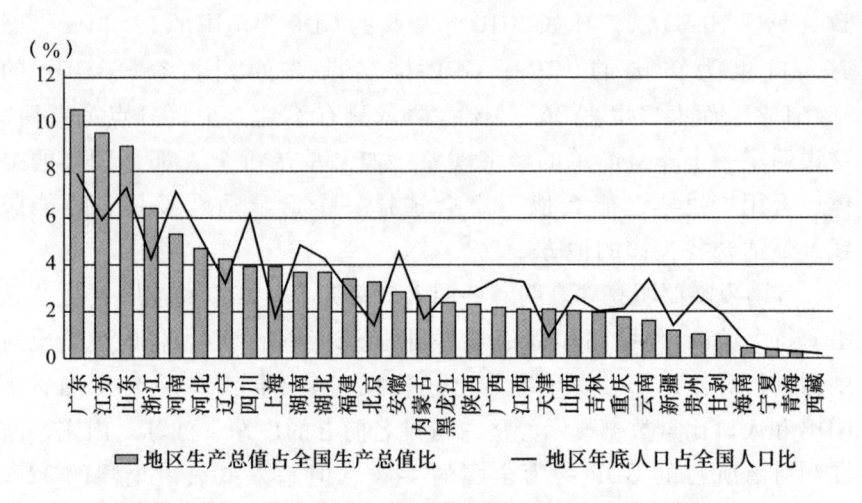

图10—15　2010年中国省级经济增长和常住人口分布

资料来源：傅蔚冈：《超大型城市不要畏惧人口增加》（http://opinion.caixin.com/2014-06-17/100691560.html）。

世界各国的经济资源和人口都集聚于各自的主要都市圈。因此，均衡的定义，不是人口和经济资源的均匀分布，而应是人均GDP、人均实际收入和生活质量的收敛。从各大都市圈GDP和人口占各国水平情况看，如果对比这些国际城市所拥有的人口和它们的GDP，会发现，除了伦敦以外，这些城市在国内占有的GDP比重和人口比重非常接近。东京都市圈的GDP占日本的33.01%，人口则占日本的28.96%；纽约的GDP占全美国的7.71%，其人口也是占6.09%；釜山的GDP占韩国的17.56%，其人口比重为15.75%；悉尼的GDP占澳大利亚的21.14%，人口则占20.36%（见图10—16）。据此，我们是否可以得出一个结论：如果一个国家的城市化率在80%以上，那么一个城市（地区）所占的GDP比重和人口比重可能是相一致的。虽然粤港澳大湾区的城市化率接近70%，距离这些世界大都市圈有10%以上的差距，但是其人口占比比GDP占比低5%以上。说明人口比重没有跟上GDP比重。

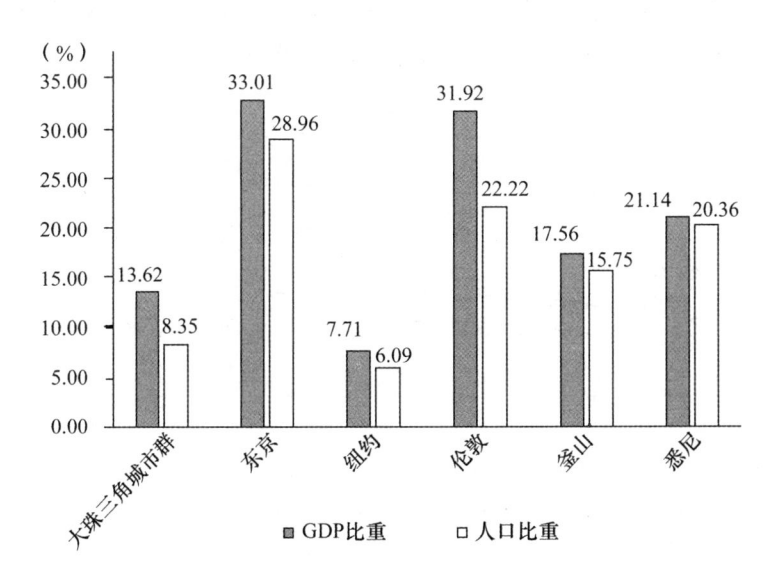

图10—16 大珠三角城市群与国际城市圈GDP比重和人口比重的对比（2012）

资料来源：布鲁斯金研究所。

四　集聚趋势与区域发展差距变化

《2009年世界发展报告：重塑世界经济地理》提供的数据表明，越发达的国家，其人口集聚程度越高，而欠发达国家的人口集聚程度都不高。如图10—17所示，横轴表示人均GDP，纵轴是一个国家的集聚指数。图10—17表明，经济不会无限制地集聚。在发达国家发展过程中，集聚程度不断在提高，提高到一定程度就稳定下来了。因为这个时候中心集聚区的生产要素价格太高了，使得生产者觉得没有必要都在纽约和东京这样的大城市附近生产，也会使得一部分老百姓觉得没有必要一定在大城市生活。这是由集聚带来的成本和收益相互权衡决定的。总体而言，经济人口经过一定时间的快速集聚之后，集聚的速度会减缓，但集聚的程度并不会下降。发达国家的人口仍然在向大城市周围集聚，只是速度不像以前那样快了。[①] 同时，区域经济发展差距开始时扩大，而后随着区域间人均收入差距趋于收敛，即呈现倒U形（见图10—18）。

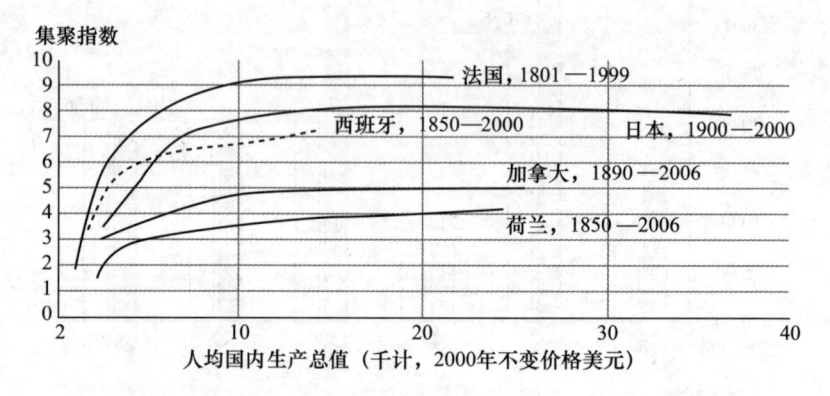

图10—17　随着经济发展阶段，集聚指数上升，然后保持稳定

资料来源：《2009年世界发展报告：重塑世界经济地理》。

---

① 参见陆铭《大国大城：当代中国的统一、发展与平衡》，上海人民出版社2016年版。

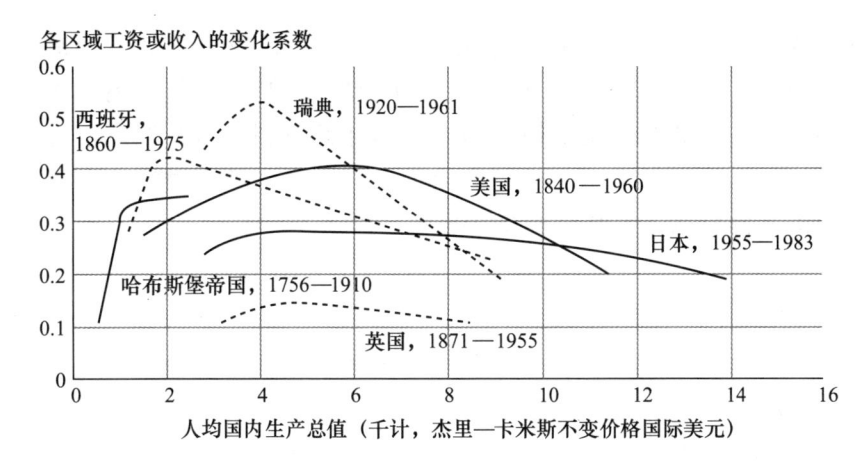

图 10—18　经济发展水平与地区间差距

资料来源：《2009 年世界发展报告：重塑世界经济地理》。

五　经济产业结构是人口与经济资源集聚的原因

发达国家的城市化结果是人口和经济资源向沿海特大城市（群）高度集聚，而欠发达国家的集聚程度不高。这是由经济产业结构决定的。

发达国家的经济结构是以工业和服务业，尤其是以现代服务业为主，工业需要集聚，服务业比工业更需要集聚。现代服务业大量以知识、信息和技术为核心竞争力，这些产业更加集聚在城市（特别是特大城市），这就导致了发达国家经济集聚程度更高。事实上，在美国、加拿大、日本、欧洲这些发达国家和地区，人口还在进一步向大城市集中，这与产业结构中现代服务业的比重越来越高有关，与知识、信息和技术越来越重要有关。相反，在欠发达国家，经济活动中农业的比重更高，农业的主要投入品是土地，而土地天然是分散的，在这样的国家，人口当然分散程度更高。[1]

城市群作为发达国家的重要集聚地，也存在产业结构的基本规律，而且发达国家间呈现的工业和服务业产业特征在都市圈层面更加明显。从国际城市群三次产业结构看，2015 年伦敦都市圈第二产

---

[1]　参见陆铭《大国大城：当代中国的统一、发展与平衡》，上海人民出版社 2016 年版。

业仅为9.92%，第三产业则达到了90.08%；2012年东京都市圈的第二产业仅为19.2%，而第三产业则达到80.28%。而粤港澳大湾区内部看，香港的产业结构已基本与国际都市圈类似，但广东省区域虽然也形成了以第二、第三产业为主，与国际都市圈相比，第三产业的比例仍然不够高（见图10—19）。

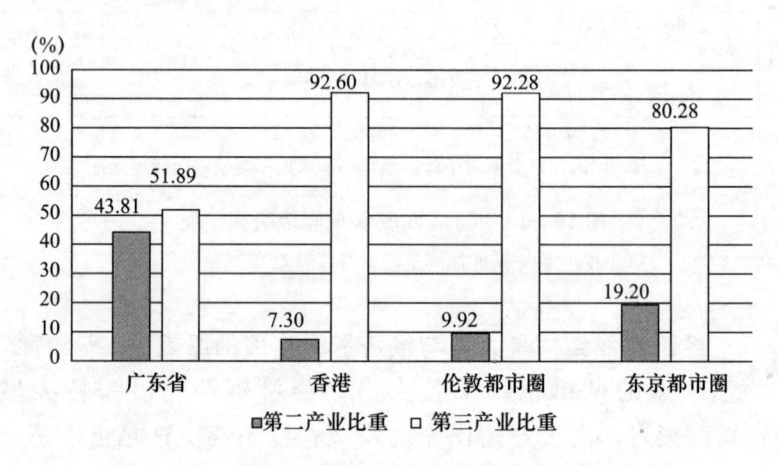

图10—19 国际都市圈的三次产业结构比较（2015）

金融业和信息服务业是第三产业的重要部分。在国际典型都市圈表现出金融业和信息业区位熵从中心向外围逐步降低的特征。从金融产业区位熵内部看，如图10—20所示，横轴表示区域位置情况，纵轴表示区位熵。初步判断城市群的核心城市（较高区位熵城市）为金融业集聚地区，沿核心城市外围扩展，金融业集聚程度不断降低。粤港澳大湾区也不例外，呈现出类似特点，即与目前国际成熟发展的城市群相比，目前粤港澳大湾区的金融业初步形成以港深为核心的金字塔形状城市群结构（见表10—7）。从信息业区位熵看，具有与金融业类似特征，也存在核心城市是专业化部门区域（见表10—8）。

而一些农林渔业、开采矿业、制造业等产业则集聚在都市群外围区域。以制造业区位熵为例，如图10—21，表现出都市群核心城市较低，沿核心城市外围逐步升高的特征。

这些产业的区域演化特点，由本身的产业特点所决定。类似金

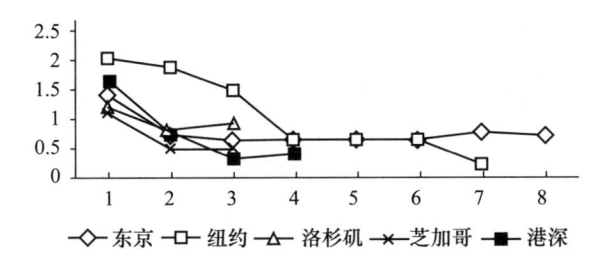

图 10—20　以港深为核心的粤港澳大湾区都市圈与国际都市圈金融区位熵

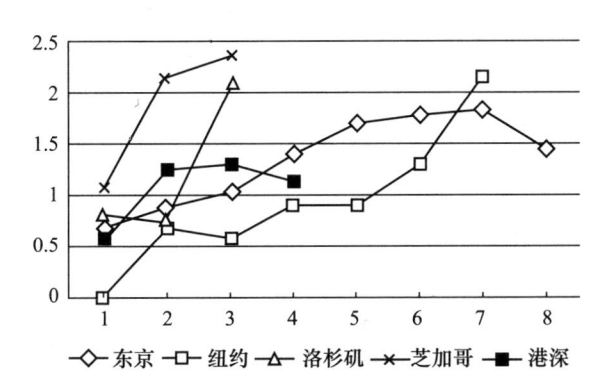

图 10—21　以港深为核心的粤港澳大湾区都市圈与
国际都市圈金融区位熵

融和信息业依赖于专业化智力、高技能型人才，不需要大面积土地，办公空间更加灵活，而农林渔业、开采矿业、制造业等产业依赖于自然条件资源、大面积的土地需求，随着核心城市生产要素价格提升，必然挤出此类产业。随着城市的发展，产业不断升级成为一种必然趋势。由此，目前发达国家城市群的产业演化路径所形成的产业结构特征，也是粤港澳大湾区城市群的未来可能走向。

表10—7　金融业区位熵

	东京都市圈		纽约都市圈		洛杉矶都市圈		芝加哥都市圈		粤港澳大湾区	
1	东京	1.43	New York-Newark-Jersey City	2.07	Los Angeles-Long Beach-Anaheim	1.18	Chicago-Naperville-Elgin	1.14	第一圈层（港深）	1.68
2	千叶	0.71	Bridgeport-Stamford-Norwal	1.94	Oxnard-Thousand Oaks-Ventura	0.8	Kankakee, IL	0.5	第二圈层	0.72
3	神奈川	0.63	Kingston	1.51	Riverside-San Bernardino-Ontario	0.93	Michigan City-La Porte, IN	0.52	第三圈层	0.35
4	埼玉	0.68	New Haven-Milford	0.65					第四圈层	0.42
5	茨城	0.66	Trenton	0.65						
6	栃木	0.65	Allentown-Bethlehem-Easton	0.63						
7	群马	0.78	East Stroudsburg	0.23						
8	山梨	0.73								

表10—8 信息业区位熵

	东京都市圈		纽约都市圈		洛杉矶都市圈	
1	东京	1.84	New York-Newark-Jersey City	1.55	Los Angeles-Long Beach-Anaheim	2.21
2	千叶	0.27	Bridgeport-Stamford-Norwal	1.32	Oxnard-Thousand Oaks-Ventura	0.33
3	神奈川	0.62	Kingston	0.81	Riverside-San Bernardino-Ontario	0.52
4	琦玉	0.2	New Haven-Milford	0.59		
5	茨城	0.3	Trenton	0.59		
6	栃木	0.19	Allentown-Bethlehem-Easton	0.78		
7	群马	0.22	East Stroudsburg	0.19		
8	山梨	0.26				

第十一章

中国城市发展问题

第一节 中国城市化特点与问题

一 中国城市化发展问题

在城镇化快速发展过程中，中国吸纳了大量农村劳动力转移就业，提高了城乡生产要素配置效率，推动了国民经济持续快速发展，带来了社会结构深刻变革，促进了城乡居民生活水平全面提升，取得的成就举世瞩目。根据世界城镇化发展普遍规律，我国仍处于城镇化率30%—70%的快速发展区间，存在一些必须高度重视并着力解决的突出矛盾和问题。

（一）城市化产业结构转换与城市化发展动力

改革开放以来，中国由计划经济体制转为市场经济体制，工业化的快速发展推动了城市化进程。随着第三产业的蓬勃发展，工业化推动城市化进程的作用逐渐减弱，第三产业越来越成为推动中国城市化进程的主要因素。尽管第三产业就业比重和城市化水平均呈上升趋势，但第二产业在一定时期内仍占有相当重要的地位。因此如何使产业经济集聚持续扮演城市发展动力是一大考验。

（二）发展迅速但城市化城市间水平差距大

经过40年的快速发展，虽然中国的城市化水平有大幅提高，但与世界发达国家和地区相比，中国的城市化水平仍然较低。世界银行数据中心的数据显示，世界城市化水平在1978年已达到39%，比中国高20个百分点，中国直到2002年城市化水平才达到39%，与1978年世界平均水平相同。2010年，世界城市化水平是55%，中国为58.52%，虽然中国的城市化水平已超越世界平均水平，但城市基础设施方面，包括道路交通、公交、地铁、城际交通建设、供电、供网、供气、供热、垃圾无害化处理、节水污水处理、城市公共绿地、生态环境、人均医疗资源与品质、人均教育资源与品质等都与亚洲部分城市、欧美城市有较大差距；而且我国目前的小城镇数量多，平均规模太小，难以满足工业化集聚发展的条件，经济与社会基础设施建设长期落后于经济发展，不能实现小康社会的全面发展。

（三）城市化滞后于工业化

鉴于中国特殊的国情，中国的经济发展以工业为主。与此相关，中国走了一条产业发展在先、生活质量在后的城市化道路，虽然避免了许多发展中国家"过度城市化"的现象，但中国的城市化严重滞后于工业化。2010年底，我国二、三产业就业人口为63.3%，而城市化率为49.95%。与美国、日本等国家相比，中国城镇化突出的矛盾是"工业化超前、城镇化滞后"。2017年统计局网站指出二、三产业人口中为73%，而城市化率为58%，显示中国城市化滞后于工业化问题仍然严峻。

（四）土地城市化快于人口城市化

国家统计局数据显示，1996—2006年我国的城市化进程中，城市人口密度是不断提高的，城市化进程显示出普遍的较强的城市集聚效应。但从2006年以后，我国城市人口密度呈下降趋势，全国城市人口密度从2006年的2238人/平方公里下降到2008年的2080人/平方公里，之后有所回升，但直到2011年仍未恢复到2006年的水平（2011年为2228人/平方公里），城市化的集聚效应在减弱。在全国31个省级行政区划单位中，有14个省份2011年的城市人口密度低于2006年。

从农民工市民化角度看，大量农业转移人口难以融入城市社会，市民化进程滞后。目前农民工已成为我国产业工人的主体，受城乡分割的户籍制度影响，被统计为城镇人口的2.34亿农民工及其随迁家属，未能在教育、就业、医疗、养老、保障性住房等方面享受城镇居民的基本公共服务,产城融合不紧密,产业集聚与人口集聚不同步,城镇化滞后于工业化。城镇内部出现新的二元矛盾,农村留守儿童、留守妇女和留守老人问题日益凸显,给经济社会发展带来诸多风险隐患。在城市化快速推进过程中,城市人口以每年大约2000万的数量增加的情况下,许多城市人口密度大幅下降只能说明土地的城市化快于人口的城市化,城市土地农转非的速度过快,所以中国开始出现城市发展与人口集聚不协调的城市发展现象。

(五)"双轨制"城镇化负面效应明显

首先,人口城镇化与空间城镇化不匹配。中国城镇化路径基本上是农民工和市民化"双轨"运行的城镇化,"双轨制"城镇化影响了两个关系长期发展的关键要素,即"地"和"人"[①]:一是过度占用土地资源,土地城镇化快于人口城镇化,占用土地、浪费土地太多,郊区农村建设与村庄建设面积迅速膨胀,大量的土地资源被转化成建设用地,尤其是大多数中小城市和县城工业开发区面积过大,利用效率低。二是影响人力资本的积累速度,过于频繁的农民工流动不利于人力资本积累,更不利于农村人口科学文化水平的提升,解决以上问题有利于城乡协调发展与现代化逐步完成。此外,人口城镇化与产业城镇化不匹配。参照发达国家的城镇化经验,在大力发展工业领域的同时,必然会促进国家城镇的快速发展。工业化是城镇化的根本,而我国城镇化水平长期落后于工业化水平,且差距在加大,缘于产业升级没有顺利实施。工业本身对劳动力的吸纳能力远不及第三产业,唯有在全国范围内提升第三产业比例,实现"产城一体",才能真正提速人口城镇化。

(六)城镇化与金融发展不协调

首先,金融机构在欠发达地区的"抽水机"角色令当地的城镇化进程步履维艰。简单而言,正规金融机构在吸储上十分积极,然而这些资金都外流到利润率更高的外部地区,很少回流到当地。其次,民间资本在城镇化建设中一直未能有正常身份,存在诸多门槛与障碍。虽然欠发达地区的城镇化很多资金源于民间资本,但渠道

[①] 孙阳、姚士谋、陆大道、张落成:《中国城市群人口流动问题探析——以沿海三大城市群为例》,《地理科学》2016年第36卷第12期。

一直狭窄不畅，存在资源配置失衡与浪费的现象。第三，无论是农户市民化产生新的医疗、养老、教育等居民金融需求，还是农业部门非农产业化转型的产业资金缺口，都需要大量的、多样化的金融服务支持，而正规金融机构在城镇的网点不仅没有增加，反而减少，且产品单一，难以满足新型城镇化下的金融需求。最后，从金融市场的总量水平看，金融体系在理论上应该可以覆盖城镇化进程中的基础资金需求，但正是由于城乡"二元结构"下的金融资源配置不均，投融资机制不畅，在约束条件下致使财政捉襟见肘，金融资源远水难解近渴。

二 中国城市群发展问题

（一）城市群空间结构不合理

首先，人口资源没有实现优化配置。梁琦等指出[1]以长三角城市群、澳港粤大湾区为例，其城市常住人口规模都形成了菱形城市层级结构，即相对于齐普夫分布对应的金字塔形城市层级结构，中等城市对人口资源的集聚程度偏高一些，大城市和小城市对人口资源的集聚程度偏低一些，大、中、小城市的人口规模都没有达到合理水平。因此，中国的户籍制度以及人口规模政策严控大城市人口规模，阻碍了人口的空间优化配置，限制了人口从农村流向城市、从低阶城市流向高阶城市，导致城市常住人口规模形成了典型的菱形城市层级结构。

此外，经济集聚的负面效应逐步显现[2]。侯韵和孙铁山指出过高的集聚程度将本该用于创新研发活动、提高生产效率的资源挤出，转而投向基础设施、房地产以及维持生活质量等用途，导致集聚带来的负面效应逐渐超过集聚的正面影响。此外，他们研究亦表明经济单中心集聚现象比较普遍，不仅意味着中心城市过高的通勤成本、人口资源环境压力、劳动力竞争过大、地价上升等问题，也

---

[1] 梁琦、陈强远、王如玉、Lin Wanping:《户籍改革、劳动力流动与城市层级体系优化》（英文），Social Sciences in China, Vol. 36, No. 2, 2015, 130 - 151.

[2] 侯韵、孙铁山：《中国城市群空间结构的经济绩效——基于面板数据的实证分析》，《经济问题探索》2016 年第 2 期。

意味着城市群内部各个城市之间的经济发展差异越来越大，从而对城市群的经济发展产生负面影响。

（二）城市群交通设施网络不完善

首先，中心城市与次级城市运输方式单一。董治指出中国中心城市面向次级城市的运输通道较为单一，主要是通过公路连接，缺少发达的轨道交通网，远不如发达国家运输模式的多样和快捷[1]。比如，在珠三角城市群，深圳与珠海、中山之间的主要交通方式是水运和高速公路。

此外，城市群综合运输体系建设滞后。董治等的研究亦表明中国的铁路和公路共同承担着中心城市间的高强度客货运，但由于资源限制和竞争，各运输方式的优势互补没有得到足够重视和充分发挥。城市交通系统规划与区域运输系统规划之间衔接不足，建设与管理中条块分割、重复建设乃至互相矛盾的现象还普遍存在。

（三）城市群资源错配与效率低落

随着我国城市规模与数量的不断增加以及城市群的发展，尤其是沿海特大城市的快速发展，我国城市体系从空间上呈现"中心—外围"模式。许政等[2]的研究表明，中国城市经济增长和到大港口（香港或上海）的地理距离存在"∽"形关系，随着城市到大港口距离的由远及近，对城市经济增长有一个先促进再抑制再促进的作用。到大城市距离和城市经济增长之间存在着"U"形关系，城市间的空间集聚效应在300公里以内表现出向心力的趋势，300公里以外表现出显著的离心力作用。这与新经济地理学的城市体系的"中心—外围"模式是一致的。同时，距离区域性的大城市越近，越有利于城市经济增长，但省际行政边界的存在降低了区域性大城市对外省城市的吸纳效应，存在省际市场分割。中国省与省之间的市场分割造成省际的"边界效应"，相当于增加相邻大小城市大约260公里的实际距离。虽然这种市场分割限制了区域性大城市跨省

---

[1] 董治、吴兵、王艳丽等：《中国城市群交通系统发展特征研究》，《中国公路学报》2011年第24卷第2期。

[2] 许政、陈钊、陆铭：《中国城市体系的"中心—外围模式"》，《世界经济》2010年第7期。

集聚效应的发挥,但对不同省的中小城市的增长却起到了保护作用。尽管如此,这种对于各省的中小城市的保护作用恰恰意味着地区间资源配置效率的损失。

首先,城市化效率总体偏低。万庆等指出 23 个城市群城市化效率平均值为 0.431,表明中国城市群城市化效率总体偏低,要素资源配置不合理、效率不高,普遍存在投入冗余、污染排放过量和文明成果不足等问题。从单个城市群来看,仅珠三角城市群、山东半岛城市群、酒嘉玉城市群的要素资源配置和利用效率达到最优,城市化完全有效率,其余城市群在资源要素配置与利用方面存在不同程度的效率损失[①]。

其次,城市化效率呈逐步下降趋势。万庆等研究计算得出中国 23 个城市群城市化的效率的平均值由 2003 年的 0.513 下降至 2011 年 0.400,下降达 22%。其中,宁夏沿黄城市群下降幅度（85.43%）最大,北部湾城市群（80.77%）次之,环鄱阳湖城市群、关中—天水城市群、兰西城市群、滇中城市群的下降幅度超过 50%[②]。

再次,城市群经济增长的规模效率不高。戴永安和张友祥指出中国内部城市规模效率低于外围城市规模效率的城市群数目较多,城市群在规模效率方面并无优势可言。特别是京津冀城市群、长三角城市群和成渝城市群的规模效率也不高,这是由其核心城市规模效率不高引起的。

最后,中西部城市群经济增长的综合效率偏低。戴永安和张永祥指出中西部地区由于技术水平、基础设施、人力资源等方面落后,不但经济发展水平落后于东部地区,经济增长综合效率也处于劣势地位,中西部城市群由于投入产出效率较低,很难发挥经济增长的辐射带动作用[③]。

[①] 万庆、吴传清、曾菊新:《中国城市群城市化效率及影响因素研究》,《中国人口资源与环境》2015 年第 25 卷第 2 期。

[②] 同上。

[③] 戴永安、张友祥:《中国城市群内部与外围的效率差异及影响因素——基于 DEA 模型的分析》,《当代经济研究》2017 年第 1 期。

（四）城市群与生态环境不协调

城市群城市化与生态环境协调发展整体水平不高。黄河东指出中国大部分城市群在其快速的城市化进程中，更注重城市规模的扩张、基础设施的建设、城市经济的发展，使城市人口、经济资源进一步集聚，但对此引起的环境问题得不到应有的重视，对环境保护的程度还比较低[1]。

黄河东的研究亦表明中国城市群之间城市化与生态环境协调发展水平的地区差距较为明显。发达地区城市群城市化与生态环境协调发展程度好于欠发达地区，城市群城市化与生态环境协调发展的程度基本上与其经济发达程度对应，即经济越落后，协调程度越低[2]。

第二节　产业空心化：核心城市的制造业比重风险[3]

一　产业空心化的定义及实质

产业空心化，也被称作"产业空洞化"。理论界对产业空心化现象有多种解释，大致分为广义的产业空心化与狭义的产业空心化。广义的产业空心化主要是指由于进行大规模的对外（外地或者外国）直接投资而引起第二产业在国民经济中的比重下降，第三产业比重则显著上升导致经济服务化的现象；狭义的产业空心化则主要是指制造业产业大量外移导致地区制造业的萎缩，新的产业发展较慢，难以支撑经济的较快增长，而旧产业的主导力量已经衰退甚至进入停滞状态。

20世纪70年代中期以后，首先是英、美等欧美发达国家的产业空心化引起人们广泛的讨论，之后在日本、韩国、新加坡，以及

---

[1] 黄河东：《中国城市群城市化与生态环境协调发展比较研究》，《生态经济》2016年第32卷第4期。

[2] 同上。

[3] 王征：《以总部经济消除中心城市产业空心化——兼论城市产业结构的提升》，《山东工商学院学报》2007年第4期。

我国台湾等后起国家或地区也相继出现过。产业空心化是一个较长的过程，其实早在19世纪中期的英国就曾出现过。当时英国作为"世界工厂"，经济实力雄厚，却因为工业资本进行大规模的海外投资，而使其国内慢慢出现了工业空心化。到19世纪末的时候，英国的技术进步速度显著下降，被美、德相继赶上，丢掉了"世界工厂"的地位。到了20世纪70年代，美国为顺利扩大汽车和电机在西欧市场的份额，陆续将这些产业的生产部门迁到当地，虽然确实绕开了关税壁垒，却也导致美国国内制造业部门投资不足，竞争力大幅下降。随后，又由于美国注重发展第三产业，尤其是金融业，造成制造业的比重进一步下降。而与此同时，美国一贯实行的赤字财政政策和国内的高消费导致本国利率一度高企，美元升值，抑制国内出口，制造业企业又进一步加大海外直接投资。于是国内制造业加速萎缩，出现了比较明显的产业空心化问题。而当今产业空心化比较典型的国家诸如日本，亦是因为国内实力雄厚的大企业大举海外投资导致国内"空心"，经济一度低迷，留下许多的后遗症。甚至我国的台湾地区，也在20世纪90年代因岛内制造业企业的大量对外投资而引发人们产业空心化的忧虑。可以说，产业空心化是一个负面词，不管是在发达国家还是在发展中国家，其让人们想到的多数是经济不景气、失业率上升、国内企业竞争力下降，等等。

在人人闻之色变的背后，产业空心化的实质则较少地被人们关注。从产业结构的演变规律看，随着经济的发展，生产要素会慢慢从第一产业向第二、第三产业转移，这也被称作产业软化规律。已有的研究也表明产业结构高级化的路径是：第一产业比重下降，目前来看最低可以降到3%；第二产业比重先升后降，大概先上升到40%—45%，再渐渐往下降，但下降的幅度情况不同，往往会低于第三产业的增加幅度；而第三产业比重却是一直在增大，在产业空心化地区其比重会显著高于第二产业。因此可以看出，产业软化也是产业结构高级化的必经之路，但不能将产业结构软化与产业空心化相混淆。如果只是第三产业在三大产业结构中比重过大，则单纯地属于产业结构软化现象；但如果产业结构软化严重削弱第二产业的竞争力，造成比较大的社会消极影响，则会导致产业空心化。产业空心化的实质是制造业资本的存量大幅下降，而其增量无法填补存量下降产生的产业空洞，从而出现：（1）制造业产值占 GDP 的比重下滑；（2）制造业生产力下降、出口减少甚至导致贸易逆差、国际竞争力下降；（3）制造业失业率上升，制造业就业人数减少，其占总就业人数的比重也下跌；（4）ODI 流出大于 FDI 流入，对外直接投资净额为负值。产业空心化必然导致（1）（2）的出现，后两项则有可能引发产业空心化。

二 产业空心化的危害

产业空心化从某种程度上也可以说是产业的"空洞"。纵观出现该现象的国家，从大环境来看，产业的空洞往往会造成整个国家或地区经济的疲软。不管旧产业是被转移出去的还是出现衰退，由于新的产业青黄不接，导致新旧产业的交替出现断层，而这个过渡期过长经济就会运行不畅，并且产生种种问题。

从企业层面来说，会导致国内企业的竞争力下降。一方面，很多有实力的企业向外投资，将国内资本大量转移出去，从而使留在国内的企业无法获得足够的资金投入或是其他资源，大大削弱了其竞争力；另一方面，转向海外的企业因为当地的劳动力、技术等优势而大力发展，加之本国大量的资金、技术、管理经验等的流入，可能与国内企业竞争，挤占其海外市场，甚至本国市场。从长期来看，会导致国内很多实力较弱的企业纷纷破产倒闭，留下的企业也会发展艰难。

从就业层面来说，产业空心化的危害是明显的。企业发展不好，企业的员工就不得不面对裁员。产业空心化的影响广泛，致使失业率升高。在典型国家——日本，尤为明显。

从国际贸易方面来说，产业空心化直接导致出口显著减少。制造业对外直接投资将生产基地转移到国外，继而产生出口替代效应和逆进口效应，即使短期有贸易创造效益弥补，但长期来看更容易导致投资国的国际贸易收支逆差。

从整个社会层面来看，产业空心化会导致投机盛行，经济泡沫滋生。"产业空心化"情况下旧的制造业产业发展疲软，投资利润下降。同时，新的产业还没有成为经济增长点，使大量资金积压在金融机构手里难以运用出去，导致经济中资金的相对过剩。找不到好的投资项目，又没有合适的产品可买，资金就更易于进行投机。为了刺激经济发展，政府往往采取宽松的货币政策，如果同时没有进行相应的经济结构调整和升级，资金就会涌进资产市场（如证券市场、房地产市场），并导致"泡沫经济"。所以，经济陷入"产业空心化"时期常常是投机活动和"泡沫经济"的易发时期。[①] 我国东南沿海的经济目前就已经出现了投机风，做实体的企业远不如投机的利润高，由此而引发的经济泡沫令人堪忧。

三　城市群视角下解决产业"空心化"

当前中国正处于城市化的加速期，随着城市化进程的不断加快，许多城市规模不断扩大，人口不断增加，城市在区域发展中的地位显著提升，特别是一批中心城市，在区域经济社会发展中起着越来越重要的作用。但是，中心城市在发展过程中也面临着如何实现城市产业升级和功能提升的挑战。国际经验表明，中心城市在城市地位不断提升的过程中，自身经济结构转型是一种必然趋势和内在要求。但是，目前在许多城市，经济结构转型却出现了不少问题：原有的工业基础日趋衰弱，新兴产业的萌芽寥若晨星，现存的产业结构被打乱、破坏甚至消失，缺乏强有力的支柱产业，产业"空心化"已初现端倪。[②]

与此同时，在一些中心城市，有些制造业企业的生产部门开始外迁。还有一种现象也值得关注，即欠发达地区的企业纷纷将总部迁往中心城市。外埠迁入的企业总部和本埠制造业外迁留下的企业总部在中心城市内某些特定空间上集聚，由此成了一种新的经济形态——总部经济，并带动了现代服务业的发展。可以预料，总部经济必将成为我国中心城市实现产业结构升级的重要战略途径。

（一）总部经济是解决城市发展中"产业空心化"的有效途径

纵观当今世界，一个国家、一个地区的经济能否快速发展，关

[①] 参见《经济研究参考》1999年2月25日。
[②] 参见伍海华《产业发展论》，经济科学出版社2004年版。

键在于能否把握机遇，不断地推动产业结构升级。在城市发展过程中，其产业结构将逐步实现"三、二、一"的结构变化，在这一变化过程中，将会出现两个问题：第一，随着制造业逐步由市区迁出，怎样避免城市产业的"空心化"；第二，现代城市产业发展的动力何在。

在传统的城市发展理论中，主要强调的是通过集中资源于城市的方式来提高城市的经济实力。但是，当今城市的规模越来越大，对于一些大城市来说，继续扩大资源集中规模，就有可能超出城市的承载能力，"城市病"就会蔓延，总部经济理论正是针对这种状况提出来的。

所谓总部经济，是指某一区域通过创造各种有利条件，吸引跨国公司和外地大型企业集团入驻，企业总部在本区域集群分布，而其生产加工基地则通过各种形式安排在成本较低的周边地区或外地，从而达到资源最合理的配置的经济活动的统称。[①]

总部经济的理论，为中心城市的产业发展提供了一条战略性思路。首先，从振兴制造业角度来说，按照总部经济理论，随着经济的发展，大城市主要用来发展企业总部，而生产制造基地将外迁。这种思路配置资源，不仅能够突破土地和物质资源对中心城市发展制造业的制约，而且能够克服发展制造业与城市功能定位之间的矛盾。从总体上讲，总部经济对于振兴制造业至少具有三种意义：一是总部经济为扩大中心城市制造业增量提供了一种新理念。通过吸引跨国制造公司和外埠制造业企业总部入驻，可以为中心城市制造业发展引入增量资源，扩大制造业的总量规模，优化结构。随着越来越多企业总部的入驻，将会在中心城市产生总部集聚效应，有利于城市制造业总量的增加和产业的优化、升级和发展，也会使制造业发展更具活力和竞争力，进而会提升整个中心城市产业布局的层次、水平和形象。二是总部经济为盘活制造业存量资源提供了一种新思路。它把企业总部留在城区范围，而把生产基地从市区迁到郊区乃至生产成本更低的外地，由此而节余出的资源则用于发展附加

---

① 参见赵弘《总部经济》，中国经济出版社 2004 年版。

值更高的产业。这种对于传统制造业的调整，较之于"整体搬迁"或"整体关停"的方式更为合理和科学，有利于突破中心城市发展制造业的资源约束，拓展制造业的发展空间。三是总部经济为完善中心城市制造业配套体系提供了一种新模式。构建不同区域"总部—加工基地"的功能分工，实现区域之间的协作发展，是使制造业成本最低、取得竞争优势的一条重要经验。①

其次，专门为总部服务的第三产业部门（主要是知识型服务行业）将会与总部相伴生，形成与总部集群同在的知识型服务业集群。同时，城市服务业的发展也将会朝着知识化方向发展，知识型服务业在城市经济发展中将占据越来越重要的地位。知识型服务行业虽然是企业总部的次生物，但它本身的产生和集聚，却形成了最有生命力的朝阳行业群体。这样，新老产业的发展，又形成了有机的统一。②

（二）总部经济对中心城市制造业产业的作用

总部经济战略必然伴随着产业结构调整。在现代城市发展中，其产业结构将逐步形成"三、二、一"结构，城市内部布局也必然要求做相应调整，新兴、快速发展的行业在空间竞争过程中必然将传统的、已失去优势的产业排挤出去，而且一些优势产业会由城市中心地带向外围地区扩散。在这一过程中，总部经济的发展与产业结构优化升级是联动的。总部集群的形成，会增加第二产业的经济总量，同时又会对第三产业特别是知识型服务业提出强烈需求，从而促进第三产业的发展，吸引各个行业的总部或销售、研发中心入驻。这样，既扩大了城市的产业总量，还可以提升城市的产业层次，优化城市的产业结构。

总部经济理论最初就是为了解决制造业发展过程中存在的问题而提出来的，因此它对制造业的发展有着重要的作用。其道理在于：由于城市规模扩大、人口数量增加，城市空间资源越来越稀缺，制造业成本越来越高，环境承载压力越来越大，这种情况下，制造业外迁必然成为企业的理性选择。为应对制造业的"空心化"，

---

① 参见赵弘《中国总部经济发展报告》，社会科学文献出版社2005年版。
② 参见刘斌《产业集聚竞争优势的经济分析》，中国发展出版社2004年版。

保持城市经济的持续增长与繁荣，大力发展总部经济正逢其时。中心城市具有各种有利条件，可以吸引跨国公司和外埠大型企业集团总部集中入驻，使企业总部在中心城市集群布局，生产加工基地则通过各种形式安排在营运成本较低的周边地区或外地，从而充分发挥中心城市高端资源密集和外围地区土地、劳动力成本相对低廉的优势，形成合理的价值链分工，这样，总部和生产制造基地能够各得其所，取得更大的经济收益。

总部经济战略可以促使城市原有的制造业资源通过组织创新寻求新的发展。制造业在各地的经济发展中，仍占有举足轻重的地位，但现代城市的人居环境、资源特点、节水环保的需要和城市的功能定位，决定了城市市区越来越不适合发展传统制造业中的加工部分。然而，如果按照传统的企业组织模式，即制造企业的总部与生产加工车间分布在一起，是很难进行调整的。要么企业整体迁走（实际情况是许多位于市区的制造业企业外迁之后，出现了大量的核心技术管理人才流失，他们不愿意随同企业一起离开都市，结果使企业外迁之后大伤元气）；要么破产倒闭。如果按照总部经济的模式进行调整，鼓励企业总部与其生产加工基地分离，则不仅能够取得加工基地所在地相对低廉的要素资源，还可以继续利用总部所在地密集的人才、技术、信息、政策资源取得更大的发展。可以说，总部经济的思路为城市的制造加工企业自觉进行产业结构调整提供了一条新的途径。

总部经济的思路大大扩展了中心城市的产业选择范围，使制造业找到了一条可持续发展之路。原来以为在中心城市不宜发展的某些产业的部分功能区段（包括资源消耗型的制造业），如果按照总部经济模式进行布局，将总部设置在市区，将生产加工基地设置在拥有资源的其他地区，此类产业照样可以在中心城市发展。总部经济使中心城市的发展跳出了本地，通过与周边区域其他城市的合作，构建了新的总部经济链条关系，实现了协调、互动式的发展。传统制造业通过总部与加工基地之间的区域分离实现了产业组织创新，重新焕发了生机。而由于有庞大的制造业企业的总部做支撑，现代服务业也拥有了更多的服务对象，因而可以实现更大的发展。

第三节 城乡一体化与城乡差距

一 城乡一体化的含义

城乡一体化思想早在19世纪中期就已经成为西方国家社会经济发展的主流。我国在改革开放后，尤其是在20世纪80年代末期，由于历史上形成的城乡之间隔离发展，各种经济社会矛盾出现，城乡一体化思想才逐渐受到重视，但城乡一体化是一个全新的概念，众说纷纭，至今也没有权威的、完整的、系统的定义解释。在我们党和国家的文件和报告中，在涉及相关问题时，也大多用"城乡建设""统筹城乡经济社会发展""城乡协调发展"等提法。[1]

在我国，城乡一体化是针对我国城乡之间的户籍、劳务用工、社会福利、住房政策、教育政策以及土地使用制度等不同政策形成的城乡二元经济社会分割格局而提出来的，其原意旨在打破城乡二元结构，改革城乡之间政治、经济、社会发展的制度隔离，创建城乡之间政治、经济、社会运行的融合机制。我国城乡一体化概念主要是从制度、体制范畴的角度考虑，而不是从地理空间范畴上的城乡产业布局的一体化。

城乡一体化的基本要求和特征：第一，城乡一体化是发生在生产力水平或称之为现代化和城市化水平相当高的时期。第二，城乡一体化是一个渐进的过程，而不是结果。第三，城乡一体化是双向的，不是单向的。绝不是全部乡村都转变为城市的过程，更不是城市乡村化，应该是城市与乡村互相吸收先进和健康的因素而摈弃落后的病态的东西的一种双向演进过程。第四，城乡一体化要包括物质文明和精神文明两方面。第五，不能把城乡一体化看成缩小甚至消灭城乡差别的过程。城乡差别是永恒的，只是不同历史时期其表现程度和形式不同。

城乡一体化是城市化发展的一个新阶段，是随着生产力的发展

---

[1] 参见崔西伟《城乡一体化的理论探索与实证研究》，博士学位论文，西南财经大学，2007年。

而促进城乡居民生产方式、生活方式和居住方式变化的过程，是城乡人口、技术、资本、资源等要素相互融合，互为资源，互为市场，互相服务，逐步达到城乡之间在经济、社会、文化、生态上协调发展的过程。城乡一体化就是要把工业与农业、城市与乡村、城镇居民与农村居民作为一个整体，统筹谋划、综合研究，通过体制改革和政策调整，促进城乡在规划建设、产业发展、市场信息、政策措施、生态环境保护、社会事业发展方面的一体化，改变长期形成的城乡二元经济结构，实现城乡在政策上的平等、产业发展上的互补、国民待遇上的一致，让农民享受到与城镇居民同样的文明和实惠，使整个城乡经济社会全面、协调、可持续发展。城乡一体化，是一项重大而深刻的社会变革。不仅是思想观念的更新，也是政策措施的变化；不仅是发展思路和增长方式的发展，也是领导方式和工作方法的改进。

二　城乡一体化基本理论

（一）马克思主义的城乡融合理论

马克思主义的城乡融合论是用历史的、发展的唯物主义辩证思想认识城乡关系的。马克思主义城乡关系理论认为资本主义的产生和发展是导致城乡对立的根本原因；马克思在《资本论》中阐述了农业是国民经济的基础，而城市在所有的现代国家是人民的经济政治和精神生活的中心，是进步的主要动力。在城乡关系的发展趋向上马克思主义理论提出，城乡的分离对立也就是社会的不协调，是社会进一步发展的障碍，消灭城乡之间的对立是社会统一的首要条件，未来的社会是实现城乡融合。城乡融合，即结合城市和乡村生活方式的优点而避免两者的偏颇和缺点。马克思主义经典作家同时指出，城乡融合是一个漫长的历史过程，取决于许多物质条件。城乡关系往往经历无城乡差别—城乡分离—更高水平的新的均衡与融合的过程。主要实现措施有：一是要废除私有制，扫除城乡对立的根源；二是积极发挥城市的中心作用，带动农村共同发展；三是在全国尽可能均衡分布大工业，将农业和工业结合起来。马克思主义经典作家对城乡融合的丰富论述，是统筹城乡经济社会发展，进行城乡一体化的基本理论依据。用马克思主义城乡融合理论来指导我国城乡一体化，具有重要的理论和现实意义。[①]

(二) 西方传统城市化理论

西方传统的城市化理论是以城市为中心、以经济联系为基础的，即假设城市具有集聚经济优势以及由集聚而产生的规模经济。在这种假设的基础上，由于集聚经济和比较利益的作用，农村向城市的转化被认为是不可避免的，但城市和乡村之间存在着明显的差别，而且这种城乡差别会在城市化推进过程中永远存在。换言之，这是一种以城市而并非以区域为基础的城市化理论。

20世纪50年代以来，世界上许多国家特别是发展中国家的工业化和城市化进程明显加快，出现了以大城市和周围地区的高速增长为基本特征的经济、技术和社会发展模式。中心城市的空间范围迅速扩张，在城市边缘出现了规模庞大的城乡接合地带。同时由于交通基础设施的发展，不仅使过去独立发展的城市之间产生了密切的联系，而且沿城市之间的交通通道形成了新的发展走廊。在经济增长速度较快、人口密集的亚洲特别是东亚和东南亚地区，这些特征表现尤为突出。城乡接合带和发展走廊的形成是城乡之间经济要素流动和重新配置的结果，这种区域既非城市，也非农村，兼具城市与乡村的特征，形成特殊的空间形态，因此被学者称为"灰色区域"。麦基提出的 Desakota 概念打破了城市与乡村这一对传统意义上相对封闭的空间概念，从相互联系和相互作用的角度为城乡经济空间形态的演进研究提供了新的视角，他建立起来的以区域为基础的城市化理论，使西方学者认识到了传统的以城市为主导的城市化模式的局限性。同时麦基所设想的这种城乡一体化形态主要是以亚洲国家的社会发展现实为基础的，也必然有其局限性。

三 发达国家的城乡一体化实践与经验

(一) 日本

二战后日本在的工业高速发展，在几个大城市圈中出现人口集

---

① 周叔莲、金碚：《国外城乡经济关系理论比较研究》，经济管理出版社1991年版，第182—185页。

聚，所以城乡失衡问题越发严重。日本城乡一体化的发展主要通过两大途径来实现。第一，日本将城乡一体化纳入了国家的综合开发规划中。日本政府在制定的《第二次国土综合规划》中提出，要持久地保护自然，有计划地疏解城市人口，加快开发落后地区，特别是注重农村经济的开发。1977年日本制定的《第三次全国综合开发计划》中，提出福利优先的新战略，注重农村经济的深度开发，着力建设小城镇，逐步提高中小城镇的生活水平，以缩小城乡差别，促进城乡融合。1987年的《第四次全国综合开发计划》，提出建设一体化的生活地区，把各种城市机能与乡村的恬静和富裕有机协调起来的目标；鼓励加大交通、信息、通信基础设施建设力度，开展城乡交流，改善生产、生活环境，建立相辅相成的城乡机制，把城乡空间融合提高到一个新的水平。第二，日本通过完善法律法规保证城乡协调发展。为更好促进城乡接合，彻底改变农村地区落后面貌，日本先后出台了一系列国土利用、扶持山区发展、确保农村劳动力就业等法律法规。在社会保障上，日本也制定了很多法规。20世纪60年代，日本就已经实现了全民皆享受医疗保险、全民皆养老的保障目标，同时进一步完善了社会福利救济体系。1982年颁布了《老年人保健法》，1991年实行了全体国民负担老人的医疗费制度。日本的社会救济和社会福利资金全部由财政承担；医疗保险和各种收入保障方面约1/3的费用也由财政直接负担，具体表现形式为中央财政补贴。这些保障措施，缩小了城乡差距，促进了城乡协调发展。[①]

（二）美国

美国资源丰富，有较完善的市场经济体制；城市经济实力强，农业专业化生产水平高，城乡交流渠道通畅，城乡融合具备坚实的经济基础。美国的城乡一体化过程的特点之一就是先实行城市化，然后再由城市化向城郊化过渡。二战之后，随着现代化发展以及美

[①] ［日］岸根卓郎：《迈向21世纪的国土规划——城乡融合系统设计》，高文琛译，科学出版社1990年版，第1—5页。潘海霞：《日本国土规划的发展及借鉴意义》，《国外城市规划》2006年第3期。吴殿廷：《日本的国土规划与城乡建设》，《地理学报》2006年第7期。

国鼓励郊区化政策，城市郊区化进程加快，由城市居住功能郊区化，发展到城市商业功能和产业功能郊区化，最终导致"边缘城市"的产生。其主要特点是：内部建筑密度较低，第三产业为主的产业结构，人口多样化和隔离化，完善的交通设施，良好的生活环境。它结合了城市和乡村的优点，衔接起了城市与乡村经济，提高了人们的生活质量，是一种城乡交融的一体化状态。其基本机制是：首先是通过成立区域规划协会，负责跨越行政区的大都市区的规划，保证经济发展和土地利用协调一致。其次，政府的政策引导。大规模发展公路建设，完善一体化交通基础设施，为企业和居民提供便利；郊区采取优惠的税收政策，吸引大量的企业。最后，大力推进农业现代化的发展，创造大量的就业机会，吸纳了大批乡村人口。美国的芝加哥、费城、华盛顿、洛杉矶等大都市区都呈现类似的过程。总之，美国的大都市地区，通过市场机制的作用和城乡的自由发展，完成了城乡融合，达到了城乡一体化状态。[①]

（三）英国

二战结束后，伦敦地区由于战争期间导致的城市无序发展、住宅建设停滞、战后人口增加和家庭结构趋向小型化，对住宅的需求量大量增加；城市人口拥挤，失业率居高不下，犯罪率上升，环境质量下降；乡村日益衰落，城乡矛盾加深。为了综合地解决这些难题，英国政府于1949年启动了大伦敦计划。其基本思路是按照霍华德田园城市理论，在距离中心城一定的距离选择地价较低的农业区建立新城，并把城市人口转移到就业、生活自给自足的新城之中。主要措施是：（1）在伦敦周围建设一条平均5英里宽的绿带限制城市的过度膨胀；（2）建设一批居住和工作上能自我平衡的真正符合霍华德思想的新城，规模5万人，达到疏散中心城拥挤人口的目的；（3）在距离中心城市20—35公里的地方建立"反磁力中心"，并推广到一切城镇居民体系规划布局中，达到结构完整的城镇体系，均匀地分布生产力和人口，推进城市化与乡村城镇化的目的。通过新城建设，加强了对农村的重视，疏解了中心城问题，促

[①] 王旭：《美国城市化的历史解读》，岳麓书社2003年版，第3—15页。

使伦敦地区形成了融入自然的田园城镇体系，解决了城市郊区的过度不平衡发展，提高了郊区城镇化水平，促进了城乡融合，实现了一体化发展的目标。[①]

四　国内城乡差距现状

多年来我国的发展一直呈现城乡分离的状态。随着经济的快速发展，城乡二元结构愈演愈烈，城乡差距成为制约我国经济腾飞的一个重大致命点。21世纪以来，我国城市化进程过于迅速，财富积累极度膨胀。然而，城市人口比例偏小，城市化率低于世界平均水平。而且城市化进程突飞猛进彰显城乡二元结构问题更加突出的局面，也更加凸显城乡一体化的重要性。我国城乡差距主要体现在以下几个方面。

（一）收入差距

改革开放40年来，我国城镇人均可支配收入和农村人均纯收入都有大幅度提高，但城镇人均可支配收入提高的速度远远高于农村人均纯收入，这就说明我国城乡居民收入差距呈进一步拉大的趋势。加上城镇居民的收入主要用于消费和储蓄，而农民的纯收入除用于消费和储蓄以外，还有一部分要用于扩大再生产（购买生产工具、种子、化肥、农药等）的支出。如果扣除农民扩大再生产的支出，城乡差距就更大。[②]

（二）社会福利差距

我国城乡居民不仅统计收入上存在较大差距，在收入统计之外，享受的各种社会福利也存在较大差距。很多社会福利实际上是居民的一种隐性收入。因此，城乡居民实际收入差距应比统计上的收入差距要大。目前，城镇居民享受的住房补贴、物价补贴等各种补贴，以及各种社会保险如医疗保险、失业保险、最低生活保障等，绝大多数农民都不能享受。城镇居民以社会福利方式获得的隐性收入难以准确估计。

[①] 陈晓华：《国外城市化进程中乡村发展与建设实践及其启示》，《世界地理研究》2005年第3期。张计成：《英国城乡的发展经验及启示》，《城市问题》2007年第1期。
[②] 杨红梅：《浅谈我国城乡差距的现状和原因》，《商场现代化》2010年第11期。

(三) 教育条件与教育观念差距

伴随着收入与消费的差距，城乡在教育方面的发展悬殊。教育差距所带来的负面影响远远大于经济差距，成为农村落后的根源。农村的教育无论是在体制上还是设施上都相当落后，一些地区甚至未能普及义务教育。城市的学校无一不是高质量的楼群，而在农村，仍然存在用危房做校舍的现象。师资力量更是悬殊，城市里的小学老师一般都是大学专科水平，中学老师务必有本科学历，而农村很多老师仅有成人自考学历。随着开放的水平日益深化，大多数农村人口已经认识到教育的重要性。然而，由于农村校舍设备简陋，教学水平低，农村孩子仍不具备与城市学生竞争的实力。[1]

(四) 基本医疗与公共卫生

城乡在基本医疗问题上的差距并非短时间造成的。至目前为止，很多农村仍然不能摆脱缺医少药的状态。农村的医疗设施差，并且没有分级的服务网络。很多大型医疗设施落后，早已进入淘汰状态。而我国的大中小城市都普遍存在一到数家大型医院。像北京、上海等发达城市，医疗水平甚至可以与发达国家媲美。在医疗支出上城乡也存在不可忽视的差距。近几年，城乡人均医疗费用都有较大增长，尤其是城市医疗费用支出更是占据很大比重。

第四节 城市发展问题、产生原因与治理建议

从城市发展问题的概念界定看，目前定义表达上不尽一致，但其本质内涵基本统一。周加来[2]定义城市病，即"在一国城市化尚未完全实现的阶段中，由于城市系统的缺陷无法承载经济社会的快速发展而引起的负面效应"。张忠华、刘飞[3]总结认为，城市病是在城市化进程中，由于城市管理在理念和手段上滞后，跟不上城市发展进程，从而使城市发展受制于其自身资源环境承载力，进而产生

---

[1] 张楚晨：《我国城乡差距现状、原因及对策》，《东方企业文化》2011年第6期。
[2] 周加来：《"城市病"的界定、规律与防治》，《中国城市经济》2004年第2期。
[3] 张忠华、刘飞：《与前我国城市病问题及其治理》，《发展研究》2012年第2期。

的一系列影响城市居民生产与生活的负面问题。可见,"城市病"包含四层含义:一是发生在城市化这一动态过程中;二是人口向城市区域集聚继而影响城市承载力发生变化;三是城市管理的滞后和城市系统功能缺陷是内因;四是带来负面效应或问题,影响可持续发展。[1]

一 典型城市病问题与产生原因

城市病是各国发展过程中的通病,我国城市在发展过程中,不但没有能够逃避这个病症,而且此病还带有比较典型的中国特点。工业化低水平生产造成的环境污染,空气质量下降。城市结构布局不合理,工业区、商业区、生活区混杂,居民生存环境恶化。生活垃圾大量排放并未能处理造成的污染不断扩大。工业生产率低下,高耗能低产出,资源、能源过度消耗,有增长而无发展。城市规划设计不合理,低水平重复建设,交通拥挤。城市失业人口数量不断增加,贫困居民人口增加且生活水平下降。贫富差距扩大,社会财富过分集中,社会稳定度下降。犯罪率上升,黑社会势力猖獗,人的安全度下降。[2]

(一) 城市就业困难

就业困难也是城市病之一,它不仅是个经济问题,而且也是重要的社会问题。对那些涌向城市的人来说,城市意味着权力、财富、竞争、成就等。但并不是所有走进城市的人都是幸运的,都能得到发展的机会,由于放弃土地的农民没有文化,不具备专业技能,他们只能干一些出卖劳动力的粗活。目前,我国城市本身也面临着失业、下岗人员多的庞大就业压力。在现有城市经济发展水平不高的条件下,进一步吸纳农村富余劳动力的能力不容过分乐观。另外,随着科技的进步及市场竞争的加剧,产业结构必须不断进行调整升级,必须出现旧岗位的淘汰、新岗位的产生,工人就必须转岗,这是经济现代化过程中劳动力配置的客观规律,同时也对劳动

---

[1] 参见张喜玲《城市病的形成机理研究》,博士学位论文,河北大学,2013年。
[2] 参见赵剑芳《当代中国的"城市病"及其防治》,博士学位论文,中南大学,2007年。

者的适应能力提出了更高的要求。失业问题是一个全社会普遍存在的社会问题。处于转型过程中的中国更由于其社会劳动力的严重供大于求和生产力水平的相对较低，下岗失业的形势相当严峻，就业压力非常之大。

(二) 城市住房困难

住房不仅为人们提供日常安全生活的保障，而且也为人们创造一个相对独立与私密的个人空间，它也是满足人们生存与发展需要的不可或缺的基本物质条件。由于中国城市化的迅速发展，打破了原有的人口分布格局，城市人口越来越多。特别是一些大城市，已经到了人满为患的地步。《中国城市发展报告》指出，上海浦西区的人口密度为3.7万人/平方公里，北京和广州城区的人口密度分别为1.4万人/平方公里和1.3万人/平方公里。目前，世界上的主要大城市，如东京只有1.3万人/平方公里，纽约、伦敦、巴黎和香港的人口密度最多也只有8500人/平方公里。中国城市化的快速发展，造成人口在地理上分布极度不平衡。城市人口较快增加，住房需求不断加大，而随着城市土地供应的日益紧张，住房开发用地必然受到限制，供不应求的住房用地，必然使其价格更高。这意味着，不管政府采取何种措施平抑房价，房价也不可能大幅度下降；不管政府增加多少经济适用房，也不可能满足大量低收入家庭的购房需要。这就使我国城市住房状况十分严峻。

(三) 城市交通堵塞

如今的中国面临着严重的城市问题，城市交通压力日益凸显便是其中一个。尽管中国城市交通发展较快，但目前还远远满足不了城市经济社会发展的要求。总体上讲，中国城市公共交通建设严重滞后的局面并没有得到根本改变。中国公交出行的分担率平均不足10%，特大城市也仅有20%左右，比欧洲、日本、南美等大城市的出行比例低1—2倍。近年来，随着我国机动车辆和交通需求的大幅度增加，城市道路负荷日益加重，道路拥挤、交通堵塞、行车混乱等现象有增无减。总结起来说，造成城市交通拥堵的主要原因有五：其一，机动车保有量增长过快，而道路增长过慢。其二，大容量、快捷的公共交通严重不足，导致对交通工具需求越来越高的出行人选择轿车、出租车或小公共。其三，"向心发展"的趋势不减，市中心区高强度开发，导致交通流量的时空分布失调，中心区交通流量为近郊区的4—5倍。其四，路网结构不合理，虽然棋盘式、环形加放射状的路网骨架已经初步形成，但仍是网络稀、支线和次干道少于主干道的"倒金字塔"形。其五，交通设施陈旧落后，不能适应现代交通管理的形势和要求。

（四）城市环境污染

城市化过程中，使得人口集聚，从而产生局部地区的资源紧张、环境退化，发展与资源、环境发生矛盾。我国许多大城市的空气污染已严重到令人窒息的程度。改革开放以来，全国城市化进程稳步发展，国民经济和社会发展取得了长足的进步。但与此同时，城市与环境问题空前突出，生态赤字进一步扩大，表现为：水土流失严重；沙漠化迅速发展；草原退化加剧；土地、森林资源锐减；生物物种加速灭绝；地下水位下降，湖泊面积缩小；水体污染明显加重；大气污染严重；等等。过去40年的经济快速增长是以牺牲自然资源和生态环境透支为代价的。当前中国生态环境整体功能仍在下降，抵御各种自然灾害的能力在减弱。同时，生态恶化的范围在扩大，程度在加剧，危害在加重。除了空气污染外，我国的水污染问题也十分严重，我国是一个水资源十分匮乏的国家，分布也相当不平衡，淡水污染严重，使城市的饮用水质量不达标。另外，我国城市的基础设施、道路广场、绿化用地严重不足（人均绿地面积尚不足4平方米）。自然的土地面积又被人工的水泥地面所替代，致使城市气候恶化的现象更为严重。城市垃圾处理水平低，垃圾分类工作推进迟缓，一方面造成严重的垃圾围城现象，另一方面又造成大量可回收利用资料的白白浪费。

二　国外城市问题治理经验的建议

（一）强化相关法律规范与执行

我国城市病的治理问题迫切需要健全而完善的相关法律制度，有效的法律制度能够帮助治理城市问题。以英国、日本为例。英国的法治内容包括了城市治理的内容，许多方面都建立了相关的法律法规；日本针对国土管理问题，曾先后出台 100 多部相关法律法规来保障相关问题的治理。改革开放以来，我国经济迅速发展，与发达国家相比，我国城市化后发优势明显，大大缩短了城市化进程。我国城市化率目前已超过 50%，正处于快速发展阶段，交通拥堵、资源短缺、环境污染等各种城市问题相继凸显并且十分复杂。如何尽快解决各种城市病症以推进城市健康发展已成为我国经济发展中的重要课题。由于受传统体制的惯性影响，我们在决策的拟定和实施过程中仍体现出一定的行政色彩，法治建设有待进一步加强。目前，我国正处于转型升级阶段，相关法律仍在健全与完善过程之中，但针对城市病治理的法律制度明显不足且可操作性较差。所以我们必须从我国城市化的实际情况出发，针对各种现实的及潜在的城市问题，诸如环境污染、资源短缺、交通拥挤等要加强立法。在城市治理上以完善的法律体系为基础，做到有法可依、有法必依、执法必严、违法必究，突出法律在协调和化解城市问题中的杠杆作用。只有在完善的法律规范基础上，充分发挥城市政府职能，才能确保各种城市病的有效治理。

（二）科学规划，未雨绸缪

在城市化进程中，科学的城市规划不仅可以促进城市的健康发展，而且可以避免重复建设、资源浪费，并能有效地防止环境污染和生态破坏。城市化进程中交通拥堵等城市问题的出现，从根本上来说是由于城市规划失误导致城市空间布局不合理而造成的。英国、美国、日本等发达国家均较早地重视起城市规划，在城市病治理的长期实践中，逐渐摸索出一套完整的城市规划理论体系和方法，实现了从规划层面上防治各种城市病，并取得了显著成效，为发展中国家的城市病防治积累了宝贵的经验。目前，我国的城市发展规划主要有《全国资源型城市可持续发展规划（2013—2020 年)》和《国家新型城镇化规划（2014—2020 年)》。其中《国家新型城镇化规划（2014—2020 年)》是全国城市化健康发展的指导性文件，各级政府必须以此为准绳，因地制宜地制订和实施城市发展规划，推进城市化沿着正确方向发展。我们应当立足国情，有鉴别地汲取英、美等发达国家的城市病治理经验，更新城市发展理念，坚持以人为本。在进行城市总体规划时，要从城市空间布局调整与结构优化、城市交通体系、城市基础设施等方面综合考虑出发，未雨绸缪，以前瞻性的思维科学制订与城市建设相关的一系列规划。同时，从城市规划的设计、编制到实施，应当建立公众参与机制，充分听取公众的诉求和意愿，因为城市规划的目的不是为了建造城市本身，而是为了服务于社会公众。各地政府在制订城市规划时，不应仅考虑经济因素，更应该注重人的因素。我国现行的《城乡规划法》对城市发展中的公众诉求与利益保障尚缺少足够的重视，需要在现有的法律体系中完善。只有符合公众需求的城市规划，才会建设出充满活力的城市。

（三）大力发展城市交通

城市交通直接关系着城市发展的全局，交通基础设施对经济发展与城市化发展具有先行引导作用。英、美、日等世界发达国家的城市病治理经验表明，要解决城市化进程中的交通拥堵问题，必须大力发展城市交通系统。比如，日本的城市交通系统世界闻名，尤其是地铁网络纵横交错、四通八达，实现了人性化与功能化的完美结合。在日本的城市化历程中，政府长期坚持"公交优先"的发展战略，通过大力发展地下轨道交通，不断完善城市公交系统，有效地缓解了城市的交通拥堵问题。我国正处于城市人口规模不断扩大的阶段，导致对交通基础设施和运输能力的刚性需求。我国的城市公共交通虽经过多年的发展，但公交服务水平和市民出行负担率仍然处于较低水平，总体发展仍较滞后。随着我国城市化步伐的加快，城市交通拥堵压力不断增加，城市公共交通系统的健全与完善已成为城市发展中的首要任务。借鉴发达国家的经验，为妥善解决日益严重的城市交通拥堵问题，我国城市必须切实落实国家公交优先发展战略，坚持政府主导的公共交通发展方向。

（四）督促大众共同参与

城市化进程中的各种城市病治理，需要充分发挥政府的主导作用，但同时也离不开社会组织及公众的积极参与。城市病治理中的公众参与就是公众广泛参与到那些与他们的生活环境息息相关的政策和法规的制定、决策、实施和监督的全过程。英国、美国、日本等一些世界发达国家在其城市病治理过程中,无不引入公众参与机制以解决各种城市问题。比如,美国联邦政府在20世纪末之前坚持不干预地方城市事务,因而导致诸多城市问题愈演愈烈,使社会公众掀起环境正义运动,最终促使美国政府走上正常的城市治理轨道。英国与日本的城市规划体系中,都注重强调"公众参与",公众参与规划的行为渗入规划工作的每一个主要工作环节,是一项必不可少的工作内容。城市发展的主要目的是服务于社会公众,城市问题与城市居民息息相关,因此,在城市病治理过程中,城市政府应建立公众参与机制,通过各方共同努力,有效解决城市问题。公众参与是现代城市管理的需要,也是建设新型城镇的需要,更是社会时代发展的需要,城市治理水平的提高也有赖于政府的重视、相关制度的保障及全民素质的提高。只有在政府及有关部门的共同努力下、在相关法律制度的规范下、在社会公众的积极参与下,才能有效治理城市病。

城市病是伴随着城市发展和城市化进程而产生的,因此其中必然具有一定的规律性。要探索这种规律性就需要考察先行国家的历史进而做出总结。同时,发展中国家的治理政策也急需借鉴先进国家的经验,以少走弯路。为此,我国十分需要将国外的经验和教训加以梳理、辨识和引进。[1]

---

[1] 覃剑:《我国城市病问题研究:源起、现状与展望》,《现代城市研究》2012年第5期。

参考文献

[1] 尔东尘：《2016中国城市群的发展现状与趋势》，《中国建设信息化》2016年第9期。

[2] 吴丹洁、詹圣泽、苏俊华：《当今中国城市群发展演进新趋势探析》，《河北经贸大学学报》2016年第2期。

[3] 陈建军、周维正：《空间视角下的地方政府土地经营策略、竞争机制和中国的城市层级体系——来自中国186个地级市的经验证据》，《中国土地科学》2016年第3期。

[4] 宁越敏：《论中国城市群的发展和建设》，《区域经济评论》2016年第1期。

[5] 苏晓静、盛蓉、孔铎：《我国城市群的现状、问题、趋势与对策——〈中国城市群发展报告2016〉发布及研讨会综述》，《全球化》2016年第7期。

[6] 曾鹏、张东冬、秦艳辉：《中国十大城市群工业集聚水平及发展趋势空间比较研究》，《统计与决策》2016年第6期。

[7] 王娟：《中国城市群演进研究》，博士学位论文，西南财经大学，2012年。

[8] 施继元：《都市圈效应研究》，博士学位论文，上海交通大学，2009年。

[9] 王淑梅：《现代服务业系统机理与发展模式研究》，博士学位论文，武汉理工大学，2012年。

[10] 周韬：《基于价值链的城市空间演化机理及经济增长效应研究》，博士学位论文，兰州大学，2015年。

[11] 刘曙华：《生产性服务业集聚对区域空间重构的作用途径和机

理研究》，博士学位论文，华东师范大学，2012年。

[12] 杨德进：《大都市新产业空间发展及其城市空间结构响应》，博士学位论文，天津大学，2012年。

[13] 王海江：《中国中心城市交通联系及其空间格局》，博士学位论文，河南大学，2014年。

[14] 李晶、叶堂林：《城市等级体系研究综述》，《中国经贸导刊》2013年第23期。

[15] 耿全飞：《中心地理论在新农村规划中的借鉴意义——以沭阳县茆圩乡村庄规划为例》，载中国城市规划学会《城市规划和科学发展——2009中国城市规划年会论文集》，2009年。

[16] 向睿：《交通能耗在城市绿色交通规划中的应用》，博士学位论文，西南交通大学，2011年。

[17] 叶蔚冬：《基于适应性的城市格网设计研究》，博士学位论文，东南大学，2015年。

[18] 毕秀晶：《长三角城市群空间演化研究》，博士学位论文，华东师范大学，2014年。

[19] 皮亚彬：《集聚、扩散与城市体系——基于新经济地理学视角的分析》，南开大学出版社2014年版。

[20] 王征：《以总部经济消除中心城市产业空心化——兼论城市产业结构的提升》，《山东工商学院学报》2007年第4期。

[21] 伍海华：《产业发展论》，经济科学出版社2004年版。

[22] 赵弘：《总部经济》，中国经济出版社2004年版。

[23] 赵弘：《中国总部经济发展报告》，社会科学文献出版社2005年版。

[24] 刘斌：《产业集聚竞争优势的经济分析》，中国发展出版社2004年版。

[25] 崔西伟：《城乡一体化的理论探索与实证研究》，博士学位论文，西南财经大学，2007年。

[26] 周叔莲、金碚：《国外城乡经济关系理论比较研究》，经济管理出版社1991年版。

[27] ［日］岸根卓郎：《迈向21世纪的国土规划——城乡融合系统

设计》，高文琛译，科学出版社1990年版。
[28] 潘海霞：《日本国土规划的发展及借鉴意义》，《国外城市规划》2006年第3期。
[29] 吴殿廷：《日本的国土规划与城乡建设》，《地理学报》2006年第7期。
[30] 王旭：《美国城市化的历史解读》，岳麓书社2003年版。
[31] 陈晓华：《国外城市化进程中乡村发展与建设实践及其启示》，《世界地理研究》2005年第3期。
[32] 张计成：《英国城乡的发展经验及启示》，《城市问题》2007年第1期。
[33] 杨红梅：《浅谈我国城乡差距的现状和原因》，《商场现代化》2010年第11期。
[34] 张楚晨：《我国城乡差距现状、原因及对策》，《东方企业文化》2011年第6期。
[35] 张喜玲：《城市病的形成机理研究》，博士学位论文，河北大学，2013年。
[36] 赵剑芳：《当代中国的"城市病"及其防治》，博士学位论文，中南大学，2007年。
[37] 覃剑：《我国城市病问题研究：源起、现状与展望》，《现代城市研究》2012年第5期。
[38] 陆小成、冯刚、侯祥：《芝加哥多中心模式对中国城市转型的启示》，《平顶山学院学报》2015年第5期。
[39]《国外城市群简况》，《瞭望新闻周刊》2006年第21期。
[40] 黄玮：《中心·走廊·绿色空间——大芝加哥都市区2040区域框架规划》，《国外城市规划》2006年第4期。
[41] 廖元和：《中国产业布局的历史演进及区域经济变化趋势》，《重庆广播电视大学学报》2014年第26期。
[42] 王华品：《贸易自由化对中国产业布局影响的研究》，博士学位论文，浙江工商大学，2008年。
[43] 卢中原：《西部地区产业结构变动趋势、环境变化和调整思路》，《经济研究》2002年第3期。

[44] 梁琦、陈强远、王如玉：《户籍改革、劳动力流动与城市层级体系优化》，《中国社会科学》2013年第12期。

[45] 侯韵、孙铁山：《中国城市群空间结构的经济绩效——基于面板数据的实证分析》，《经济问题探索》2016年第2期。

[46] 董治、吴兵、王艳丽等：《中国城市群交通系统发展特征研究》，《中国公路学报》2011年第24期。

[47] 孙阳、姚士谋、陆大道等：《中国城市群人口流动问题探析——以沿海三大城市群为例》，《地理科学》2016年第36期。

[48] 黄河东：《中国城市群城市化与生态环境协调发展比较研究》，《生态经济》2016年第32期。

[49] 弋丛楠：《城镇化背景下河南省农村金融改革路径》，博士学位论文，河南大学，2014年。

[50] 万庆、吴传清、曾菊新：《中国城市群城市化效率及影响因素研究》，《中国人口·资源与环境》2015年第25期。

[51] 戴永安、张友祥：《中国城市群内部与外围的效率差异及其影响因素——基于DEA模型的分析》，《当代经济研究》2017年第1期。

[52] 王晓玲：《长三角地区工业化与城市化的协调性研究》，《兰州商学院学报》2010年第26期。

[53] 张乐、李陈：《长三角中心城市城市化水平区域差异及其变动》，《生态经济》2016年第32期。

[54] 毛新雅、王红霞：《城市群区域人口城市化的空间路径——基于长三角和京津冀ROXY指数方法的分析》，《人口与经济》2014年第4期。

[55] 张思远：《长三角地区城市化进程对碳排放的影响研究》，博士学位论文，合肥工业大学，2015年。

[56] 张明之、谢浩：《跨区梯度转移抑或域内产业深化——基于2003—2013年全国和长三角分区数据的产业转移分析》，《财经论丛》2017年第2期。

[57] 魏乐霞：《长三角地区人口与产业空间布局研究》，博士学位

论文，华东师范大学，2008年。
[58] 赵清源：《长三角地区产业结构与就业结构关系研究》，博士学位论文，东北财经大学，2014年。
[59] 柴攀峰、黄中伟：《基于协同发展的长三角城市群空间格局研究》，《经济地理》2014年第6期。
[60] 蔡悦：《长三角地区产业分工与协作研究——基于新经济地理学理论框架人才流动视角》，博士学位论文，南京大学，2014年。
[61] 殷醒民：《论长江三角洲城市圈的产业分工模式》，《复旦学报》（社会科学版）2006年第2期。
[62] 孙晓华、郭旭、张荣佳：《产业集聚的地域模式及其形成机制》，《财经科学》2015年第3期。
[63] ［美］霍利斯·钱纳里、莫伊思·赛尔昆：《发展的型式：1950—1970》，李新华、徐公理、迟建平译，经济科学出版社1988年版。
[64] ［美］H.钱纳里：《工业化和经济增长的比较研究》，吴奇等译，上海三联书店1995年版。
[65] 姚德文、杨轶伦：《长三角地区城市化现状及工业化的作用——基于1990—2012年面板数据的分析》，《管理现代化》2014年第1期。
[65] 王红霞、王桂新：《市场开放进程中的工业企业集聚与人口城市化——长三角地区人口城市化的动因探析（1984—2002）》，《市场与人口分析》2005年第11期。
[66] 刘志彪：《以城市化推动产业转型升级——兼论"土地财政"在转型时期的历史作用》，《学术月刊》2010年第10期。
[67] 吴福象、沈浩平：《新型城镇化、基础设施空间溢出与地区产业结构升级——基于长三角城市群16个核心城市的实证分析》，《财经科学》2013年第7期。
[68] 马子量、郭志仪：《城市化发展中的产业升级：集聚推动、溢出效应与空间衰减——基于西北地区的空间计量》，《统计与信息论坛》2016年第31期。

[69] ［美］卡尔·艾博特：《大都市边疆——当代美国西部城市》，王旭等译，商务印书馆1998年版。

[70] 谢菲：《论大都市区与美国经济增长》，《北方论丛》2007年第1期。

[71] 马小宁：《洛杉矶：从地区性中心城市到全球性城市的研究》，《人文地理》2007年第2期。

[72] 王受之：《"太平洋的东部首府"洛杉矶（一）、（二）——一个被低估了的美国城市》，《美国研究》1989年第1—2期。

[73] 刘艳艳：《西方企业网络理论研究综述》，《经济地理》2011年第31期。

[74] 谢菲：《洛杉矶模式研究——兼与纽约、芝加哥比较》，博士学位论文，厦门大学，2006年。

[75] ［美］罗伯特·D. 阿特金森等：《美国新经济——联邦与州》，焦瑞进等译，人民出版社2002年版。

[76] 李青、李文军、郭金龙：《区域创新视角下的产业发展：理论与案例研究》，商务印书馆2004年版。

[77] 孙群郎：《美国城市郊区化研究》，商务印书馆2005年版。

[78] 王旭：《美国城市发展模式》，清华大学出版社2006年版。

[79] 罗思东：《美国大都市地区的政府与治理》，博士学位论文，厦门大学，2005年。

[80] 周一星：《解读海峡西岸经济区》，《地域研究与开发》2007年第2期。

[81] 杜朝运：《海峡西岸经济区金融生态优化问题研究》，厦门大学出版社2008年版。

[82] 王开明：《海峡西岸经济区支撑体系研究》，福州海潮摄影艺术出版社2005年版。

[83] 党的十七届五中全会：《中共中央关于制定国民经济和社会发展第十二个五年规划的建议》。

[84] 叶浩、濮励杰、张鹏：《中国城市体系的空间分布格局及其演变》，《地域研究与开发》2013年第32期。

[85] 黄金川、陈守强：《中国城市群等级类型综合划分》，《地理科

学进展》2015 年第 34 期。

[86] 许政、陈钊、陆铭：《中国城市体系的"中心—外围模式"》，《世界经济》2010 年第 7 期。

[87] 裴志扬主编：《城市群发展研究》，河南人民出版社 2009 年版。

[88] 王玉明：《北美五大湖区城市群环境合作治理的经验》，《四川行政学院学报》2016 年第 6 期。

[89] 国际联合委员会：《区域环境合作的典范——保护五大湖》，哲伦译，《资源与人居环境》2011 年第 3 期。

[90] 王如君：《北美五大湖自我"洗肺"》，《环球时报》2001 年 10 月 26 日。

[91] 高汝熹、吴晓隽：《上海大都市圈结构与功能体系研究》，上海三联书店 2007 年版。

[92] 田建春：《城市规模分布的齐普夫法则评述》，《科技和产业》2010 年第 7 期；

[93] 沈体雁、劳昕：《国外城市规模分布研究进展及理论前瞻——基于齐普夫定律的分析》，《世界经济文汇》2012 年第 5 期。

[94] 范存换：《基于异质性劳动分工的城市群空间组织演变特征研究》，博士学位论文，浙江财经大学，2015 年。

[95] 刘天东：《城际交通引导下的城市群空间组织研究》，博士学位论文，中南大学，2007 年。

[96] [美] 西奥马·W. 舒尔茨：《论人力资本投资》，吴珠华等译，北京经济学院出版社 1990 年版。

[97] [美] 西奥马·W. 舒尔茨：：《教育的经济价值》，吉林人民出版社 1982 年版。

[98] [美] 加里·S. 贝克尔：《人力资本：特别是关于教育的理论与经验分析》，北京大学出版社 1987 年版。

[99] 李实、丁赛：《中国城镇教育收益率的长期变动趋势》，《中国社会科学》2003 年第 6 期。

[100] 梁文泉、陆铭：《城市人力资本的分化：探索不同技能劳动者的互补和空间集聚》，《经济社会体制比较》2015 年第

3期。

[101] 姚士谋、陈振光、朱英明：《中国城市群》（第4版），中国科技大学出版社2016年版。

[102] 胡序威、应厘清：《与城镇化有关的各种地域空间概念》，《城市发展研究》2014年第11期。

[103] 姚士谋、许学强：《中国城市群》，中国科技大学出版社1992年版。

[104] 方创琳、姚士谋、刘盛和等：《中国城市群发展报告》，北京科学出版社2012年版。

[105] 陆大道、姚士谋、刘慧：《中国区域发展报告》，商务印书馆2007年版。

[106] 光明日报城乡调查研究中心、上海交通大学城市科学研究院：《中国城市群发展报告2016》，东方出版中心2016年版。

[107] 王朋：《中国城市群演化特征及空间发展态势展望》，《经营管理者》2016年第27期。

[108] 徐竹青：《高端要素、产业升级与城市化发展——基于浙江区域经济转型升级的战略思考》，《中共浙江省委党校学报》2010年第3期。

[109] 陆铭：《大国大城：当代中国的统一、发展与平衡》，上海人民出版社2016年版。

[110] ［英］Alan W. Evans：《城市经济学》，甘世杰、唐雄俊译，上海远东出版社1992年版。

[111] 严伟：《城市化进程中的土地资源与城市人口密度问题》，《科学社会主义》2009年第2期。

[112] 程如轩、李澄清：《我国城市化水平的评价及预期分析》，《经济问题探索》2005年第1期。

[113] 谢小丽：《中国财政分权、土地财政与城市化研究》，博士学位论文，重庆大学，2013年。

[114] Metropolitan Setting, http：//ntl.bts.gov/lib/000/500/588/760704, pdf.

[115] Michaels G. , Rauch F. , Redding S. , "Urbanisation and Structural Transformation", *The Quarterly Journal of Economics*, Vol. 127, No. 2, 2012.

[116] Constance M. Green, *American Cities in the Growth of the Nation*, New York: Harper & Row, Publishers, 1957.

[117] Sam Bass Warner, *The Urban Wildness: A History of the American City*, New York: Harper&Row, Publishers, 1972.

[118] Ann Durk in Keating, eds. , *Chicago Neighborhoods and Suburbs: A Historical Guide*, Chicago: the University of Chicago Press, 2008.

[119] Bruce Katz, New Realities for Chicago land, http://www.brookings.edu/~/media/Files/rc/speeches/2005/0909chicago katz/20050909 Chicago land. pdf.

[120] Edward L. Glaeser, Matthew E. Kahn, "Decentralized Employment and the Transformation of the American City", *Brookings-Wharton Papers on Urban Affairs*, 2001.

[121] Metropolis 2020: "Metropolis Plan: Choice for the Chicago Region", http://www.metropolis plan. org/main. htm.

[122] SukkooKim, "Urban Development in the United States, 1690 – 1990", *Southern Economic Journal*, Vol. 66, No. 4, 2000.

[123] Joel Garreau, *Edge City: Life on the New Frontier*, New York: Double day, 1991.

[124] Daniel P. McMillen and John F. McDonald, "Suburban Subcenters and Employment Density in Metropolitan Chicago", *Journal of Urban Economics*, No. 43, 1998.

[125] Daniel P. McMillen and John F. McDonald, "Population Density in Suburban Chicago: A Bid-rent Approach", *Unban Studies*, Vol. 35, No. 7, 1998.

[126] Governors State University and the South Metropolitan Regional Leadership Center, "The Metropolis and the Regions of Chicago", April, 1997, http://www. lincolnnet. net/metropolis/ti-

tle-pg. html.

[127] Newman P. , Kenworthy J. , *Sustainability and Cities: Overcoming Automobile Dependence*, Washington DC: Island Press, 1999.

[128] Bertaud A. , *The Spatial Organization of Cities: Deliberate Outcome or Unforeseen Consequence*, IURD Working Paper Series, Institute of Urban and Regional Development. UC Berkeley, 2004.

[129] Manville M. , Shoup D. , "People, Parking, and Cities", *Journal of Urban Planning and Development*, Vol. 131, No. 4, 2005.

[130] Eidlin E. , "What Density Doesn't Tell Us About Sprawl", *Access*, No. 37, 2010.

[131] Bradford C. , "The 50 Densest American Metropolitan Areas, by Weighted Density", *Austin Contrarian*, 2011/2013.

[132] Pendall R. , Puentes R. , Martin J. , "From Traditional to Reformed: A Review of the Land Use Regulations in the Nation's 50 Larges tMetropolitan Area", *The Brookings Institution*, 2006.

[133] Edward S. W. , "Regional Urbanization and the Endof the Metropolis Era", Bridge G. , Watson S. , ed. , *The New Black well Companion to the City*, Oxford: Wiley-Blackwell, 2011.

[134] Scott J. A. , *Emerging Cities of the Third Wive*, City: Analysis of Urban Trends, Culture, Theory, Policy, Action, Route ledge, 2011.

[135] Warner S. , *The Urban Wilderness: A History of the American City*, Berkeley: theuniversity of Californiapress, 1995.

[136] Abulughod J. , *New York, Chicago, and Los Angeles: America's Globalcities*, Minneapolis: University of Minnesotapress, 1999.

[137] Breau S. , Impacts of International Trade in Los Angeles, PHD dissertation of the University of California, Los Angeles, 2006.

[138] Kyser J. , *Manufacturing in Southern California*, Los Angeles economic development corportion, 2007.

[139] Appelbaum R. , Christenson B. , "Cheap Labor Strategies and Export Oriented Industrialization: Some Lessons from the Los Angeles / east Asia apparel Connection", *The International Journal of Urban*

and *Regional research*, Vol. 21, No. 2, 1997.

[140] Seth G., *The role of Entrepreneurship in Public-private Partnerships: The Case of Business Improvement Districts*, PHD Dissertation of Rutgers University, 2008.

[141] Meek W., Hubler P., "Business Improvement District in Southern California: Implications for Local Governance", *International Journal of public administration*, Vol. 29, No. 1, 2006.

[142] Scott A., Soja E., *The City: Los Angeles and Urban Theory at the End of the 20th Century*, Berkeley: University of California Press, 1996.

[143] Soja E., R. Morales, Wolff G., "Ananalys is of Social and Spatial Change in Los Angeles", *Economic geography*, Vol. 59, No. 2, 1983.

[144] Kenneth T. Jackson, *Crabgrass Frontier the Suburbanization of the United States*, New York: Oxford University Press, 1985.

[145] Daniel P. Mc Millen and JohnF. McDonald, "Suburban Subcenters and Employment Density in Metropolitan Chicago", *Journal of Urban Economics*, No. 43, 1998.

[146] Fujita, M., P. Krugman, "The New Economic Geography: Past, Present, and the Future", *Journal of Regional Science*, No. 83, 2004.

[147] Massey D., "In what Sense a Regional Problem?", *Regional studies*, Vol. 13, No. 2, 1979.

[148] Walker R., "The Geographical Organization of Production-systems", *Environment and Planning D: Society and Space*, Vol. 6, No. 4, 1988.

[149] Bailey M. J., "More Power to the Pill: The Impact of Contraceptive Freedom on Women's Life Cycle Labor Supply", *The Quarterly Journal of Economics*, Vol. 121, No. 1, 2006.

[150] Hanson G. H., "The Economic Consequences of the International Migration of Labo", *Annu. Rev. Econ*, Vol. 1, No. 1, 2009.

[151] Mincer J., "Investment in Human Capital and Personal Income Fistribution", *Journal of political economy*, Vol. 66, No. 4, 1958.

[152] Moretti E., "Estimating the Social Return to Higher Education:

Evidence from Longitudinal and Repeated Cross-sectional Data", *Journal of Econometrics*, Vol. 121, No. 1, 2004.

[153] Moretti E., "Workers' Education, Spillovers, and Productivity: Evidence from Plant-level Production Functions", *The American Economic Review*, Vol. 94, No. 3, 2004.

[154] Glaeser, E. L. and M. Lu, "Human Capital Externalities in China", *Harvard University and Shanghai Jiaotong University Working Paper*, 2014.

[155] Moretti E., *The new Geography of Jobs*, Houghton Mifflin Harcourt, 2012.

[156] Fleisher B. M., Wang X., "Returns to Schooling in China under Planning and Reform,", *Journal of Comparative Economics*, Vol. 33, No. 2, 2005.

[157] Gao W., Smyth R., "Returns to Schooling in Urban China, 2001 – 2010: Evidence from three waves of the China Urban Labor Survey", *Monash University, Department of Economics, Discussion Paper*, Vol. 12, No. 5, 2012.

[158] Glaeser E. L., Kerr W. R., Ponzetto G. A. M., "Clusters of Entrepreneurship", *Journal of Urban Economics*, Vol. 67, No. 1, 2010.

[159] Berry C. R., Glaeser E. L., "The Divergence of Human Capital Levels Across Cities", *Papers in Regional Science*, Vol, 84. No. 3, 2005.

[160] Moretti E., "Estimating the External Return to Higher Education: Evidence from Cross-sectional and Longitudinal Data", *Journal of Econometrics*, Vol. 120, No. 1 – 2, 2004.

[161] Rycx F., Garnero A., Kampelmann S., "Minimum Wages in Europe: Does the Diversity of Systems Lead to a Diversity of Outcomes", *ULB-Universite Libre de Bruxelles*, 2013.

[162] Bacolod M., Blum B. S., Strange W. C., "Skills in the City", *Journal of Urban Economics*, Vol. 65, No. 3, 2009.

[163] Gautier A. P. and C. N. Teulings, "Search and the City", Re-

gional Science and Urban Economics, Vol. 39, No. 3, 2009.

[164] Eeckhout J., Pinheiro R., Schmidheiny K., "Spatial sorting", *Journal of Political Economy*, Vol. 122, No. 3, 2000.

后　记

　　一本书的完成要感谢太多人！

　　首先，本书是《深圳学派建设丛书》（第五辑）经市宣传文化事业发展专项基金资助出版、是《大珠三角（粤港澳大湾区）规划研究（课题编号：AK25500012)》的课题成果之一，项目主持人是唐杰（深圳市政府原副市长、哈尔滨工业大学（深圳）经济管理学院教授、博导），唐教授在课题进行中给予前瞻性的指导，使项目顺利完成并发表若干成果；张猛老师是课题组的总联系人，他的提携使本书的出版得以付诸实践；本书由课题组成员分工完成初稿，参与的学生包括刘建党、廖世明、戴欣、袁帅、唐文、梁植军、王慧敏、宋春雨、宋政伟。本书后期根据唐教授与编辑意见进行大量修改，由《大数据城市群空间经济行为研究（课题编号：HA11409051；项目主持人是林芳莹)》补助，学生刘俊阳、杨凤与徐宏皓等人共同完成。在此对唐杰教授、张猛老师与学生们，表示最衷心的感谢！

　　本书的完成还需要感谢哈尔滨工业大学（深圳）的领导们与同事们，尤其是经济管理学院的黄成院长（教授）、彭珂院长助理（副教授）、陈小蓓副教授、Muca 助理教授；人文社科学院梁国伟教授、建筑学院谢秉磊教授、华侨城－哈工大未来城市研究院郭湘铭院长（副教授）等多位老师在写作过程中给予诸多建议与支持；中国社会科学出版社的马明编辑给予高度包容与谅解；求学过程的老师们 Graham Ive 教授、Hedley Smith 教授、Michelle Baddeley 教授、Les Ruddock 教授、张倩瑜教授与荷世平教授等老师一直以来的指导与帮助；家人与朋友的爱与关怀，包括曾国坤、曾品榛、郭幼銮、林芳仪、GraceCheng、刘璐、叶佳惠、侯舒朦等,在此表示最深的致意!

  写作过程中,难免有所笔误或遗漏尚待完善,未来将于作者的网站或公众号给予修正与补充资料,望读者给予指正,谢谢!

林芳莹

2018 年夏于深圳